Angestelltengesetz in Frage und Antwort

Ilona Amann, Michael Gogola,
Karin Koller, Michael Trinko

Angestelltengesetz in Frage und Antwort

ÖGB VERLAG

Verlag des Österreichischen Gewerkschaftsbundes GmbH
Johann-Böhm-Platz 1
1020 Wien
Tel. Nr.: 01/662 32 96-0
Fax Nr.: 01/662 32 96-39793
E-Mail: office@oegbverlag.at
Web: www.oegbverlag.at

Rechtsstand: 1. Jänner 2025

Medieninhaber: Verlag des ÖGB GmbH, Wien

Hersteller: Verlag des ÖGB GmbH, Wien
Verlags- und Herstellungsort: Wien
Druck: CPI Druckdienstleistungen GmbH, Ferdinand-Jühlke-Straße 7, 99095 Erfurt
ISBN 978-3-99046-718-3

Inhalt

Vorwort Barbara Teiber 17

Vorwort der Autor:innen 18

Abkürzungen 19

Kapitel 1: Anwendungsgebiet des Gesetzes 22
1.1 Wann kommt das Angestelltengesetz zur Anwendung? 23
1.2 Gibt es einen Unterschied zwischen den Begriffen Arbeitsverhältnis und Dienstverhältnis? 23
1.3 Wie wird in rechtlicher Hinsicht zwischen Angestellten und Arbeiterinnen unterschieden? 23
1.4 Welche Voraussetzungen müssen erfüllt sein, damit ein Dienstverhältnis vorliegt? 23
1.5 Was versteht man unter persönlicher Abhängigkeit bei einem Dienstverhältnis? 24
1.6 Muss die Dienstleistung bei einem Dienstverhältnis immer höchstpersönlich erfolgen? 24
1.7 Was versteht man unter wirtschaftlicher Abhängigkeit? 25
1.8 Müssen immer alle Voraussetzungen für das Vorliegen eines Dienstverhältnisses erfüllt sein? 25
1.9 Wie lässt sich zusammenfassen, wann ein Dienstverhältnis vorliegt? 25
1.10 Wie definiert die Rechtsprechung den Dienstvertrag? 25
1.11 Was unterscheidet den Dienstvertrag von einem freien Dienstvertrag? 26
1.12 In meinem Vertrag steht, dass ich freie Dienstnehmerin bin. Ich mache aber andere Tätigkeiten als vereinbart. Was gilt nun für mich? 27
1.13 Warum ist es wichtig, ob ein Dienstverhältnis oder eine andere Vertragsform vorliegt? 27
1.14 Was unterscheidet den Dienstvertrag vom Werkvertrag? 28
1.15 Was unterscheidet den Dienstvertrag vom Mietvertrag? 28
1.16 Was versteht man unter einer arbeitnehmerinnenähnlichen Person? 28
1.17 Was versteht man im Angestelltengesetz unter kaufmännischen Diensten? 29
1.18 Was versteht man unter höheren, nicht kaufmännischen Diensten? 30
1.19 Was versteht man unter Kanzleiarbeiten? 30
1.20 Wie ist es zu beurteilen, wenn eine Dienstnehmerin nicht nur Angestelltentätigkeiten, sondern auch Arbeiterinnentätigkeiten, also sogenannte gemischte Tätigkeiten, verrichtet? 31
1.21 Kann eine Arbeiterin auch unter das Angestelltengesetz fallen? 31
1.22 Was bedeutet es, im Geschäftsbetrieb eines Kaufmannes angestellt zu sein? 31
1.23 Kann man auch unter das Angestelltengesetz fallen, wenn man nicht bei einem Kaufmann angestellt ist? 32

Kapitel 2: Inhalt des Dienstvertrages 34
2.1 Was regelt das AngG zum Inhalt des Dienstvertrages? 35
2.2 Was ist ein Dienstzettel und was enthält ein solcher? 35
2.3 Welche Angaben müssen bei einer Entsendung im Dienstzettel enthalten sein? 36
2.4 Können neben den gesetzlich vorgesehenen Inhalten eines Dienstzettels noch weitere Inhalte in den Dienstzettel aufgenommen werden? 37
2.5 Muss die Arbeitnehmerin die Ausstellung eines Dienstzettels von der Arbeitgeberin verlangen? 37
2.6 Wann muss kein Dienstzettel ausgestellt werden? 37
2.7 Wer hat Anspruch auf Ausstellung eines Dienstzettels? 37
2.8 Können sich Angaben im Dienstzettel auch ändern? 38
2.9 In welchem Verhältnis steht der Dienstzettel zum Arbeitsvertrag? 38
2.10 Können sich zwischen Dienstzettel und Dienstvertrag auch Abweichungen ergeben? 38
2.11 Wie ist vorzugehen, wenn sich die Arbeitnehmerin weigert, einen (inhaltlich korrekten) Dienstzettel auszustellen? 39

Kapitel 3: Konkurrenzverbot 40
3.1 Was bedeutet das Konkurrenzverbot im Dienstvertrag? 41
3.2 Für wen gilt das Konkurrenzverbot? 41
3.3 Welche Tätigkeiten dürfen während des aufrechten Dienstverhältnisses nicht ausgeübt werden? 41
3.4 Welche Sanktionen sind vorgesehen, wenn gegen das Konkurrenzverbot verstoßen wird? 42

Kapitel 4: Anspruch bei Dienstverhinderung 44
4.1 Was gilt laut AngG, wenn die Angestellte an der Arbeit verhindert ist? 45
4.2 Welche Fälle der Verhinderung an der Arbeit werden vom AngG geregelt? 45
4.3 Was versteht man unter der „Lohnersatzfunktion" des § 8 AngG? 45
4.4 Gibt es auch Fälle, in denen das Entgelt nicht fortgezahlt wird, obwohl die Voraussetzungen des § 8 AngG vorliegen? 46
4.5 Wen trifft die Beweislast für das Vorliegen eines Verhinderungsgrundes? 46
4.6 Wie lange darf die Angestellte der Arbeit fernbleiben? 46
4.7 Wann liegt überhaupt eine Dienstverhinderung vor? 46
4.8 Darf die Angestellte aufgrund ihrer Abwesenheit von der Arbeit gekündigt oder entlassen werden? 47
4.9 Können im Hinblick auf die Entgeltfortzahlung bei Arbeitsverhinderung vom Gesetz abweichende Regelungen getroffen werden? 47
4.10 Was ist eine Krankheit? 48
4.11 Wann muss die Krankheit auftreten, damit ein Anspruch auf Entgeltfortzahlung besteht? 48

4.12 Lösen auch Kuraufenthalte einen Anspruch auf Entgeltfortzahlung aus? ... 49
4.13 Was gilt, wenn die Angestellte erkrankt und deshalb der Arbeit nicht nachgehen kann? ... 49
4.14 Welche Ansprüche haben Arbeitnehmerinnen, wenn sie nach bereits überstandener Erkrankung, die zu einer Entgeltfortzahlung durch die Arbeitgeberin geführt hat, neuerlich erkranken? ... 50
4.15 Können vom Gesetz abweichende Regelungen über die Dauer der Entgeltfortzahlung im Krankheitsfall getroffen werden? ... 50
4.16 Orientiert sich die Entgeltfortzahlung im Krankheitsfall immer am Arbeitsjahr? ... 50
4.17 Welche Ansprüche haben Arbeitnehmerinnen, wenn der Anspruch auf Entgeltfortzahlung im Krankheitsfall gegenüber der Arbeitgeberin erschöpft ist? ... 50
4.18 Warum sieht das Gesetz überhaupt Entgeltfortzahlung im Krankheitsfall vor? ... 51
4.19 Haben auch Lehrlinge Anspruch auf Entgeltfortzahlung im Krankheitsfall? ... 51
4.20 Was ist ein Unglücksfall bzw Unfall? ... 51
4.21 Was gilt, wenn die Angestellte einen Unglücksfall erleidet und deshalb der Arbeit nicht nachgehen kann? ... 52
4.22 Welche Rolle spielt das Verschulden im Zusammenhang mit der Dienstverhinderung aufgrund von Krankheit und Unglücksfall? ... 52
4.23 Sind Sportunfälle und gefährliche Freizeitaktivitäten von Arbeitnehmerinnen schon grundsätzlich als grob fahrlässig einzustufen? ... 53
4.24 Wie ist eine Alkoholisierung, die zu einer Verletzung führt, im Hinblick auf ein Verschulden der Arbeitnehmerin zu werten? ... 53
4.25 Wen trifft die Beweislast, ob die Dienstverhinderung grob fahrlässig oder vorsätzlich herbeigeführt wurde? ... 54
4.26 Muss die Arbeitnehmerin den Eintritt von Krankheit oder Unglücksfall an die Arbeitgeberin melden? ... 54
4.27 In welcher Form muss die Dienstverhinderung bekannt gegeben werden? ... 54
4.28 Muss die Dienstverhinderung durch Vorlage einer ärztlichen Bestätigung nachgewiesen werden? ... 54
4.29 Welche Inhalte muss die ärztliche Bestätigung über die Erkrankung enthalten? ... 55
4.30 Wie müssen sich Arbeitnehmerinnen im Krankenstand verhalten? ... 55
4.31 Welche Konsequenzen hat es, wenn die Arbeitnehmerin gegen die gesetzlich vorgesehenen Melde- und Nachweispflichten verstößt? ... 55
4.32 Wann liegt ein Arbeitsunfall vor? ... 56
4.33 Sind auch Unfälle als Arbeitsunfälle anzusehen, die sich auf einem Umweg vom Arbeitsweg ereignen? ... 56
4.34 Wann liegt ein Arbeitsunfall im Rahmen von Telearbeit vor? ... 57
4.35 Wen muss eine Arbeitgeberin benachrichtigen, wenn eine Arbeitnehmerin einen Unfall erleidet? ... 57

4.36 Was bedeutet es für die Entgeltfortzahlung aufgrund eines Arbeitsunfalls, wenn die Arbeitnehmerin bei mehreren Arbeitgeberinnen beschäftigt ist? 58
4.37 Was versteht man unter einer Berufskrankheit? 58
4.38 Was gilt, wenn die Angestellte einen Arbeitsunfall oder eine Berufskrankheit erleidet? 58
4.39 Was ist eine Dienstverhinderung aus wichtigem Grund? 59
4.40 Haben auch Arbeiterinnen einen Anspruch auf Entgeltfortzahlung aus wichtigem Grund? 59
4.41 Welche Pflichten treffen die Arbeitnehmerin im Zusammenhang mit der Dienstverhinderung aus wichtigem Grund? 60
4.42 Welche Rolle spielt ein Verschulden der Arbeitnehmerin im Zusammenhang mit der Dienstverhinderung aus wichtigem Grund? 60
4.43 In welchen Fällen ist vom Vorliegen einer Entgeltfortzahlungspflicht der Arbeitgeberin aufgrund einer Dienstverhinderung aus wichtigem Grund bereits auszugehen? 60
4.44 Muss die Dienstverhinderung aus wichtigem Grund der Arbeitgeberin gemeldet werden? 61
4.45 Muss die Arbeitnehmerin der Arbeitgeberin nachweisen, dass tatsächlich ein wichtiger Grund für die Dienstverhinderung vorliegt? 61
4.46 Muss die Arbeitgeberin der Abwesenheit der Arbeitnehmerin aus wichtigem Grund zustimmen? 62
4.47 Wie lange wird das Entgelt im Falle der Dienstverhinderung aus wichtigem Grund von der Arbeitgeberin fortgezahlt? 62
4.48 Welche Ansprüche haben Schwangere und Frauen unmittelbar nach der Geburt eines Kindes nach den Regelungen des AngG? 62
4.49 Wie lange können Entgeltfortzahlungsansprüche gerichtlich geltend gemacht werden? 63
4.50 Welche Auswirkungen hat das Vorliegen einer Dienstverhinderung aus wichtigem Grund auf Verjährungs- und Verfallsfristen? 63

Kapitel 5: Provision 64
5.1 Was versteht man unter Provisionen? 65
5.2 Kann das monatliche Gehalt ausschließlich aus Provisionen bestehen? 65
5.3 Wann werden Provisionsansprüche fällig? 66
5.4 Was ist ein Buchauszug? 66
5.5 Was bestimmt die Höhe der Provision? 67
5.6 Erhält man Provisionen auch im Krankheitsfall und im Urlaub? 67
5.7 Kann eine Provisionsvereinbarung auch befristet abgeschlossen werden? 67
5.8 Ist eine einseitige Abänderung der Provisionsvereinbarung möglich? 68
5.9 Was ist ein Gebiets- oder Kundenschutz? 68
5.10 Darf die Arbeitgeberin im Nachhinein Kundenrabatte gewähren und dadurch den Provisionsanspruch verkürzen? 69

5.11 Wie wirkt sich die Beendigung des Dienstverhältnisses auf den Provisionsanspruch aus? ... 69
5.12 Besteht ein Entschädigungsanspruch, wenn die Angestellte durch die Arbeitgeberin gehindert wird, Provisionen ins Verdienen zu bringen? ... 70
5.13 Darf eine Provisionsbezieherin Vergünstigungen bzw Geschenke von Kundinnen annehmen? ... 70

Kapitel 6: Gewinnbeteiligung ... 72
6.1 Was versteht man unter einer Gewinnbeteiligung iSd § 14 AngG? ... 73
6.2 Was ist der Unterschied bzw sind Abgrenzungsmerkmale zu einer Provision? ... 73
6.3 Steht die Gewinnbeteiligung auch im Krankheitsfall oder im Urlaub zu? ... 74
6.4 Wann muss eine Gewinnbeteiligung abgerechnet werden, wann wird sie fällig? ... 74
6.5 Was ist eine Bucheinsicht bzw ein Buchauszug? ... 74

Kapitel 7: Zahlungsfrist ... 76
7.1 Was regelt das Gesetz im Hinblick auf die Auszahlung des Gehalts? ... 77
7.2 Kann auch ein späterer Auszahlungszeitpunkt vereinbart werden? ... 77
7.3 Kann das Gehalt statt auf ein Bankkonto überwiesen auch bar ausbezahlt werden? ... 77
7.4 Wann muss nun das Gehalt spätestens ausbezahlt werden? ... 77
7.5 Welche Entgeltbestandteile müssen spätestens jeden Monat ausbezahlt werden? ... 78
7.6 Was passiert, wenn die Arbeitgeberin das Gehalt nicht rechtzeitig ausbezahlt? ... 78
7.7 Kann ich Teile meines Gehalts von der Arbeitgeberin auch noch fordern, wenn ich es erst vier Monate später nach Fälligkeit bemerke? ... 78
7.8 Wann muss das Entgelt ausbezahlt werden, falls das Dienstverhältnis endet? ... 79

Kapitel 8: Remuneration ... 80
8.1 Was ist eigentlich eine periodische Remuneration? ... 81
8.2 Müssen Provisionen auch aliquotiert werden? ... 81
8.3 Muss die Angestellte bei unterjähriger Beendigung des Dienstverhältnisses die Sonderzahlungen, wie Urlaubsbeihilfe oder Weihnachtsremuneration, zurückzahlen? ... 82
8.4 Gibt es ein Aliquotierungsgebot für entgeltfreie Zeiten? ... 82
8.5 Wie werden Remunerationen berechnet, wenn sich unterjährig die Arbeitszeit ändert? ... 83

Kapitel 9: Urlaub ... 86
9.1 Sieht das AngG spezielle Urlaubsregelungen für Angestellte vor? ... 87

9.2 Wie viele Urlaubstage pro Arbeitsjahr stehen den Arbeitnehmerinnen zu? ... 87
9.3 Was ist der Unterschied zwischen Werk-, Arbeits- und Kalendertagen? ... 87
9.4 Wie berechnen sich die Urlaubstage bei Teilzeitbeschäftigten? ... 87
9.5 Wie wird der Zeitpunkt des Urlaubsverbrauchs festgelegt? ... 88
9.6 Was passiert, wenn man im Urlaub krank wird? ... 88
9.7 Was passiert mit dem Resturlaub, wenn das Arbeitsverhältnis beendet wird? ... 88

Kapitel 10: Fürsorgepflicht ... 90
10.1 Warum gibt es die gesetzlichen Bestimmungen über die Fürsorgepflicht überhaupt? ... 91
10.2 Was ist im AngG hinsichtlich Fürsorgepflicht vorgesehen? ... 91
10.3 Was bedeuten die in § 18 AngG festgelegten Pflichten konkret? ... 91
10.4 Ist die Fürsorgepflicht überhaupt eine „echte" Pflicht der Arbeitgeberin? ... 92
10.5 Gilt die Fürsorgepflicht der Arbeitgeberin auch für leitende Angestellte? ... 92
10.6 Gilt die Fürsorgepflicht der Arbeitgeberin auch für überlassene Arbeitskräfte? ... 92
10.7 Gilt die Fürsorgepflicht auch für eine juristische Personen, wenn diese Arbeitgeberin ist? ... 93
10.8 Darf die Arbeitgeberin eine Weisung erteilen, die gegen die Fürsorgepflicht verstößt? ... 93
10.9 Kann von der Fürsorgepflicht durch vertragliche Vereinbarung abgegangen werden bzw kann die Arbeitnehmerin auf das Ausüben der Fürsorgepflicht durch die Arbeitgeberin freiwillig verzichten? ... 93
10.10 Was haben die Fürsorgepflicht der Arbeitgeberin und die Treuepflicht der Arbeitnehmerin miteinander zu tun? ... 94
10.11 Besteht die Fürsorgepflicht auch vor Beginn und nach Ende des Arbeitsverhältnisses? ... 94
10.12 Welche Möglichkeiten haben Arbeitnehmerinnen, wenn die Arbeitgeberin die Fürsorgepflicht nicht achtet? ... 94

Kapitel 11: Endigung des Dienstverhältnisses durch Ablauf der Zeit ... 96
11.1 Was ist ein befristetes Dienstverhältnis? ... 97
11.2 Welche Befristungen sind möglich? ... 97
11.3 Kann während des befristeten Dienstverhältnisses gekündigt werden? ... 98
11.4 Was versteht man unter Kettendienstverträgen und sind diese zulässig? ... 98
11.5 Unterliegen Befristungen einer Begründungspflicht? ... 98
11.6 Müssen Befristungen immer sachlich gerechtfertigt werden können, um zulässig zu sein? ... 99
11.7 Was versteht man unter einem Probearbeitsverhältnis? ... 100

11.8 Kann das Probearbeitsverhältnis vor Ablauf aufgelöst werden? 100
11.9 Gilt in jedem Arbeitsverhältnis zunächst immer ein Probemonat? 100
11.10 Was ist ein bedingt abgeschlossenes Arbeitsverhältnis? 101
11.11 Wo im Gesetz finden sich die Regelungen zur einvernehmlichen Auflösung eines Arbeitsverhältnisses? 101
11.12 Was ist bei der einvernehmlichen Lösung bei besonderem Kündigungsschutz zu beachten? 102
11.13 Wird eine einvernehmliche Auflösung des Arbeitsverhältnisses nur nach Beratung durch den Betriebsrat wirksam? 102
11.14 Welche Möglichkeiten haben Arbeitnehmerinnen, wenn sie zu einer einvernehmlichen Auflösung des Arbeitsverhältnisses gedrängt wurden? 103

Kapitel 12: Kündigung 104
12.1 Was versteht man unter einer Kündigung? 105
12.2 Welche Kündigungsfrist muss die Arbeitgeberin einhalten? 105
12.3 Welche Kündigungsfrist müssen Arbeitnehmerinnen einhalten? 106
12.4 Was versteht man unter einem Kündigungstermin und welche Kündigungstermine sind im AngG vorgesehen? 106
12.5 Muss eine Kündigung begründet werden? 107
12.6 In welcher Form ist eine Kündigung vorzunehmen und wie sollte die Kündigung am besten übermittelt werden? 107
12.7 Kann eine Kündigung einseitig zurückgenommen werden? 108
12.8 Muss man über Fehler in der Kündigungserklärung der anderen Seite aufklären? 108
12.9 Was versteht man unter einer zeitwidrigen Kündigung und welche Auswirkungen hat eine solche? 109
12.10 Kann eine Kündigung während des Krankenstands der Arbeitnehmerin ausgesprochen werden? 109
12.11 Was passiert während der Kündigungsfrist? 109
12.12 Was ist eine Änderungskündigung und ist eine solche überhaupt zulässig? 110
12.13 Was ist eine Teilkündigung und wie unterscheidet sie sich von der Änderungskündigung? 110
12.14 Gibt es Arbeitnehmerinnengruppen, die einem besonderen Kündigungsschutz unterliegen? 110
12.15 Welche Rolle kommt dem Betriebsrat im Zusammenhang mit der Kündigung zu? 111
12.16 In welcher Form muss eine Kündigung dem Betriebsrat mitgeteilt werden und in welcher Form muss dieser eine Stellungnahme dazu abgeben? 112
12.17 Aus welchen Gründen kann eine Kündigung angefochten werden? 112
12.18 Wird das Dienstverhältnis automatisch mit dem Antritt der Pension beendet? 113
12.19 Was ist ein Dienstverhältnis für vorübergehenden Bedarf? 113
12.20 Kennt das Gesetz ein Arbeitsverhältnis auf Lebenszeit? 114

Kapitel 13: Freizeit während der Kündigungsfrist 116
13.1 Was versteht man unter der „Freizeit während der Kündigungsfrist"? .. 117
13.2 In welchem Umfang muss die Arbeitgeberin Postensuchtage gewähren? 117
13.3 Müssen Arbeitnehmerinnen die Freistellung in Form von Postensuchtagen von der Arbeitgeberin verlangen? 117
13.4 Können Arbeitnehmerinnen die bezahlte Freizeit während der Kündigungsfrist einseitig antreten? 118
13.5 Müssen Arbeitnehmerinnen die Postensuchtage auch tatsächlich im Zusammenhang mit der Erlangung einer neuen Arbeitsstelle verwenden? 118
13.6 Besteht der Anspruch auf Postensuchtage auch bei Änderungskündigung? 118
13.7 Besteht auch bei einvernehmlicher Auflösung des Arbeitsverhältnisses Anspruch auf Postensuchtage? 119
13.8 Wann besteht kein Anspruch auf Postensuchtage? 119
13.9 Können vom Gesetz abweichende Regelungen über Postensuchtage getroffen werden? 119
13.10 Können Arbeitnehmerinnen auf ihren Postensuchtageanspruch auch verzichten? 119

Kapitel 14: Abfertigung 120
14.1 Welche Regelungen bezüglich der Abfertigung finden sich im Angestelltengesetz? 121
14.2 Auf welche Dienstverträge werden die Bestimmungen der Abfertigung alt angewandt? 121
14.3 Besteht die Möglichkeit, in die Abfertigung neu zu wechseln, wenn mein Dienstverhältnis schon seit 2001 besteht? 121
14.4 Wann kommt es überhaupt zur Auszahlung der Abfertigung alt? 122
14.5 Wird die Abfertigung auch dann ausbezahlt, wenn die Arbeitnehmerin kündigt? 122
14.6 Gibt es spezielle Abfertigungsbestimmungen für Mütter und Väter? 123
14.7 Wie hoch ist die Abfertigung alt? 123
14.8 Welche Dienstzeiten werden für die Berechnung der Abfertigung alt herangezogen? 123
14.9 Wie berechnet sich die Höhe der Abfertigung genau? 124
14.10 Wie wirkt sich ein Wechsel von einer Vollzeit- auf eine Teilzeitbeschäftigung im Zusammenhang mit der Abfertigung aus? 124
14.11 Was passiert mit der Abfertigung alt, wenn die Arbeitnehmerin stirbt? 125
14.12 Muss der gesamte Abfertigungsbetrag auf einmal ausbezahlt werden? 125

Kapitel 15: Tod des Angestellten ... 126
15.1 Was geschieht im Todesfall der Arbeitnehmerin während des aufrechten Dienstverhältnisses? ... 127
15.2 Was passiert, wenn die Verstorbene eine Wohnung von der Arbeitgeberin gestellt bekommen hat und verstirbt? ... 127

Kapitel 16: Vorzeitige Auflösung ... 128
16.1 Was versteht man unter einer vorzeitigen Auflösung des Arbeitsverhältnisses? Welche Arten der vorzeitigen Auflösungen kennt das AngG? ... 129
16.2 Welche Gründe für eine vorzeitigte Beendigung in Form eines Austritts kennt das AngG? ... 129
16.3 Wann liegt eine Dienstunfähigkeit vor, die zu einem vorzeitigen Austritt berechtigt? ... 130
16.4 Wann ist eine Gefährdung des Lebens bzw der Gesundheit gegeben, die zu einem vorzeitigen Austritt berechtigt? ... 130
16.5 Welche Ersatztätigkeiten kommen im Zusammenhang mit einer möglichen Gesundheitsgefährdung infrage? ... 131
16.6 Wann liegt eine Gefährdung der Sittlichkeit vor, die zu einem vorzeitigen Austritt berechtigt? ... 131
16.7 Was versteht man unter einer „allgemeinen Pflichtverletzung“ der Arbeitgeberin und wann stellt diese einen Austrittsgrund dar? ... 131
16.8 Was versteht man unter einer ungebührlichen Schmälerung oder Vorenthaltung des Entgelts und wann liegt eine solche vor? ... 131
16.9 Muss immer eine Nachfrist im Zusammenhang mit der Schmälerung oder Vorenthaltung des Entgelts gesetzt werden? ... 132
16.10 Muss die Arbeitgeberin über den konkreten Austrittsgrund informiert werden? ... 132
16.11 Wer muss das Vorliegen eines Austrittsgrundes beweisen? ... 132
16.12 Wann muss die Arbeitnehmerin den vorzeitigen Austritt der Arbeitgeberin gegenüber erklären? ... 133
16.13 Kann nach Eröffnung der Insolvenz vorzeitig ausgetreten werden? ... 133
16.14 Kann der Austritt einer Arbeitnehmerin auch durch konkludente Handlung erfolgen? ... 133
16.15 Was versteht man unter einer Entlassung? ... 133
16.16 Welche Entlassungsgründe kennt das Gesetz? ... 134
16.17 Muss eine Entlassung sofort ausgesprochen werden? ... 136
16.18 Was tun, wenn die Angestellte mehrfache oder dauerhafte Entlassungsgründe setzt? ... 138
16.19 Kann eine ausgesprochene Entlassung zurückgenommen werden? ... 138
16.20 Muss die Arbeitgeberin im Entlassungszeitpunkt den Entlassungsgrund nennen? ... 138
16.21 Kann eine Entlassung noch während der Kündigungsfrist ausgesprochen werden? ... 138
16.22 Welche Rolle spielt der Betriebsrat bei einer Entlassung? ... 139
16.23 Sind manche Dienstverhältnisse besonders vor einer Entlassung geschützt? ... 140

16.24 Welche Ansprüche stehen einer Arbeitnehmerin zu, die begründet und berechtigt entlassen wurde? ... 141
16.25 Besteht ein Schadenersatzanspruch der Arbeitgeberin gegenüber der Arbeitnehmerin, wenn diese das Dienstverhältnis grundlos vorzeitig löst? ... 141
16.26 Welchen Schaden kann die Arbeitgeberin geltend machen? ... 142
16.27 Ist die Vereinbarung einer Konventionalstrafe in diesem Zusammenhang zulässig? ... 142
16.28 Kann die Arbeitgeberin das Entgelt im Zuge einer rechtswidrigen, vorzeitigen und verschuldeten Auflösung durch die Arbeitnehmerin kürzen? ... 143
16.29 Welche Konsequenzen ergeben sich aus einer ungerechtfertigten Entlassung? ... 143
16.30 Welche Ansprüche kommen Arbeitnehmerinnen zu, wenn sie ungerechtfertigt entlassen werden oder die Arbeitgeberin einen Austritt aus dem Arbeitsverhältnis verschuldet? ... 144
16.31 Was versteht man unter einem Rücktritt vom Arbeitsvertrag und wann ist ein solcher möglich? ... 144
16.32 Welche Rechtsfolgen ergeben sich aus einem unberechtigten Rücktritt vom Arbeitsvertrag? ... 145
16.33 Was passiert, wenn sowohl die Arbeitgeberin als auch die Arbeitnehmerin ein Verschulden an der vorzeitigen Auflösung des Dienstverhältnisses trifft? ... 145

Kapitel 17: Frist zur Geltendmachung der Ansprüche ... 148
17.1 Wie lange können Arbeitnehmerinnen grundsätzlich Ansprüche aus dem Arbeitsverhältnis geltend machen? ... 149
17.2 Was sieht das AngG im Unterschied zur Grundregel im ABGB vor? ... 149
17.3 Was ist der Unterschied zwischen Verjährung und Verfall? ... 149
17.4 Welche Ansprüche fallen unter die verkürzte Frist des AngG? ... 149
17.5 Wann beginnt die im AngG vorgesehene verkürzte Frist zu laufen? ... 150
17.6 Kann die Frist zur Geltendmachung von Ansprüchen noch an anderer Stelle geregelt sein? ... 150
17.7 Kann die sechsmonatige Frist des § 34 AngG durch kollektivvertragliche Regelung weiter verkürzt werden? ... 150

Kapitel 18: Konkurrenzklausel ... 152
18.1 Gilt die Konkurrenzklausel im aufrechten Dienstverhältnis? ... 153
18.2 Welche Tätigkeiten können mit einer Konkurrenzklausel unterbunden werden? ... 153
18.3 Mit wem kann gültig eine Konkurrenzklausel vereinbart werden? ... 154
18.4 Ist das letzte Monatsentgelt vor dem Ausscheiden wichtig für die Anwendbarkeit der Konkurrenzklausel? ... 154
18.5 Ist die Art der Beendigung des Dienstverhältnisses für die Wirksamkeit der Konkurrenzklausel wichtig? ... 155

18.6 Wie lange wirkt die Konkurrenzklausel nach Beendigung des Dienstverhältnisses? ... 155
18.7 Was sind die Konsequenzen bei Verletzung einer gültigen Konkurrenzklausel? ... 155
18.8 Kann eine Konventionalstrafe als Sanktion bei Verletzung der Konkurrenzklausel vereinbart werden? ... 156

Kapitel 19: Konventionalstrafen ... 158
19.1 Was ist eine Konventionalstrafe? ... 159
19.2 Wie können Konventionalstrafen ausgestaltet sein? ... 159
19.3 Welcher Schaden kann geltend gemacht werden? ... 160
19.4 Was passiert vor Gericht, wenn die Arbeitgeberin den Schaden einklagt? ... 160

Kapitel 20: Zeugnis ... 162
20.1 Welche Arten von Dienstzeugnissen gibt es? ... 163
20.2 Welcher Zweck wird mit einem Dienstzeugnis verfolgt? ... 163
20.3 Wann muss die Arbeitgeberin ein Dienstzeugnis ausstellen? ... 163
20.4 Zu welchem Zeitpunkt muss ein Endzeugnis ausgestellt werden? ... 163
20.5 Bis zu welchem Zeitpunkt kann ein Zwischenzeugnis von der Arbeitgeberin verlangt werden? ... 164
20.6 Muss die Arbeitgeberin das Dienstzeugnis ohne Aufforderung durch die Arbeitnehmerin ausstellen? ... 164
20.7 Welche Möglichkeiten gibt es, wenn zu Ende des Arbeitsverhältnisses kein Dienstzeugnis ausgestellt worden ist? ... 164
20.8 Was muss Inhalt des Dienstzeugnisses sein? ... 164
20.9 In welcher Form muss das Dienstzeugnis ausgestellt werden? ... 166
20.10 Unterscheiden sich das End- und das Zwischenzeugnis in inhaltlicher Hinsicht voneinander? ... 166
20.11 Was ist der Unterschied zwischen einem einfachen und einem qualifizierten Dienstzeugnis? ... 167
20.12 Haben Arbeitnehmerinnen die Möglichkeit, ein qualifiziertes Dienstzeugnis zu verlangen und gegebenenfalls auch einzuklagen? ... 167
20.13 Wer muss das Dienstzeugnis verfassen bzw den Text ausformulieren? ... 167
20.14 Muss das Dienstzeugnis immer auch als Dienstzeugnis bezeichnet werden? ... 167
20.15 Wer trägt die Kosten für die Ausstellung eines Dienstzeugnisses? ... 168
20.16 Haben alle Arbeitnehmerinnen Anspruch auf Ausstellung eines Dienstzeugnisses? ... 168
20.17 Haben auch Lehrlinge Anspruch auf Ausstellung eines Dienstzeugnisses? ... 168
20.18 Haben auch Werkvertragsnehmerinnen und freie Dienstnehmerinnen Anspruch auf Ausstellung eines Dienstzeugnisses? ... 168

20.19 Darf die bisherige Arbeitgeberin abseits des formalen Dienstzeugnisses künftigen Arbeitgeberinnen Auskunft über die Arbeitnehmerin erteilen? ... 169
20.20 Kann durch vertragliche Vereinbarung von der Pflicht zur Ausstellung eines Dienstzeugnisses abgewichen werden? ... 169
20.21 Welche Möglichkeiten haben Arbeitnehmerinnen, wenn die Arbeitgeberin trotz Verlangen kein Dienstzeugnis oder lediglich ein mangelhaftes Dienstzeugnis ausstellt? ... 169

Anhang
Das Angestelltengesetz (AngG) im Wortlaut ... 171

Stichwortverzeichnis ... 191

Vorwort Barbara Teiber

Sehr geehrte Leserinnen und Leser,

die Gewerkschaft GPA hat ihre Wurzeln in der Geschichte der Angestelltenbewegung, und das Angestelltengesetz ist ein zentrales Element unserer Arbeit. Es bildet die Grundlage für die Rechte und Pflichten von Angestellten und ist ein unverzichtbares Instrument zur Sicherung fairer Arbeitsbedingungen.

In einer sich ständig wandelnden Arbeitswelt ist es wichtiger denn je, dass Angestellte ihre Rechte kennen und verstehen. Dieser Ratgeber soll Ihnen dabei helfen, sich im komplexen Geflecht des Angestelltengesetzes zurechtzufinden. Er bietet klare Antworten auf häufig gestellte Fragen und erläutert die wichtigsten Bestimmungen verständlich und praxisnah.

Unser Ziel ist es, Sie zu ermutigen, Ihre Rechte aktiv wahrzunehmen und sich für Ihre Interessen einzusetzen. Die Gewerkschaft GPA steht Ihnen dabei als starker Partner zur Seite. Gemeinsam können wir dafür sorgen, dass die Arbeitswelt von morgen gerecht und zukunftsfähig gestaltet wird.

Ich wünsche Ihnen viel Freude und Erkenntnisgewinn beim Lesen dieses Ratgebers.

Mit solidarischen Grüßen,

Barbara Teiber
Vorsitzende der Gewerkschaft GPA

Vorwort der Autor:innen

Das Angestelltengesetz (AngG) bildet ein zentrales Element des Arbeitsrechts in Österreich. Es regelt die Rechte und Pflichten zwischen Angestellten und Arbeitgeberinnen und hatte in vielerlei Hinsicht Vorbildcharakter für das gesamte Arbeitsrecht. Viele der Bestimmungen, die heute für sämtliche Arbeitnehmerinnen gelten und für diese unverzichtbare arbeitsrechtliche Standards bilden, gehen ursprünglich auf das Angestelltengesetz, das in seiner Stammfassung aus dem Jahr 1921 stammt, zurück. Viele Regelungen des Angestelltengesetzes spielen in der Arbeitsrealität nach wie vor eine bedeutende Rolle – besonders bekannt sind etwa die Bestimmungen über die Abfertigung alt oder die Entgeltfortzahlung bei Krankheit, Unglücksfall, Arbeitsunfall, Berufskrankheit und aus sonstigen wichtigen persönlichen Gründen.

Der vorliegende Ratgeber hat sich zum Ziel gesetzt, die Inhalte des Angestelltengesetzes auf eine verständliche und praxisnahe Weise zu vermitteln. Er richtet sich insbesondere an Arbeitnehmerinnen und Betriebsratsmitglieder, die im beruflichen Alltag mit den Regelungen des Angestelltengesetzes konfrontiert sind und eine verlässliche Informationsquelle zu den wichtigsten praxisrelevanten Fragestellungen suchen.

Der Ratgeber ist nach dem aus anderen Teilen der Reihe bekannten Frage-Antwort-Stil aufgebaut und folgt der Paragrafenreihung des Angestelltengesetzes, um den Zugang zu den relevanten Informationen so einfach und intuitiv wie möglich zu gestalten. Besonderes Augenmerk wurde dabei auf die Darstellung von praxisnahen Beispielen gelegt, um die Nachvollziehbarkeit der theoretischen Inhalte zu erhöhen.

Im Anhang ist der vollständige Gesetzestext des Angestelltengesetzes abgedruckt. Dies soll die Möglichkeit bieten, bei der Lektüre die jeweils angesprochenen Bestimmungen im Wortlaut nachzulesen und sich ein umfassendes Bild von den gesetzlichen Regelungen zu machen. Der Anhang bildet somit eine Ergänzung zu den erklärenden Texten und Beispielen im Hauptteil des Buches.

Mit unserem Ratgeber wollen wir zu einem besseren Verständnis der Rechte und Pflichten im Arbeitsverhältnis und einer effektiveren Rechtsdurchsetzung beitragen.

Wien, im März 2025

Mag.[a] Ilona Amann
Dr. Michael Gogola
Mag.[a] Karin Koller
Dr. Michael Trinko

Abkürzungen

ABGB	Allgemeines Bürgerliches Gesetzbuch
Abs	Absatz
AngG	Angestelltengesetz
Anm	Anmerkung/en
ArbIG	Arbeitsinspektionsgesetz
ArbVG	Arbeitsverfassungsgesetz
ARG	Arbeitsruhegesetz
Art	Artikel
AschG	ArbeitnehmerInnenschutzgesetz
AVRAG	Arbeitsvertragsrechts-Anpassungsgesetz
AZG	Arbeitszeitgesetz
AZ-RL	Arbeitszeit-Richtlinie (RL 2003/88/EG)
BAG	Berufsausbildungsgesetz
BeinstG	Behinderteneinstellungsgesetz
BGBl	Bundesgesetzblatt
BR	Betriebsrat
Bspw	beispielsweise
BUAG	Bauarbeiter-Urlaubs- und Abfertigungsgesetz
BUAK	Bauarbeiter-Urlaubs- und Abfertigungskasse
Bzw	beziehungsweise
Dh	das heißt
EG	Europäische Gemeinschaft(en)
Etc	et cetera
EU	Europäische Union
EuGH	Europäischer Gerichtshof
EWR	Europäischer Wirtschaftsraum
F	folgende(r)
Ff	fortfolgende(r)
Gem	gemäß
GP	Gesetzgebungsperiode
IA	Initiativantrag
idF	in der Fassung
idR	in der Regel
idZ	in diesem Zusammenhang
insb	insbesondere
iSd	im Sinne des/der
iZm	im Zusammenhang mit
KV	Kollektivvertrag/Kollektivverträge
Lit	Litera
MSchG	Mutterschutzgesetz
NR	Nationalrat
Nr	Nummer/n
ÖGB	Österreichischer Gewerkschaftsbund

OGH	Oberster Gerichtshof
RL	(europäische) Richtlinie
Rsp	Rechtsprechung
S	Seite
Sog	sogenannte(r, s)
TAG	Theaterarbeitsgesetz
ua	unter anderem; und andere
uE	unseres Erachtens
UrlG	Urlaubsgesetz
Usw	und so weiter
VBG	Vertragsbedienstetengesetz 1948
Vgl	vergleiche
VKG	Väter-Karenzgesetz
WKO	Wirtschaftskammer Österreich
Z	Ziffer bzw Zahl
zB	zum Beispiel

Anwendungs-gebiet des Gesetzes

Kapitel 1

1.1 Wann kommt das Angestelltengesetz zur Anwendung?

Die Beantwortung der Frage, ob das Angestelltengesetz zur Anwendung kommt, ist von mehreren Voraussetzungen abhängig. Zunächst ist zu prüfen, ob überhaupt ein Dienstverhältnis (häufig auch Arbeitsverhältnis genannt) vorliegt. Liegt ein Arbeitsverhältnis vor, so sind weiters die gesetzlichen Voraussetzungen für die Anwendung des AngG gemäß der ersten fünf Paragrafen zu prüfen.

Das AngG findet demnach Anwendung auf Dienstverhältnisse von Personen, die im **Geschäftsbetrieb eines Kaufmannes** oder bei einer anderen vom Gesetz vorgesehenen Dienstgeberin **vorwiegend zur Leistung kaufmännischer oder höherer, nicht kaufmännischer Dienste oder zu Kanzleiarbeiten** angestellt sind.

1.2 Gibt es einen Unterschied zwischen den Begriffen Arbeitsverhältnis und Dienstverhältnis?

Nein, einen solchen Unterschied zwischen den beiden Begriffen gibt es nicht. Arbeitsverhältnis und Dienstverhältnis werden synonym verwendet und bedeuten dasselbe. Auch rechtlich macht es keinen Unterschied, ob eine Person als Arbeitnehmerin oder als Dienstnehmerin bezeichnet wird.

1.3 Wie wird in rechtlicher Hinsicht zwischen Angestellten und Arbeiterinnen unterschieden?

Das österreichische Arbeitsrecht unterscheidet zwischen Angestellten und Arbeiterinnen. Im Gegensatz zum AngG, in welchem genau definiert ist, welche Tätigkeiten ein Angestelltenverhältnis begründen, findet sich für **Arbeiterinnen keine gesetzliche Definition**. Vereinfacht gesagt sind daher all jene Arbeitnehmerinnen, die von der Definition des AngG nicht erfasst werden, mit der Ausnahme von besonderen Gruppen (wie zB Vertragsbedienstete) Arbeiterinnen. Auch wenn es im Laufe der Zeit zu einer Angleichung der Rechtsstellung von Arbeiterinnen und Angestellten gekommen ist, gibt es noch immer Unterschiede, wie zB bei Entlassungen oder im Sozialversicherungsrecht (Berufsunfähigkeit/Invalidität).

1.4 Welche Voraussetzungen müssen erfüllt sein, damit ein Dienstverhältnis vorliegt?

§ 1151 ABGB

Ein Dienstverhältnis, oftmals auch Arbeitsverhältnis genannt, liegt vor, wenn sich eine Arbeitnehmerin einer Arbeitgeberin zur **höchstpersönlichen Leistungserbringung** in **persönlicher Abhängigkeit** verpflichtet.

Mit der persönlichen Abhängigkeit geht regelmäßig eine wirtschaftliche Abhängigkeit einher, die aus dem Zwang resultiert, die Arbeitskraft ständig bereitzustellen, um die Existenzgrundlage für den Arbeitnehmer zu sichern (Lohnabhängigkeit).

Die wirtschaftliche Abhängigkeit kann somit einen wesentlichen Hinweis auf die persönliche Abhängigkeit bilden, ist aber nicht das entscheidende Kriterium für die Begründung eines Arbeitsverhältnisses.

Weiters handelt es sich bei einem Dienstverhältnis um ein **Dauerschuldverhältnis**. Ein Dienstverhältnis wird demnach auf unbestimmte oder gegebenenfalls auch auf bestimmte Zeit abgeschlossen. Im Gegensatz zu einem Werkvertrag wird ein Dienstverhältnis allerdings nicht durch eine Erfüllungshandlung beendet. Ein Dauerschuldverhältnis kann folglich auch für einen kurzen Zeitraum geschlossen werden. So kann ein Dienstverhältnis auch für einen Zeitraum von nur einigen Stunden oder Tagen vereinbart werden. Ein wesentliches Merkmal eines Dienstverhältnisses, aber auch charakteristisch für ein Dauerschuldverhältnis, ist, dass die Arbeitnehmerin ihre Arbeitskraft **zur Verfügung** stellt, ohne wie bei **einem Werkvertrag einen Erfolg** (ein „Werk", zB die vollständige Errichtung eines Hauses) zu schulden. Obwohl in Österreich nahezu alle Dienstverhältnisse von Kollektivverträgen erfasst sind und daher ein Mindestgehalt bzw Mindestlohn vorgesehen sind, stellt die Entgeltlichkeit keine Voraussetzung für die Qualifikation als Dienstverhältnis dar.

1.5 Was versteht man unter persönlicher Abhängigkeit bei einem Dienstverhältnis?

Ein wesentliches Merkmal eines Dienstverhältnisses ist die persönliche Abhängigkeit der Arbeitnehmerin, die sich in ihrer **Einordnung in die betriebliche Struktur des Betriebes** manifestiert. Dies impliziert, dass die Arbeitgeberin unter anderem Vorgaben bezüglich der **Arbeitszeit**, des **Arbeitsorts** und der **Arbeitsweise** macht. Damit einher geht das **Weisungsrecht** der Arbeitgeberin gegenüber der Arbeitnehmerin, welches sich unter anderem darin äußert, dass die Arbeitgeberin vorgeben kann, wie bestimmte Arbeitsabläufe von der Arbeitnehmerin durchzuführen sind. Die Einhaltung der innerbetrieblichen Vorgaben kann durch **Kontrollen** erfolgen, und die Arbeitnehmerin ist der Arbeitgeberin auch **disziplinär** verantwortlich.

§ 1153 ABGB

1.6 Muss die Dienstleistung bei einem Dienstverhältnis immer höchstpersönlich erfolgen?

Die persönliche Abhängigkeit setzt typischerweise eine höchstpersönliche Arbeitspflicht voraus. Auch wenn das Gesetz in Ausnahmefällen eine Vertretung zulässt, schließt ein **generelles Vertretungsrecht** die Arbeitnehmerinneneigenschaft als solche aus. In Verträgen wird häufig vereinbart, dass die Arbeitnehmerin sich vertreten lassen kann. Dies ist darauf zurückzuführen, dass bei Vorliegen eines generellen Vertretungsrechts kein Dienstverhältnis, sondern in der Regel ein **freier Dienstvertrag** zustande kommt. Hintergrund derartiger Regelungen ist, dass für freie Dienstnehmerinnen **nicht alle arbeitsrechtlichen Bestimmungen** zur Anwendung kommen. So haben freie Dienstnehmerinnen beispielsweise keinen Anspruch auf Urlaubs- und Weihnachtsgeld beziehungsweise auf Urlaub im Allgemeinen. Um jedoch die höchstpersönliche Arbeitspflicht auszuschließen und daher kein Dienstverhältnis zu begründen, muss ein Vertretungsrecht von der Arbeitnehmerin aber tatsächlich genutzt werden, oder es muss objektiv davon ausgegangen werden, dass von diesem Vertretungsrecht Gebrauch gemacht wird.

1.7 Was versteht man unter wirtschaftlicher Abhängigkeit?

Unter wirtschaftlicher Abhängigkeit kann einerseits das **fehlende Eigentum** an den Produktionsmitteln verstanden werden und andererseits die Tatsache, dass die Arbeitnehmerinnen auf das **Einkommen aus der Arbeitsleistung** angewiesen sind. Die wirtschaftliche Abhängigkeit allein ist jedoch nicht ausschlaggebend für die Beurteilung, ob ein Arbeitsverhältnis vorliegt. In der Rechtsprechung wird die wirtschaftliche Abhängigkeit lediglich als Hilfskriterium zur Beurteilung der persönlichen Abhängigkeit herangezogen.

1.8 Müssen immer alle Voraussetzungen für das Vorliegen eines Dienstverhältnisses erfüllt sein?

Die persönliche Abhängigkeit der Arbeitnehmerin ist das ausschlaggebende Kriterium für das Vorliegen eines Dienstverhältnisses. Es müssen jedoch **nicht immer alle Merkmale** der persönlichen Abhängigkeit (Vorgabe von Arbeitsort, -zeit, -weise, Weisungsgebundenheit, Eingliederung in den Betrieb etc) vorliegen. Man spricht hier von einem **beweglichen System** im Hinblick auf die Arbeitnehmerinneneigenschaft einer Person. Das Fehlen eines der Merkmale kann daher durch eine **besonders starke Ausprägung** eines anderen Merkmales ausgeglichen werden.

1.9 Wie lässt sich zusammenfassen, wann ein Dienstverhältnis vorliegt?

Ein Dienstverhältnis liegt vor, wenn die Arbeitnehmerin in die **organisatorische und hierarchische Struktur des Betriebes eingegliedert** ist, eine **persönliche Arbeitspflicht** besteht und die Arbeitgeberin durch die **Art der Arbeit, die Arbeitszeit, den Arbeitsort** oder durch **Weisungen** auf die Art der Ausführung der Arbeit einwirken kann und der Arbeitgeberin **disziplinarisch verantwortlich** ist. Die persönliche Abhängigkeit der Arbeitnehmerin charakterisiert das Arbeitsverhältnis.

1.10 Wie definiert die Rechtsprechung den Dienstvertrag?

Die Rechtsprechung hat sich bereits vielfach mit der Frage beschäftigt, wann ein Arbeitsverhältnis vorliegt. Der Dienstvertrag oder Arbeitsvertrag iSd § 1151 ABGB ist vor allem durch die persönliche Abhängigkeit der Arbeitnehmerin, also durch deren Unterworfenheit unter die funktionelle Autorität der Arbeitgeberin gekennzeichnet, welche sich in organisatorischer Gebundenheit, insb an Arbeitszeit, Arbeitsort und Kontrolle – nicht notwendig auch an Weisungen über die Art der Ausführung der Tätigkeit – äußert. Für den Arbeitsvertrag wesentlich ist daher eine weitgehende Ausschaltung der Bestimmungsfreiheit der Arbeitnehmerin, welche hinsichtlich Arbeitsort, Arbeitszeit und arbeitsbezogenem Verhalten dem Weisungsrecht der Arbeitgeberin unterworfen ist oder, wenn dieses Verhalten schon im Arbeitsvertrag vorausbestimmt oder unter Heranziehung anderer Regeln bestimmbar ist, zumindest deren laufender Kontrolle unterliegt. Weitere für das Vorliegen einer persönlichen Abhängigkeit sprechende Merkmale sind die persönliche Arbeitspflicht der Arbeitnehmerin, die Fremdbestimmtheit der Arbeit, deren wirtschaftlicher Erfolg der Arbeitgeberin zukommt, die funktionelle Einbindung der Arbeitsleistung in ein betriebliches Weisungsgefüge, einschließlich der Kontrollunterworfenheit, und die Beistellung des Arbeitsgeräts durch die Arbeitgeberin. Dabei müssen die Bestimmungsmerkmale der persönlichen Abhängigkeit nicht alle gemeinsam vorliegen, sondern können durchaus in unterschiedlicher Ausprägung gegeben sein, wenn sie nur insgesamt überwiegen.

1.11 Was unterscheidet den Dienstvertrag von einem freien Dienstvertrag?

Ein **freier Dienstvertrag** liegt vor, wenn die Merkmale der persönlichen Abhängigkeit nicht oder nur in geringem Maße vorhanden sind. In diesem Fall wird der Dienstvertrag als „frei" bezeichnet. Für freie Dienstnehmerinnen bedeutet dies, dass sie sich vertreten lassen können, **keine Anwesenheitspflicht** im Betrieb besteht und sie sich ihre **Arbeitszeit und -weise selbst einteilen** und ändern können.

Beispiel

Ein Auftraggeber schloss mit einem Detektiv einen Werkvertrag ab, in dem vereinbart wurde, dass dieser hauptsächlich Ermittlungstätigkeiten, Observationen und vereinzelte Einsätze in Kaufhäusern durchführen sollte. In Besprechungen wurde ihm mitgeteilt, welche Aufträge er zu erledigen habe, in welchem Kaufhaus er tätig werden solle, ob er allein oder im Team arbeiten solle und wie viel Zeit ihm für die Erledigung des Auftrags zur Verfügung stehe. Die Dauer des Einsatzes wurde ihm vorgegeben. Ihm wurden auch alle notwendigen Materialien wie Fotoapparat und Diktiergerät zur Verfügung gestellt. Sofern ihm kein Firmenwagen zur Verfügung gestellt wurde, erhielt er für die Fahrten Kilometergeld. Während der Einsätze musste er sich beim Auftraggeber melden, um das Vorgehen abzusprechen und einen ausführlichen Bericht zu verfassen. Die Vergütung erfolgte nach tatsächlichem Zeitaufwand und war völlig erfolgsunabhängig. Es bestand keine Verpflichtung, Aufträge anzunehmen, was auch zur Ablehnung von Aufträgen führte. Allerdings wurden Aufträge nicht allzu oft aus wirtschaftlichen Gründen abgelehnt. Ein Anspruch auf Urlaub bestand ebenfalls nicht.

Der **Oberste Gerichtshof (OGH)** hielt dazu fest, dass gerade die Möglichkeit, den Arbeitsablauf selbst zu regeln und jederzeit zu ändern, also das Fehlen der persönlichen Abhängigkeit und Weisungsgebundenheit, den freien Dienstvertrag vom Arbeitsvertrag unterscheidet. Dabei ist nicht auf die Bezeichnung und Gestaltung des schriftlichen Vertrages, sondern auf die allenfalls davon abweichende tatsächliche Handhabung des Vertragsverhältnisses abzustellen. Zwar sei der Kläger nicht verpflichtet gewesen, jeden Auftrag anzunehmen (er habe aber aus Gründen der wirtschaftlichen Abhängigkeit die meisten Aufträge angenommen), doch sei er, wenn er einen Auftrag angenommen habe, fest in die Organisation des Beklagten eingebunden gewesen. Er erhielt von ihm Anweisungen, wann und wie lange er einen Auftrag allein oder im Team zu erledigen hatte, musste ständig telefonischen Kontakt mit dem Beklagten halten, um neue Anweisungen zu erhalten, und hatte detaillierte Berichte auf vorgedruckten Formularen und später mittels EDV zu erstellen. Es ist daher davon auszugehen, dass sich der Kläger mit dem Abschluss eines jeden dieser Verträge verpflichtet hat, die Arbeiten in der von dem Beklagten nach Ort, Zeit und Art bestimmten Weise auszuführen und dabei auch die jeweils während des laufenden Einsatzes vom Beklagten erteilten organisatorischen Anweisungen über die Art der Ausführung zu beachten. Ist nun ein Arbeitnehmer in die Organisation des Arbeitgebers eingegliedert, hat er die von diesem festgelegten Arbeitszeiten an einem bestimmten Arbeitsort einzuhalten und unterliegt er auch nur insoweit der Kontrolle des Arbeitgebers, so sind die Voraussetzungen eines freien Dienstvertrages nicht erfüllt, sondern es liegt ein echter Arbeitsvertrag vor.

1.12 In meinem Vertrag steht, dass ich freie Dienstnehmerin bin. Ich mache aber andere Tätigkeiten als vereinbart. Was gilt nun für mich?

Die Bezeichnung des Vertrages, im vorliegenden Fall als freier Dienstvertrag, ist grundsätzlich unerheblich. **Entscheidend für die Beurteilung**, ob ein freier Dienstvertrag oder ein Dienstverhältnis vorliegt, ist, **wie der Vertrag tatsächlich gelebt wird**. Werden daher Arbeiten von der Arbeitnehmerin in persönlicher Abhängigkeit selbst ausgeführt, liegt trotz der Bezeichnung des Vertrages als freier Dienstvertrag ein Dienstverhältnis vor.

1.13 Warum ist es wichtig, ob ein Dienstverhältnis oder eine andere Vertragsform vorliegt?

Liegt ein Dienstverhältnis vor, kommt grundsätzlich das **gesamte Arbeitsrecht** zur Anwendung. Das Arbeitsrecht besteht aus vielen Einzelgesetzen, wie zB dem Arbeitszeitgesetz oder dem ArbeitnehmerInnenschutzgesetz (ASchG), und hat unter anderem den Schutz der Dienstnehmerinnen zum Ziel. Hintergrund ist, dass sich Dienstnehmerinnen bei der Aushandlung der Arbeitsbedingungen gegenüber den Dienstgeberinnen in einer schwächeren Verhandlungsposition befinden. Um dieses **Verhandlungsungleichgewicht auszugleichen**, wurden arbeitsrechtliche Regelungen geschaffen. Liegt ein freier Dienstvertrag vor, so sind beispielsweise das Arbeitszeitgesetz und damit Höchstgrenzen der Arbeitszeit oder Kollektivverträge, die unter anderem Urlaubs- und Weihnachtsgeld festlegen, nicht anwendbar. **Nur vereinzelt** sind arbeitsrechtliche Bestimmungen auf freie Dienstnehmer anwendbar. Liegt zB ein Werkvertrag vor, sind überhaupt keine arbeitsrechtlichen Bestimmungen anwendbar.

1.14 Was unterscheidet den Dienstvertrag vom Werkvertrag?

Der Werkvertrag ist im Gegensatz zum Dienstvertrag, der ein **Dauerschuldverhältnis** darstellt, ein **Zielschuldverhältnis**. Das bedeutet, dass nicht wie beim Dienstvertrag die Zurverfügungstellung der Arbeitskraft, sondern die **Herstellung eines Werkes** oder eines Erfolges gegen Entgelt geschuldet wird. Außerdem wird die Arbeitsleistung beim Werkvertrag nicht in persönlicher Abhängigkeit erbracht. Beim Dienstvertrag hat der Dienstnehmer seine Arbeitskraft zur Verfügung zu stellen und die ihm aufgetragenen Arbeiten sorgfältig auszuführen, wobei es nicht darauf ankommt, ob dadurch ein Erfolg erzielt wird. Demgegenüber ist ein Werkvertrag erfüllt und damit beendet, wenn das Werk übergeben wird.

1.15 Was unterscheidet den Dienstvertrag vom Mietvertrag?

Wird der Dienstnehmerin zusätzlich zum Gehalt eine Wohnung zur Verfügung gestellt, handelt es sich um einen sogenannten Naturalbezug. Das bedeutet, dass die Wohnung Teil des Entgelts ist. Aus mietrechtlicher Sicht bedeutet diese Konstellation, dass das Mietrecht hier nicht zur Anwendung kommt und auch das **Nutzungsrecht** an der überlassenen Wohnung mit Beendigung des Dienstverhältnisses erlischt. Es besteht aber auch die Möglichkeit, dass in einem Mietvertrag als Gegenleistung für die Wohnraummiete auch Dienstleistungen vertraglich vereinbart werden. Ob in diesem Fall ein Dienstvertrag oder ein **Mietvertrag** vorliegt, hängt vom **Willen der Parteien** und vom wirtschaftlichen Zweck ab. Für die Einordnung ist daher darauf abzustellen, ob die Vermietung der Wohnung oder die vereinbarte Dienstleistung im Vordergrund steht.

§ 51 Abs 3 Z 2 ASGG

1.16 Was versteht man unter einer arbeitnehmerinnenähnlichen Person?

Charakteristisch für arbeitnehmerinnenähnliche Personen ist, dass sie bei der Erbringung der Arbeitsleistung keine persönliche Abhängigkeit aufweisen und daher keine Dienstnehmerinnen sind. Aufgrund ihrer **wirtschaftliche Unselbstständigkeit** (zB wenige Vertragspartnerinnen, für die gearbeitet wird, geringe eigene betriebliche Struktur) sind sie aber auch keine wirtschaftlich selbstständigen Unternehmerinnen. Sie nehmen daher eine **Zwischenstellung** zwischen Dienstnehmerinnen und selbstständigen Unternehmerinnen ein. Aufgrund dieser Situation sind arbeitnehmerinnenähnliche Personen auch in den Schutzbereich **einiger arbeitsrechtlicher Gesetze** wie dem Gleichbehandlungsgesetz (GlBG) oder dem Dienstnehmerhaftpflichtgesetz (DHG) einbezogen.

NORMTEXT: § 1. (1) Dieses Bundesgesetz gilt für das Dienstverhältnis von Personen, die im Geschäftsbetrieb eines Kaufmannes vorwiegend zur Leistung kaufmännischer (Handlungsgehilfen) oder höherer, nicht kaufmännischer Dienste oder zu Kanzleiarbeiten angestellt sind.

1.17 Was versteht man im Angestelltengesetz unter kaufmännischen Diensten?

Nach ständiger Rechtsprechung sind als **kaufmännische Dienste** solche Arbeiten zu qualifizieren, die ihrer Art nach zu den typischen Tätigkeiten eines Kaufmannes gehören und für die Führung seines Betriebes eine bestimmte, jedenfalls nicht untergeordnete Bedeutung haben. Es muss sich also um einen **Ausschnitt aus dem typischen Tätigkeitsbereich eines Kaufmannes** handeln, wobei hier kein allzu strenger Maßstab angelegt werden darf. Derartige Tätigkeiten müssen ihrer Art nach eine kaufmännische Ausbildung und/oder Geschicklichkeit erfordern und dürfen **nicht so einfach und anspruchslos** sein, dass sie von jedermann mit durchschnittlicher Bildung ohne weiteres erbracht werden können. Zu diesen kaufmännischen Diensten zählen insbesondere alle jene mit dem Ein- und Verkauf zusammenhängenden Tätigkeiten, die eine selbstständige Anpassung der Arbeitnehmerin an eine konkrete (Markt-)Situation zur Hebung des Umsatzes erfordern, wie insbesondere Kundenwerbung, Kundenberatung, Einfluss auf die Preisbildung, Sorge um die Lagerergänzung, Einkauf und Bestellung; ferner Buchführung, Geldgebarung und Warenprüfung.

Beispiel
Als kaufmännische Dienste qualifizierte der OGH die Tätigkeiten einer Dienstnehmerin in einer Bäckereifiliale, die sie in der Weise, dass sie die Filiale, in der sie bis auf kurze Ausnahmen allein tätig war, leitete und dort Buchführungsarbeiten, die Geldgebarung, den Wareneinkauf und die Warenkontrolle durchführte. Hingegen entschied der OGH, dass eine Blumenverkäuferin, die nur fallweise kleinere Bestellungen von benötigten Blumen ausführte und keine Kassen- oder Buchführungsarbeiten durchführte, keine kaufmännischen Dienste erbrachte. Wie bereits diese beiden Entscheidungen zeigen, ist für die Beurteilung immer auf den konkreten Sachverhalt und die ausgeübten Tätigkeiten abzustellen.

1.18 Was versteht man unter höheren, nicht kaufmännischen Diensten?

Laut Rechtsprechung kommt als höhere Dienstleistung nichtkaufmännischer Art eine Arbeit in Betracht, die entsprechende Vorkenntnisse und Schulungen, ein Vertrautsein mit den Arbeitsaufgaben und eine gewisse fachliche Durchdringung derselben verlangt; also nicht rein mechanisch ausgeübt wird und nicht von einer zufälligen Ersatzkraft geleistet werden kann.

Diese Arbeiten müssen zusätzlich wesentlich über den Durchschnitt einer Arbeiterinnen- oder gar Hilfsarbeiterinnentätigkeit hinausgehen. Angestelltentätigkeit wird unter anderem indiziert durch die über das durchschnittliche Ausmaß wesentlich hinausgehende größere Selbstständigkeit, umfassendere Fachkenntnisse, Genauigkeit, Verlässlichkeit, Fähigkeit der Beurteilung der Arbeiten anderer, der Aufsichts- und Leitungsbefugnis und der Einsicht in den Produktionsprozess.

Beispiel
Der OGH qualifizierte die Tätigkeit eines Betriebselektrikers, der eine vierjährige Fachschule für Elektronik und Leistungselektronik (ohne Matura) absolviert hatte und im Betrieb für die gesamte Lehrlingsausbildung und die damit verbundenen administrativen Arbeiten tätig war, als höhere, nicht kaufmännische Dienste. Die Tätigkeit eines Oberkellners, der das Serviceteam anleitete, beaufsichtigte, neue Mitarbeiter einarbeitete, Urlaube koordinierte, die Arbeitseinteilung vornahm und die Arbeitsweise und Arbeitszeit der Mitarbeiter überwachte, sah der OGH hingegen nicht als höhere, nichtkaufmännische Dienste an.

1.19 Was versteht man unter Kanzleiarbeiten?

Kanzleiarbeit im Sinne des AngG ist jede **Schreibarbeit**, mit der eine gewisse, wenn auch nicht weitgehende geistige Tätigkeit verbunden ist, die also **über das bloße Abschreiben hinausgeht**. Das AngG macht bei Kanzleiarbeiten keinen Unterschied, ob diese Arbeit als höhere oder niedere Tätigkeit zu beurteilen ist. Nur Dienste rein mechanischer Art und untergeordnete Verrichtungen reichen nicht für die Qualifikation als Kanzleiarbeiten und somit zur Begründung der Angestellteneigenschaft.

Als **Kanzleiarbeiten** wertete der OGH die Tätigkeiten eines als Arbeiter eingestellten Arbeitnehmers, welche aus Eingabearbeiten am PC, dem Versand von Computerausdrucken, der Kontrolle von Bestelllisten und Meldungen von etwa 100 Filialen, der Bildung von Gesamtsummen aus den Kassen-PCs der Filialen, den Eintragungen in Formulare, der Übertragung von Diktaten, der Entgegennahme von telefonischen Bestellungen sowie dem Ausbau und der Verbesserung eines Computerprogrammes bestanden.

Keine Kanzleiarbeiten lagen hingegen nach dem OLG Linz vor, wenn vordergründig manuelle Tätigkeiten wie das Ausschneiden von Schablonen und das Reinigen von Geräten, aber auch einfache Schreibarbeiten wie das Eintragen oder Abschreiben von Seriennummern verrichtet werden.

1.20 Wie ist es zu beurteilen, wenn eine Dienstnehmerin nicht nur Angestelltentätigkeiten, sondern auch Arbeiterinnentätigkeiten, also sogenannte gemischte Tätigkeiten, verrichtet?

Das AngG ist auf Dienstverhältnisse nur dann anzuwenden, wenn im Sinne des Gesetzes **überwiegend Angestelltentätigkeiten** verrichtet werden. Werden **Mischtätigkeiten**, also Arbeiterinnen- und Angestelltentätigkeiten, verrichtet, so kommt es für die Zuordnung grundsätzlich darauf an, welche Tätigkeit gegenüber der anderen **zeitlich überwiegt**. Werden jedoch zeitlich überwiegend Arbeiterinnentätigkeiten verrichtet, sind aber die **höher qualifizierten Tätigkeiten** für den Arbeitgeber von ausschlaggebender Bedeutung, so kommt es auf das **zeitliche Überwiegen** nicht an.

1.21 Kann eine Arbeiterin auch unter das Angestelltengesetz fallen?

Ja, es kann vertraglich vereinbart werden, dass auf das Arbeitsverhältnis einer Arbeiterin das Angestelltengesetz Anwendung findet. Man spricht dann von **Vertragsangestellten oder Angestellten ex contractu**. Es kann vertraglich vereinbart werden, dass entweder nur einzelne Bestimmungen oder das gesamte AngG für die Arbeiterin gelten soll. Wichtig ist aber, dass letztlich nur jene **Bestimmungen des AngG** zur Anwendung kommen, die im Vergleich zum Arbeiterrecht **günstiger** sind. Die Vereinbarung der Geltung des AngG für eine Arbeiterin führt aber nicht automatisch dazu, dass auch der entsprechende Angestellten-Kollektivvertrag zur Anwendung kommt. Soll der Angestellten-Kollektivvertrag auch für die Arbeiterin gelten, muss dies vereinbart werden.

Das Arbeitsverfassungsgesetz (ArbVG) unterscheidet grundsätzlich zwischen der Gruppe der Arbeiterinnen und der Gruppe der Angestellten. Damit eine Angestellte ex contractu auch der Gruppe der Angestellten angehört, muss die Anwendung des AngG sowie des Angestellten-Kollektivvertrages, der auf den Betrieb Anwendung findet, zuzüglich einer Einstufung in die Gehaltsordnung dieses Kollektivertrages **unwiderruflich** vereinbart werden.

1.22 Was bedeutet es, im Geschäftsbetrieb eines Kaufmannes angestellt zu sein?

Als Kaufmann im Sinne des Gesetzes gilt, wer ein Handelsgewerbe betreibt. Als Handelsbetriebe gelten ua Gewerbebetriebe, die Waren kaufen und verkaufen. Aktiengesellschaften, Gesellschaften mit beschränkter Haftung, unabhängig davon, welche Tätigkeit sie ausüben, gelten kraft Gesetzes als Kaufleute.

§ 2 AngG

1.23 Kann man auch unter das Angestelltengesetz fallen, wenn man nicht bei einem Kaufmann angestellt ist?

Ja, auch Arbeitnehmerinnen, die nicht bei einem Kaufmann angestellt sind, können unter das AngG fallen. Das AngG findet nämlich auch Anwendung auf das Dienstverhältnis von Personen, die vorwiegend zur Leistung **kaufmännischer oder höherer, nicht kaufmännischer Dienste** oder zu Kanzleiarbeiten im Geschäftsbetrieb von Unternehmungen, Anstalten oder sonstigen Dienstgeberinnen der nachstehenden Art angestellt sind:

1. In Unternehmungen jeder Art, auf welche die Gewerbeordnung Anwendung findet, ferner in Vereinen und Stiftungen jeder Art;
2. in Kreditanstalten, Sparkassen, Vorschußkassen, Erwerbs- und Wirtschaftsgenossenschaften, Versatz-, Versorgungs- und Rentenanstalten, Krankenkassen, registrierten Hilfskassen, Versicherungsanstalten jeder Art, gleichviel, ob sie private Versicherungsgeschäfte betreiben oder den Zwecken der öffentlich-rechtlichen Versicherung dienen, sowie in Verbänden der genannten Anstalten;
3. in der Schriftleitung, Verwaltung oder dem Verschleiß einer periodischen Druckschrift;
4. in Kanzleien der Rechtsanwälte, Notare und Patentanwälte;
5. bei Zivilingenieuren, nicht autorisierten Architekten und Zivilgeometern;
6. in Tabaktrafiken und Lottokollekturen;
7. bei Handelsmaklern, Privatgeschäftsvermittlungen und Auskunftsbureaus;
8. bei Ärzten, Zahntechnikern, in Privatheil- und -pflegeanstalten und in privaten Unterrichtsanstalten;
9. im Bergbau auf vorbehaltene Mineralien einschließlich der auf Grund der Bergwerksverleihung) errichteten Werksanlagen.

Inhalt des Dienstvertrages

Kapitel 2

2.1 Was regelt das AngG zum Inhalt des Dienstvertrages?

§ 6 Abs 1, 2 AngG

Art und Umfang des Dienstverhältnisses sowie das dafür gebührende Entgelt richten sich grundsätzlich nach dem zwischen den Arbeitsvertragsparteien Vereinbarten. § 6 Abs 1 AngG enthält hinsichtlich des Inhalts des Dienstvertrages jedoch eine Zweifelsregel, wonach **Art und Umfang der Dienstleistungen** sowie das dafür **gebührende Entgelt** mangels Vereinbarung durch den für die betreffende Art der Unternehmung bestehenden Ortsgebrauch bestimmt werden. In Ermangelung eines solchen sind die den Umständen nach angemessenen Dienste und ein ebensolches Entgelt zu leisten. Welche Tätigkeit bzw welches Entgelt geschuldet ist, ist also durch Auslegung zu ermitteln, wobei die Verkehrssitte zu berücksichtigen ist – welche Dienste also von Angestellten in der Regel geschuldet werden, so müssen Angestellte bspw keine „Arbeiterinnentätigkeiten" verrichten.

Weiters legt § 6 Abs 2 AngG fest, dass die Überlassung von Wohnräumen, die Beistellung von Beheizung und Beleuchtung an Angestellte sowie deren Verköstigung auf Rechnung des Entgeltes (von den beteiligten Bundesministerien nach Anhörung der Körperschaften, denen die Vertretung der in Betracht kommenden Interessen obliegt) durch Verordnung für Unternehmungen bestimmter Art oder für den Bereich bestimmter Orte verboten werden kann.

2.2 Was ist ein Dienstzettel und was enthält ein solcher?

§§ 6 Abs 3 AngG, 2 AVRAG

Der Dienstzettel stellt eine schriftliche Aufzeichnung über die **wesentlichen Rechte und Pflichten** aus dem Arbeitsvertrag dar. Der Dienstzettel soll Informationen über die Hauptgesichtspunkte des Arbeitsvertrages bieten, ihm kommt **Beweisfunktion** zu, und er hat grundsätzlich (soweit nicht länger als ein Monat im Ausland im Rahmen einer Entsendung gearbeitet wird) folgende Angaben zu enthalten:

- Name und Anschrift der **Arbeitgeberin**,
- Name und Anschrift der **Arbeitnehmerin**,
- **Beginn** des Arbeitsverhältnisses,
- bei Arbeitsverhältnissen auf bestimmte Zeit das **Ende des Arbeitsverhältnisses**,
- Dauer der Kündigungsfrist, Kündigungstermin, Hinweis auf das einzuhaltende **Kündigungsverfahren**,
- gewöhnlicher **Arbeits(Einsatz)ort**, erforderlichenfalls Hinweis auf wechselnde Arbeits(Einsatz)orte, Sitz des Unternehmens,
- allfällige **Einstufung** in ein generelles Schema,
- **vorgesehene Verwendung** und kurze Beschreibung der zu erbringenden Arbeitsleistung,
- die betragsmäßige Höhe des **Grundgehalts** oder -lohns, weitere **Entgeltbestandteile** wie zB Sonderzahlungen, gegebenenfalls die Vergütung von Überstunden, Fälligkeit und Art der Auszahlung des Entgelts,
- Ausmaß des jährlichen **Erholungsurlaubes**,

- vereinbarte tägliche oder **wöchentliche Normalarbeitszeit** der Arbeitnehmerin, sofern es sich nicht um Arbeitsverhältnisse handelt, auf die das Hausbesorgergesetz (HbG) anzuwenden ist, gegebenenfalls Angaben zu den Bedingungen für die Änderung von Schichtplänen, und
- Bezeichnung der auf den Arbeitsvertrag allenfalls anzuwendenden Normen der **kollektiven Rechtsgestaltung** (Kollektivvertrag, Satzung, Mindestlohntarif, festgesetzte Lehrlingsentschädigung, Betriebsvereinbarung) und Hinweis auf den Raum im Betrieb, in dem diese zur Einsichtnahme aufliegen,
- Name und Anschrift des Trägers der **Sozialversicherung** und der **Betrieblichen Vorsorgekasse** der Arbeitnehmerin oder für Arbeitnehmerinnen, die dem Bauarbeiter-Urlaubs- und Abfertigungsgesetz (**BUAG**) unterliegen, Name und Anschrift der Bauarbeiter-Urlaubs- und Abfertigungskasse,
- Dauer und Bedingungen einer vereinbarten **Probezeit**,
- gegebenenfalls den **Anspruch** auf eine vom Arbeitgeber bereitgestellte **Fortbildung**.

Für Lenkerinnen von Fahrzeugen sind überdies Hinweise auf die geltenden arbeitszeitrechtlichen Vorschriften sowie auf die Möglichkeiten zur Einsichtnahme in den Dienstzettel aufzunehmen.

§ 2 Abs 3 AVRAG

2.3 Welche Angaben müssen bei einer Entsendung im Dienstzettel enthalten sein?

Sollen Arbeitnehmerinnen ihre Arbeit länger als einen Monat im Ausland verrichten (Entsendung), muss der Dienstzettel vor der Aufnahme der Auslandstätigkeit ausgehändigt werden und neben den allgemeinen noch zusätzliche Angaben enthalten. Diese sind:

- der Staat, in dem die Arbeitsleistung erbracht werden soll, und deren voraussichtliche Dauer,
- die Währung, in der das Entgelt auszuzahlen ist,
- allenfalls Bedingungen für die Rückführung nach Österreich und
- allfällige zusätzliche Vergütung für die Auslandstätigkeit einschließlich eines höheren Mindestentgelts nach den lohnrechtlichen Bestimmungen des Staates, in dem die Arbeitsleistung erbracht wird,
- allfälliger Aufwandersatz nach anwendbaren österreichischen Bestimmungen und nach den Bestimmungen des Staates, in dem die Arbeitsleistung erbracht wird,
- einen Hinweis auf die Website des Staates, in dem die Arbeitsleistung erbracht wird, nach Art 5 Abs 2 der Richtlinie 2014/67/EU (welche Arbeits- und Beschäftigungsbedingungen und/oder welche Teile des nationalen und/oder regionalen Rechts auf Arbeitnehmerinnen anzuwenden sind, die in das Hoheitsgebiet dieses Staates entsandt werden).

2.4 Können neben den gesetzlich vorgesehenen Inhalten eines Dienstzettels noch weitere Inhalte in den Dienstzettel aufgenommen werden?

Hinsichtlich des Dienstzettels legt das Gesetz nur Mindestinhalte fest. Diese müssen im Dienstzettel jedenfalls enthalten sein. Darüber hinaus steht es den Arbeitsvertragsparteien aber **frei**, im Dienstzettel **weitere Inhalte festzuhalten**, wenn das gewünscht ist. Im Einzelfall kann der Inhalt eines Dienstzettels also über das gesetzlich Notwendige hinausgehen.

2.5 Muss die Arbeitnehmerin die Ausstellung eines Dienstzettels von der Arbeitgeberin verlangen?

Arbeitnehmerinnen müssen die Ausstellung eines Dienstzettels nicht von sich aus verlangen, die **Pflicht** zur Ausstellung eines Dienstzettels **trifft Arbeitgeberinnen** unmittelbar. Die Ausstellung des Dienstzettels muss in **schriftlicher Form** erfolgen (was auch eine elektronische Ausstellung und Übermittlung einschließt).

2.6 Wann muss kein Dienstzettel ausgestellt werden?

§ 2 Abs 4, 8 AVRAG

Wenn ein schriftlicher Arbeitsvertrag ausgehändigt wurde, der die notwendigen Angaben, die in einem Dienstzettel enthalten sein müssen, bereits enthält, sowie bei Auslandstätigkeit (Entsendung) von mehr als einem Monat die in diesen Fällen erforderlichen zusätzlichen Angaben in anderen schriftlichen Unterlagen enthalten sind, muss **kein separater Dienstzettel** ausgestellt werden. Auch für Arbeitnehmerinnen, mit denen eine vertragliche Vereinbarung auf der Grundlage von § 11 Arbeitskräfteüberlassungsgesetz (AÜG) geschlossen wurde, muss kein Dienstzettel ausgestellt werden.

2.7 Wer hat Anspruch auf Ausstellung eines Dienstzettels?

Sämtliche Arbeitnehmerinnen (und nicht nur Angestellte) haben unverzüglich nach Beginn des Arbeitsverhältnisses Anspruch auf Ausstellung einer schriftlichen Aufzeichnung über die wesentlichen Rechte und Pflichten aus dem Arbeitsvertrag in Form eines Dienstzettels, **sofern nicht ein schriftlicher Arbeitsvertrag ausgehändigt wurde**, der die notwendigen Angaben bereits enthält, bei Auslandstätigkeit in Form einer Entsendung die erforderlichen Angaben in anderen schriftlichen Unterlagen enthalten sind oder eine vertragliche Vereinbarung auf der Grundlage von § 11 Arbeitskräfteüberlassungsgesetz (AÜG) vorliegt. Dies ergibt sich vor allem aus

§ 2 AVRAG. Auch freie Dienstnehmerinnen haben Anspruch auf die Ausstellung eines Dienstzettels.

2.8 Können sich Angaben im Dienstzettel auch ändern?

Änderungen der im Dienstzettel enthaltenen Angaben über die Rechte und Pflichten aus dem Arbeitsverhältnis (zB Änderung des Grundgehalts) müssen der Arbeitnehmerin von der Arbeitgeberin unverzüglich, spätestens jedoch bei Wirksamwerden der Änderung, schriftlich mitgeteilt werden. Die Änderung kann durch eine **schriftliche Ergänzung des Dienstzettels** oder aber durch die Ausstellung eines vollständigen neuen Dienstzettels erfolgen.

2.9 In welchem Verhältnis steht der Dienstzettel zum Arbeitsvertrag?

Während der (grundsätzlich formfreie) Arbeitsvertrag bzw Dienstvertrag das Arbeitsverhältnis selbst begründet (**Willenserklärung**), kommt dem Dienstzettel lediglich deklarative Wirkung als „Beweisurkunde“ zu. Der Dienstzettel stellt also eine **Wissenserklärung** der Arbeitgeberin dar, ohne dass sich aus dem Dienstzettel Rechte oder Pflichten für die Arbeitsvertragsparteien ergeben würden.

Ob im Einzelfall ein Dienstzettel oder ein schriftlich ausgefertigter Dienstvertrag vorliegt, ist durch Auslegung zu ermitteln, wobei der Bezeichnung (als „Dienstzettel“ oder „Dienstvertrag“ bzw „Arbeitsvertrag“) oder der Tatsache, dass sowohl Arbeitgeberin als auch Arbeitnehmerin das Dokument unterzeichnet haben – der Dienstzettel muss aufgrund seiner lediglich deklarativen Wirkung von der Arbeitnehmerin nicht unterzeichnet werden, wird dennoch unterfertigt, bestätigt dies nur den Erhalt –, lediglich Indizwirkung zukommt.

2.10 Können sich zwischen Dienstzettel und Dienstvertrag auch Abweichungen ergeben?

Besteht sowohl ein (schriftlich ausgefertigter) Arbeitsvertrag als auch ein Dienstzettel, stellt sich die Frage, wie damit umzugehen ist, wenn sich Abweichungen des Inhaltes des Dienstzettels vom Inhalt des Dienstvertrages ergeben. Diesfalls ist grundsätzlich davon auszugehen, dass der Dienstzettel unrichtige Angaben enthält. Jedenfalls kann nicht durch Ausstellung eines unrichtigen Dienstzettels eine Vertragsänderung herbeigeführt werden, da der Dienstzettel lediglich deklarativ ist. **Maßgeblich** ist also der **Inhalt des Arbeitsvertrages**.

2.11 Wie ist vorzugehen, wenn sich die Arbeitnehmerin weigert, einen (inhaltlich korrekten) Dienstzettel auszustellen?

Weigert sich die Arbeitgeberin, einen inhaltlich korrekten Dienstzettel oder überhaupt einen Dienstzettel auszustellen, so können Arbeitnehmerinnen die **Ausstellung** eines (korrekten) Dienstzettels **mittels Leistungsklage** vor dem Arbeits- und Sozialgericht (ASG) durchsetzen. Diese Möglichkeit zur gerichtlichen Durchsetzung der Ausstellung eines Dienstzettels besteht sogar nach Beendigung des Arbeitsverhältnisses weiter.

Konkurrenz-verbot

Kapitel 3

3.1 Was bedeutet das Konkurrenzverbot im Dienstvertrag?

§ 7 AngG

Die Ausübung bestimmter außerbetrieblicher Erwerbsmöglichkeiten ist der Arbeitnehmerin während der Dauer des Arbeitsverhältnisses durch das Konkurrenzverbot gesetzlich **untersagt**. Damit soll verhindert werden, dass die Arbeitnehmerin dem Arbeitgeber durch andere Tätigkeiten – außerhalb des Arbeitsverhältnisses – wirtschaftlich Konkurrenz macht.

3.2 Für wen gilt das Konkurrenzverbot?

Die Bestimmungen über das Konkurrenzverbot sind anzuwenden bei **kaufmännischen Angestellten**. Das sind Arbeitnehmerinnen, die im Geschäftsbetrieb eines Kaufmannes zur Erbringung vorwiegend kaufmännischer oder höherer nichtkaufmännischer Dienste oder von Kanzleiarbeiten beschäftigt sind. Die Arbeitgeberin muss also **„Kaufmann"** im Sinne des Gesetzes sein, somit jede auf Dauer angelegte Organisation selbstständiger wirtschaftlicher Tätigkeit, mag sie auch nicht auf Gewinn gerichtet sein.

Beispiele

Eine Maurerin, die im Geschäftszweig der Arbeitgeberin schwarzarbeitet, verstößt nicht gegen das Konkurrenzverbot, weil sie keine kaufmännische Angestellte ist. Eine Personalverrechnerin, die bei einem Kaufmann beschäftigt wird und in ihrer Freizeit Gehaltsabrechnungen für weitere Unternehmen macht, verstößt jedoch gegen das Konkurrenzverbot, da ihre Tätigkeit den Aufgaben einer kaufmännischen Angestellten entspricht.

Für die Berufsgruppen der Zivilingenieurinnen, nicht autorisierten Architektinnen und Zivilgeometerinnen (das sind Ingenieurkonsulentinnen für Vermessungswesen) gibt es eine ausdrücklich normierte speziellere Regelung. Diesen Berufsgruppen ist es untersagt, Aufträge im tatsächlichen Tätigkeitsbereich der Arbeitgeberin zu übernehmen, wenn dabei die geschäftlichen Interessen der Arbeitgeberin beeinträchtigt werden. Im Falle eines Verstoßes gegen das Konkurrenzverbot drohen den Angehörigen dieser Berufsgruppen Schadenersatzpflicht und Entlassung.

3.3 Welche Tätigkeiten dürfen während des aufrechten Dienstverhältnisses nicht ausgeübt werden?

Die kaufmännische Angestellte darf während des aufrechten Dienstverhältnisses **kein kaufmännisches Unternehmen führen**. Hier ist es unerheblich, ob sie in derselben Branche unternehmerisch tätig wird wie ihre Arbeitgeberin. Es muss sich weder um ein Konkurrenzunternehmen handeln, noch muss der Arbeitgeberin tatsächlich ein Schaden entstehen. Vorbereitende Handlungen zur Gründung eines Unternehmens stellen keinen Verstoß gegen das Wettbewerbsverbot dar. Hintergrund dieser Regelung ist, dass die Arbeitnehmerin ihre Arbeitskraft ausschließlich für die Arbeitgeberin einzusetzen hat. Reine Kapitalbeteiligungen an einem anderen Unternehmen sind daher vom Konkurrenzverbot nicht erfasst.

Ebenso ist es der kaufmännischen Angestellten untersagt, im Geschäftszweig und damit in unmittelbarem Wettbewerb mit der Arbeitgeberin Handelsgeschäfte auf fremde und eigene Rechnung zu betreiben. **Handelsgeschäfte** liegen vor, wenn die Arbeitnehmerin den tatsächlichen Verkauf oder sonstigen Erwerb von Gegenständen im Geschäftszweig der Arbeitgeberin zum Zwecke des Weiterverkaufes ausübt. Bereits Vorbereitungshandlungen, wie der Versuch eines Geschäftsabschlusses im Geschäftsbereich der Arbeitgeberin, stellen einen Verstoß gegen das Konkurrenzverbot dar.

3.4 Welche Sanktionen sind vorgesehen, wenn gegen das Konkurrenzverbot verstoßen wird?

Die Arbeitgeberin kann die **Unterlassung** der Verletzung des Konkurrenzverbotes einfordern und auch deren Beseitigung, wie zB die Schließung des Betriebes der Arbeitnehmerin, verlangen.

Bei Verletzung des Konkurrenzverbotes ist eine **Entlassung** im Sinne des § 27 Z 3 AngG zulässig, die Verletzung des Konkurrenzverbotes stellt also einen Entlassungsgrund dar. Weiters bestehen **Schadenersatzansprüche** der Arbeitgeberin gegenüber der Arbeitnehmerin, wenn die Voraussetzungen des Schadenersatzes, wie Verschulden, Schadenseintritt, Rechtswidrigkeit und eine entsprechende Kausalität gegeben sind. Anstelle des Schadenersatzes steht der Arbeitgeberin ein Wahlrecht zu: Hat die Arbeitnehmerin auf eigene oder fremde Rechnung ein Konkurrenzgeschäft abgeschlossen, kann die Arbeitgeberin anstelle der Geltendmachung des Schadenersatzanspruches in das gegen das Konkurrenzverbot verstoßende Rechtsgeschäft eintreten. Wurde jedoch eine **Konventionalstrafe** für den Fall der Verletzung des Konkurrenzverbotes vereinbart, ist ein Eintritt in das Handelsgeschäft nicht möglich.

Die Arbeitgeberin kann die genannten Ersatzansprüche innerhalb von drei Monaten, nachdem sie vom Abschluss des Geschäftes Kenntnis erlangt hat, spätestens jedoch innerhalb von fünf Jahren nach Abschluss des Geschäftes geltend machen. Andernfalls erlischt der Ersatzanspruch der Arbeitgeberin.

Anspruch bei Dienstverhinderung

Kapitel 4

4.1 Was gilt laut AngG, wenn die Angestellte an der Arbeit verhindert ist?

Grundsätzlich besteht das Arbeitsverhältnis im Austausch von Arbeitsleistung gegen Entgelt – wird keine Arbeitsleistung erbracht, so besteht an sich auch kein Entgeltanspruch („Ohne Arbeit kein Entgelt"). In bestimmten Fällen ist gesetzlich jedoch ein Anspruch auf **Fortzahlung des Entgelts** trotz Unterbleibens der Arbeitsleistung vorgesehen. Ist die Angestellte durch Krankheit oder Unglücksfall (bzw Berufskrankheit oder Arbeitsunfall) an der Arbeit verhindert – ist sie also arbeitsunfähig –, so besteht Anspruch auf Fortzahlung des Entgelts. Selbiges gilt bei Dienstverhinderung aus **wichtigen, die Person der Arbeitnehmerin betreffenden Gründen**. Dabei handelt es sich um Dienstverhinderungsgründe, die so wichtig sind, dass es der Arbeitnehmerin nicht zugemutet werden kann, die Arbeit zu erbringen. Daneben regelt das AngG auch **Entgeltfortzahlungsansprüche** im Zusammenhang mit der Dienstverhinderung aufgrund von Schwangerschaft.

4.2 Welche Fälle der Verhinderung an der Arbeit werden vom AngG geregelt?

Das AngG regelt bestimmte Kategorien des Unterbleibens der Arbeitsleistung durch die Arbeitnehmerin, wobei dennoch das Entgelt von der Arbeitgeberin fortzuzahlen ist. Dies sind **Krankheit**, **Unglücksfall** (= Unfall), **Arbeitsunfall**, **Berufskrankheit**, **Dienstverhinderungen aus anderen wichtigen Gründen** sowie schwangerschafts- und mutterschaftsbedingte Dienstverhinderungen. Abhängig davon, um welche Art der Dienstverhinderung es sich handelt, legt das Gesetz eine bestimmte Dauer der Entgeltfortzahlung fest bzw knüpft unterschiedliche Konsequenzen an die Dienstverhinderung.

4.3 Was versteht man unter der „Lohnersatzfunktion" des § 8 AngG?

Grundsätzlich gilt, dass bei Unterbleiben der Arbeitsleistung auch kein Entgelt gebührt – ohne Leistung keine Gegenleistung, bzw: „Ohne Arbeit kein Entgelt". Folgte man diesem Grundsatz konsequent, erhielte eine Arbeitnehmerin bei jeder Abwesenheit von der Arbeit auch kein Entgelt. Allerdings sind Arbeitnehmerinnen in aller Regel auf die Zahlung von Entgelt zur Sicherung der eigenen wirtschaftlichen Existenz angewiesen, weshalb es eine **sozialpolitische Errungenschaft** darstellt, dass, vom Grundsatz „Ohne Arbeit kein Entgelt" abweichend, in bestimmten, vom Gesetz als schutzwürdig erachteten Fällen, die Arbeit unterbleiben kann, ohne dass Arbeitnehmerinnen wirtschaftliche Nachteile in vollem Umfang erleiden.

Die Lohnersatzfunktion des § 8 AngG besteht also darin, dass die Arbeitnehmerin – im Wissen um die Notwendigkeit des regelmäßigen Erhalts von Entgelt zur Sicherung ihrer wirtschaftlichen Existenz – während einer Dienstverhinderung so gestellt wird, **als hätte sie gearbeitet** und für die Arbeitsleistung Entgelt erhalten.

4

4.4 Gibt es auch Fälle, in denen das Entgelt nicht fortgezahlt wird, obwohl die Voraussetzungen des § 8 AngG vorliegen?

Die Fortzahlung des Entgelts trotz Unterbleibens der Arbeitsleistung in bestimmten, gesetzlich vorgesehenen Fällen dient im Kern der **Sicherung der wirtschaftlichen Existenz** der Arbeitnehmerinnen. Diese sollen also keine wirtschaftlichen Nachteile erleiden, wenn sie die Arbeit aus schutzwürdigen Gründen nicht erbringen können („Lohnersatzfunktion"). Bezieht eine Arbeitnehmerin neben dem Entgelt aus jener Tätigkeit, hinsichtlich derer die Dienstverhinderung eintritt, Einkommen aus einer Nebentätigkeit in signifikanter Höhe, kann es dazu kommen, dass kein Entgeltfortzahlungsanspruch bei Unterbleiben der Arbeitsleistung besteht.

4.5 Wen trifft die Beweislast für das Vorliegen eines Verhinderungsgrundes?

Den Umstand, dass ein die Entgeltfortzahlungspflicht der Arbeitgeberin auslösender Dienstverhinderungsgrund vorliegt, hat die Arbeitnehmerin zu beweisen – dass etwa eine Krankheit vorliegt, die das Erscheinen zur Arbeit unmöglich macht. Die Entgeltfortzahlung ausschließende Gründe – etwa, dass die Arbeitnehmerin die Dienstverhinderung durch Krankheit vorsätzlich oder grob fahrlässig herbeigeführt hat – sind hingegen **von der Arbeitgeberin zu beweisen**.

4.6 Wie lange darf die Angestellte der Arbeit fernbleiben?

Die Bestimmungen des AngG regeln grundsätzlich nicht die Dauer der Freistellung, also die Frage, wie lange die Arbeitnehmerin der Arbeit fernbleiben darf, sondern sehen **Beschränkungen für die Dauer der Entgeltfortzahlung** vor. Es geht also um die Frage, wie lange die Arbeitnehmerin ihr Entgelt trotz Unterbleibens der Arbeitsleistung weiterhin bezahlt bekommt. Ob und wie lange die Arbeitnehmerin der Arbeit fernbleiben darf, richtet sich also – abhängig vom Einzelfall – grundsätzlich danach, ob und wie lange andere Pflichten die Pflicht zur Arbeitserbringung überwiegen. Die Dauer der möglichen Abwesenheit von der Arbeit ist also durch Abwägung im Einzelfall zu ermitteln.

4.7 Wann liegt überhaupt eine Dienstverhinderung vor?

Vom Vorliegen einer Dienstverhinderung ist immer dann auszugehen, wenn die Erbringung der Arbeitsleistung **unmöglich oder zumindest unzumutbar** ist. Unmöglichkeit der Arbeitserbringung liegt vor, wenn an eine Arbeitserbringung überhaupt nicht zu denken ist, weil die Arbeitnehmerin etwa schwer verletzt im Krankenhaus liegt. Von Unzumutbarkeit der Arbeitserbringung ist auszugehen, wenn ein **anderes**

Gut höher zu bewerten ist als die Erbringung der Arbeitsleistung, weil etwa das Fortführen der Arbeit die Gesundheit der Arbeitnehmerin (weiter) schädigen würde. Ob Arbeitsunfähigkeit vorliegt, ist jedoch immer anhand der konkret geschuldeten Tätigkeit zu beurteilen. Was im Falle einer Arbeitnehmerin eine Arbeitsunfähigkeit darstellt, muss im Falle einer anderen noch nicht auf diese Weise zu beurteilen sein, wenn die zweite Arbeitnehmerin andere Tätigkeiten schuldet.

Schwierig zu beurteilen ist es im Hinblick auf das mögliche Vorliegen einer Dienstverhinderung, wenn eine Arbeitnehmerin nicht vollständig, sondern nur teilweise arbeitsunfähig ist, also bestimmte Tätigkeiten durchaus verrichtet werden können. In diesem Zusammenhang ist darauf hinzuweisen, dass der Arbeitnehmerin innerhalb der vertraglich geschuldeten Tätigkeiten bestimmte (leichtere) Arbeiten zugewiesen werden können. Kann die Arbeitnehmerin keine der vertraglich geschuldeten Tätigkeiten erbringen bzw ist die **Erbringung nicht zumutbar**, liegt eine Dienstverhinderung vor.

4.8 Darf die Angestellte aufgrund ihrer Abwesenheit von der Arbeit gekündigt oder entlassen werden?

§ 27 AngG

Ist die Abwesenheit von der Arbeit berechtigt, liegt kein Entlassungsgrund vor. Lediglich bei sehr langen Abwesenheiten aufgrund von Krankheit kann sich die Frage stellen, ob eine (dauerhafte) Arbeitsunfähigkeit vorliegt, die einen Entlassungsgrund im Sinne des § 27 Z 2 AngG bilden kann. Beruht die Dienstverhinderung nicht auf Krankheit oder Unglücksfall, kann unter Umständen ein Entlassungsgrund in der Hinderung an der Arbeit „während einer den Umständen nach erheblichen Zeit" (§ 27 Z 5 AngG) verwirklicht sein. In aller Regel wird bei berechtigter Abwesenheit von der Arbeit jedoch **kein Entlassungsgrund** vorliegen.

Demgegenüber besteht im Rahmen des in Österreich sehr liberal ausgestalteten Kündigungsrechts keine Notwendigkeit zur Begründung einer Kündigung und daher auch kein Verbot für Arbeitgeberinnen, während der krankheitsbedingten Abwesenheit einer Arbeitnehmerin diese zu kündigen.

4.9 Können im Hinblick auf die Entgeltfortzahlung bei Arbeitsverhinderung vom Gesetz abweichende Regelungen getroffen werden?

Den Regelungen des AngG zur Entgeltfortzahlung kommt einseitig zwingende Wirkung zu. Das bedeutet, dass zwar – für Arbeitnehmerinnen – **günstigere Regelungen** als im Gesetz vorgesehen per Einzelarbeitsvertrag, per Betriebsvereinbarung oder Kollektivvertrag getroffen werden können, nicht jedoch nachteiligere. Das Gesetz stellt also einen Mindeststandard dar, der nicht unterschritten werden darf.

Dass günstigere Regelungen als im Gesetz vorgesehen getroffen werden, ist durchaus üblich – so ist es etwa möglich, die Dauer der Entgeltfortzahlung zu verlängern.

Viele Kollektivverträge sehen auch einen Zuschuss zum Krankengeld vor, sodass Arbeitnehmerinnen für Zeiträume, in denen sie keinen (vollen) Entgeltfortzahlungsanspruch (mehr) haben und Krankengeld beziehen, zusätzliche Leistungen von der Arbeitgeberin erhalten.

4.10 Was ist eine Krankheit?

Der Begriff der Krankheit ist im österreichischen Arbeitsrecht nicht definiert, im Sinne des Sozialversicherungsrechts (§ 120 Abs 1 Z 1 ASVG) ist die Krankheit jedoch „ein regelwidriger Körper- oder Geisteszustand, der die Krankenbehandlung notwendig macht". Dass diese sozialversicherungsrechtliche Definition der Krankheit in vollem Umfang auch für die Frage der Entgeltfortzahlung heranzuziehen ist, darf jedoch bezweifelt werden – obwohl auch in der arbeitsrechtlichen Literatur immer wieder auf diesen sozialversicherungsrechtlichen Krankheitsbegriff verwiesen wird. Vielmehr ist davon auszugehen, dass die Notwendigkeit einer Krankenbehandlung keine Voraussetzung für die Entgeltfortzahlung im arbeitsrechtlichen Sinne darstellt und bereits **jede Beeinträchtigung der körperlichen oder seelischen Gesundheit**, die zu einer Arbeitsunfähigkeit führt, als Krankheit zu werten ist.

4.11 Wann muss die Krankheit auftreten, damit ein Anspruch auf Entgeltfortzahlung besteht?

Wesentlich im Zusammenhang mit der Entgeltfortzahlung ist, dass die Dienstverhinderung nach der erstmaligen Aufnahme der Arbeitstätigkeit eintritt. Tritt die Dienstverhinderung bereits zuvor ein, kann die Arbeitnehmerin die vereinbarte Tätigkeit also gar nicht erst aufnehmen, besteht kein Anspruch auf Entgeltfortzahlung. Nicht notwendig hingegen ist, dass das Arbeitsverhältnis bereits eine bestimmte Zeit gedauert hat – sobald die Arbeit aufgenommen wurde, besteht bei Eintreten einer Dienstverhinderung auch ein **Anspruch auf Entgeltfortzahlung**.

Besteht bereits eine Beeinträchtigung (zB eine bestehende Erkrankung) und wird die Arbeitstätigkeit dennoch aufgenommen, begründet eine Dienstverhinderung aufgrund dieser Beeinträchtigung keinen Entgeltfortzahlungsanspruch. Anders ist dies zu behandeln, wenn im Laufe der Zeit weitere Beeinträchtigungen hinzutreten, also sich etwa der Gesundheitszustand der Arbeitnehmerin verschlechtert oder eine neue Erkrankung (neben der bestehenden) eintritt. Die Dienstverhinderung im Hinblick auf eine Verschlechterung des Gesundheitszustandes bzw das Auftreten einer neuen Erkrankung ist im Vergleich zum Gesundheitszustand bei der Aufnahme der Arbeitstätigkeit zu beurteilen.

4.12 Lösen auch Kuraufenthalte einen Anspruch auf Entgeltfortzahlung aus?

Sofern der Aufenthalt in einem Kurheim oder Rehabilitationszentrum medizinisch angezeigt ist, also der Erhaltung bzw Verbesserung des Gesundheitszustandes und der Wiederherstellung der Arbeitsfähigkeit dient (etwa ärztlich angeordnet ist), ist er **einer Krankheit gleichzuhalten** und es besteht Anspruch auf Entgeltfortzahlung während der Abwesenheit vom Arbeitsplatz. Ist keine medizinische Komponente des Kuraufenthalts erkennbar („Wellnessaufenthalt"), besteht jedoch kein Anspruch auf Entgeltfortzahlung.

4

4.13 Was gilt, wenn die Angestellte erkrankt und deshalb der Arbeit nicht nachgehen kann?

§ 8 Abs 1 AngG

Nachdem lange Zeit unterschiedliche Regelungen für Arbeiterinnen und Angestellte galten, erfolgte ab 30.6.2018 eine rechtliche Angleichung zwischen diesen beiden Beschäftigtengruppen. Seither gilt allgemein: Erkrankt die Arbeitnehmerin und ist sie aus diesem Grund arbeitsunfähig (und wurde die Arbeitsunfähigkeit nicht vorsätzlich oder grob fahrlässig herbeigeführt), so besteht für einen bestimmten, gesetzlich festgelegten Zeitraum pro Arbeitsjahr Anspruch auf Entgeltfortzahlung gegenüber der Arbeitgeberin.

- Ist die Arbeitnehmerin kürzer als ein Jahr bei derselben Arbeitgeberin beschäftigt, so besteht Anspruch auf Entgeltfortzahlung für die Dauer von **sechs Wochen in voller Höhe** und anschließend von **vier Wochen in halber Höhe** des Entgelts.
- Ist die Arbeitnehmerin länger als ein Jahr bei derselben Arbeitgeberin beschäftigt, so besteht Anspruch auf Entgeltfortzahlung für die Dauer von **acht Wochen in voller Höhe** und anschließend von **vier Wochen in halber Höhe** des Entgelts.
- Ist die Arbeitnehmerin länger als 15 Jahre bei derselben Arbeitgeberin beschäftigt, so besteht Anspruch auf Entgeltfortzahlung für die Dauer von **zehn Wochen in voller Höhe** und anschließend von **vier Wochen in halber Höhe** des Entgelts.
- Ist die Arbeitnehmerin länger als 25 Jahre bei derselben Arbeitgeberin beschäftigt, so besteht Anspruch auf Entgeltfortzahlung für die Dauer von **zwölf Wochen in voller Höhe** und anschließend von **vier Wochen in halber Höhe** des Entgelts.

Hinsichtlich der Beschäftigungsdauer ist zu beachten, dass Dienstzeiten bei derselben Arbeitgeberin, die **keine längere Unterbrechung als 60 Tage** aufweisen, anzurechnen sind. Zur Anrechnung kommt es jedoch nicht, wenn die Unterbrechung durch eine Arbeitnehmerkündigung, einen Austritt ohne wichtigen Grund oder eine verschuldete Entlassung begründet wurde. War die Angestellte zuvor bei derselben Arbeitgeberin als Arbeiterin beschäftigt, so sind die Zeiten als Arbeiterin für den erhöhten Anspruch auf Entgeltfortzahlung voll anzurechnen, es beginnt also bei der Übernahme von der Arbeiterinnen- in die Angestelltentätigkeit der Anspruch nicht von Neuem mit sechs Wochen volles Entgelt und vier Wochen halbes Entgelt zu laufen.

§ 8 Abs 2 AngG

4.14 Welche Ansprüche haben Arbeitnehmerinnen, wenn sie nach bereits überstandener Erkrankung, die zu einer Entgeltfortzahlung durch die Arbeitgeberin geführt hat, neuerlich erkranken?

Der gesetzliche Anspruch auf Entgeltfortzahlung bezieht sich grundsätzlich **auf ein bestimmtes Arbeitsjahr**, bei neuerlicher Erkrankung im selben Arbeitsjahr ist seit 2018 keine abweichende Regelung mehr vorgesehen. Für das gesamte Arbeitsjahr haben Arbeitnehmerinnen also einen **Gesamtanspruch auf Entgeltfortzahlung** in voller Höhe für die Dauer von sechs (abhängig von der Beschäftigungsdauer: acht, zehn, zwölf) Wochen und in halber Höhe für die Dauer von vier Wochen.

4.15 Können vom Gesetz abweichende Regelungen über die Dauer der Entgeltfortzahlung im Krankheitsfall getroffen werden?

Die gesetzlichen Vorgaben des § 8 AngG sind **einseitig zwingend**, es kann also nicht zulasten der Arbeitnehmerinnen davon abgewichen werden. Sehr wohl können aber **günstigere Regelungen** vorgesehen werden, mitunter sehen Kollektivverträge etwa eine längere Entgeltfortzahlungsdauer im Krankheitsfall (in voller Höhe) vor.

4.16 Orientiert sich die Entgeltfortzahlung im Krankheitsfall immer am Arbeitsjahr?

Das Gesetz sieht grundsätzlich einen Anspruch auf Entgeltfortzahlung im Krankheitsfall pro Arbeitsjahr vor. Durch Regelung per Kollektivvertrag oder Betriebsvereinbarung kann jedoch vom Arbeitsjahr auf das Kalenderjahr umgestellt werden.

4.17 Welche Ansprüche haben Arbeitnehmerinnen, wenn der Anspruch auf Entgeltfortzahlung im Krankheitsfall gegenüber der Arbeitgeberin erschöpft ist?

Ist der Anspruch auf Entgeltfortzahlung der Arbeitgeberin gegenüber erschöpft oder beträgt die Entgeltfortzahlung 50 Prozent (oder weniger) des Entgelts, so kann bei der **Österreichischen Gesundheitskasse (ÖGK)** die Leistung von **Krankengeld beantragt** werden. Dieses kann grundsätzlich bis zu 26 Wochen lang bezogen werden. War die Arbeitnehmerin in den zwölf Monaten vor Eintritt der Krankheit für zumindest sechs Monate krankenversichert, so verlängert sich die maximale Bezugsdauer auf 52 Wochen. Hinsichtlich der Höhe des Krankengeldes bildet das zuletzt erhaltene Entgelt die Bemessungsgrundlage. Besteht auch Anspruch auf Sonderzahlungen, erhöht sich die Bemessungsgrundlage um 17 Prozent. In den ersten 42 Tagen der Arbeitsunfähigkeit infolge von Krankheit beträgt das Krankengeld 50 Prozent der Bemessungsgrundlage, ab dem 43. Tag werden 60 Prozent der Bemessungsgrundlage ausgezahlt.

Beispiel
Die Angestellte X ist bereits zwei Jahre lang bei derselben Arbeitgeberin beschäftigt und erhält ein monatliches Entgelt in der Höhe von € 2.000. Nun ist sie für längere Zeit erkrankt. Die ersten acht Wochen erhält sie Entgeltfortzahlung in voller Höhe (€ 2.000) von der Arbeitgeberin. Anschließend erhält sie für vier Wochen Entgeltfortzahlung in halber Höhe (€ 1.000) von der Arbeitgeberin. Weil in diesem Zeitraum die Entgeltfortzahlung durch die Arbeitgeberin 50 Prozent des Arbeitsentgelts beträgt, erhält sie vom Krankenversicherungsträger parallel zur Entgeltfortzahlung in halber Höhe Krankengeld in der Höhe von 50 Prozent ihres Entgelts (= 50 Prozent der Bemessungsgrundlage), bis nach Ablauf von vier Wochen die Entgeltfortzahlung durch die Arbeitgeberin endet. Ab dem 43. Tag der Arbeitsunfähigkeit erhält die Angestellte X dann Krankengeld in der Höhe von € 1.200 (= 60 Prozent der Bemessungsgrundlage).

4.18 Warum sieht das Gesetz überhaupt Entgeltfortzahlung im Krankheitsfall vor?

Das Gesetz sieht Entgeltfortzahlung im Krankheits- bzw Unglücksfall vor, damit sich Arbeitnehmerinnen– ohne, um ihre wirtschaftliche Existenz fürchten zu müssen – von der Krankheit bzw dem Unfall erholen und der **Wiederherstellung ihrer Gesundheit** (und Arbeitskraft!) widmen können. Die Wiederherstellung der Gesundheit wird also als höherrangige Pflicht im Vergleich zur Erbringung der Arbeitsleistung bewertet. Außerdem dient die Entgeltfortzahlung im Krankheits- bzw Unglücksfall durch die Arbeitgeberin auch der Entlastung der gesetzlichen Krankenversicherung.

4.19 Haben auch Lehrlinge Anspruch auf Entgeltfortzahlung im Krankheitsfall?

§ 17a BAG

Auch Lehrlinge haben **Anspruch auf Entgeltfortzahlung** im Krankheitsfall. Erkranken Lehrlinge erhalten das Lehrlingseinkommen für die Dauer von acht Wochen in voller Höhe, anschließend bis zur Dauer von weiteren vier Wochen ein Teilentgelt in der Höhe des Unterschiedsbetrages zwischen dem vollen Lehrlingseinkommen und dem aus der gesetzlichen Krankenversicherung gebührenden Krankengeld.

4.20 Was ist ein Unglücksfall bzw Unfall?

Der etwas altmodisch klingende Begriff „Unglücksfall“ meint im AngG einen Unfall – das ist ein plötzliches oder zumindest **zeitlich begrenztes, von außen einwirkendes Ereignis**, das eine **Schädigung der körperlichen oder geistigen Gesundheit** bewirkt – im privaten Bereich (in Abgrenzung zum Arbeitsunfall). Dauert die Einwirkung, die zur Schädigung der Gesundheit führt, länger an, handelt es sich nicht um einen Unfall, sondern um eine Erkrankung.

4.21 Was gilt, wenn die Angestellte einen Unglücksfall erleidet und deshalb der Arbeit nicht nachgehen kann?

Vom AngG werden Unglücksfälle hinsichtlich ihrer entgeltrechtlichen Konsequenzen wie Dienstverhinderungen aufgrund von Krankheit behandelt. Das bedeutet, dass verunfallte und daher arbeitsunfähige (soweit die Arbeitsunfähigkeit nicht vorsätzlich oder grob fahrlässig herbeigeführt wurde) Arbeitnehmerinnen Anspruch auf Entgeltfortzahlung durch die Arbeitgeberin für einen bestimmten, gesetzlich festgelegten Zeitraum pro Arbeitsjahr haben.

- Ist die Arbeitnehmerin kürzer als ein Jahr bei derselben Arbeitgeberin beschäftigt, so besteht Anspruch auf Entgeltfortzahlung für die Dauer von **sechs Wochen in voller Höhe** und anschließend von **vier Wochen in halber Höhe** des Entgelts.
- Ist die Arbeitnehmerin länger als ein Jahr bei derselben Arbeitgeberin beschäftigt, so besteht Anspruch auf Entgeltfortzahlung für die Dauer von **acht Wochen in voller Höhe** und anschließend von **vier Wochen in halber Höhe** des Entgelts.
- Ist die Arbeitnehmerin länger als 15 Jahre bei derselben Arbeitgeberin beschäftigt, so besteht Anspruch auf Entgeltfortzahlung für die Dauer von **zehn Wochen in voller Höhe** und anschließend von **vier Wochen in halber Höhe** des Entgelts.
- Ist die Arbeitnehmerin länger als 25 Jahre bei derselben Arbeitgeberin beschäftigt, so besteht Anspruch auf Entgeltfortzahlung für die Dauer von **zwölf Wochen in voller Höhe** und anschließend von **vier Wochen in halber Höhe** des Entgelts.

Hinsichtlich der Beschäftigungsdauer ist auch im Hinblick auf den Unglücksfall zu beachten, dass Dienstzeiten bei derselben Arbeitgeberin, die keine längere Unterbrechung als 60 Tage aufweisen, anzurechnen sind. Zur Anrechnung kommt es jedoch nicht, wenn die Unterbrechung durch eine Arbeitnehmerkündigung, einen Austritt ohne wichtigen Grund oder eine verschuldete Entlassung begründet wurde. War die Angestellte zuvor bei derselben Arbeitgeberin als Arbeiterin beschäftigt, so sind die Zeiten als Arbeiterin für den erhöhten Anspruch auf Entgeltfortzahlung voll anzurechnen, es beginnt also bei der Übernahme von der Arbeiterinnen- in die Angestelltentätigkeit der Anspruch nicht von Neuem mit sechs Wochen volles Entgelt und vier Wochen halbes Entgelt zu laufen.

§§ 1294, 1324 ABGB

4.22 Welche Rolle spielt das Verschulden im Zusammenhang mit der Dienstverhinderung aufgrund von Krankheit und Unglücksfall?

Führt die Arbeitnehmerin die Dienstverhinderung vorsätzlich oder grob fahrlässig herbei, besteht kein Anspruch auf Entgeltfortzahlung.

Von **Vorsatz** ist dann die Rede, wenn die Dienstverhinderung mit Wissen und Willen der Arbeitnehmerin, durch aktives Herbeiführen oder bewusstes Inkaufnehmen, verursacht wird. Von Vorsatz kann etwa ausgegangen werden, wenn sich die Arbeitnehmerin gezielt mit dem Hammer auf die Hand schlägt, um am nächsten Tag nicht zur Arbeit erscheinen zu müssen.

Um **grobe Fahrlässigkeit** handelt es sich hingegen dann, wenn (an den Umständen des Einzelfalls gemessen) eine auffallende Sorglosigkeit an den Tag gelegt wird, also ein sorgfaltswidriges Verhalten in solcher Schwere gesetzt wird, wie es einem ordentlichen Menschen in der konkreten Situation, die zum Schadenseintritt geführt hat, jedenfalls nicht unterlaufen wäre und der Schadenseintritt nur durch Nachlässigkeit, Leichtsinn oder das Nichtanstellen naheliegender Überlegungen zu erklären ist.

4.23 Sind Sportunfälle und gefährliche Freizeitaktivitäten von Arbeitnehmerinnen schon grundsätzlich als grob fahrlässig einzustufen?

Obwohl sich Sportunfälle häufig aus (verletzungs-)risikoreichen Sportarten ergeben und öfter vorkommen, ist nicht schon grundsätzlich vom Vorliegen grober Fahrlässigkeit auszugehen. Sogar bei verletzungsgeneigtem Kampfsport wird **nicht allgemein** von grober Fahrlässigkeit ausgegangen werden können. Vielmehr wird es darauf ankommen, ob das Verhalten der Arbeitnehmerin von einem in einer konkreten Situation sorgfältigen Verhalten abweicht, weil zB beim Skifahren ein lawinengefährdeter Hang befahren wird.

Üben Arbeitnehmerinnen jedoch gefährliche Aktivitäten aus, ohne über die entsprechenden Fähigkeiten und Kenntnisse zu verfügen oder die Kräfte der Arbeitnehmerin offenkundig nicht ausreichend sind, ist das Verhalten durchaus als grob fahrlässig zu qualifizieren (zB Tauchen ohne entsprechende Tauchausbildung).

4.24 Wie ist eine Alkoholisierung, die zu einer Verletzung führt, im Hinblick auf ein Verschulden der Arbeitnehmerin zu werten?

Eine erhebliche Alkoholisierung in Verbindung mit dem Lenken eines Kfz, das einen **Unfall** und eine **Arbeitsunfähigkeit** zur Folge hat, ist idR als **grobe Fahrlässigkeit**, die zum Entfall des Entgeltfortzahlungsanspruches führt, zu werten. Dies gilt auch, wenn die Arbeitnehmerin zu einer erkennbar alkoholisierten Person ins Auto steigt und anschließend verunfallt. In gleicher Weise wird auch der Missbrauch anderer Drogen oder Medikamente zu behandeln sein.

4.25 Wen trifft die Beweislast, ob die Dienstverhinderung grob fahrlässig oder vorsätzlich herbeigeführt wurde?

4

Behauptet die Arbeitgeberin, dass die Arbeitnehmerin die Dienstverhinderung vorsätzlich oder grob fahrlässig herbeigeführt (sich also zB absichtlich selbst verletzt) habe, so trifft die Arbeitgeberin auch die Beweislast. Umgekehrt muss also nicht die Arbeitnehmerin beweisen, dass der Eintritt der Dienstunfähigkeit weder vorsätzlich noch grob fahrlässig herbeigeführt worden ist.

§ 8 Abs 8 AngG

4.26 Muss die Arbeitnehmerin den Eintritt von Krankheit oder Unglücksfall an die Arbeitgeberin melden?

Die Bestimmungen des AngG sehen für den Fall der Dienstverhinderung bestimmte **Melde- und Nachweispflichten** vor. So muss die Arbeitnehmerin die Arbeitgeberin **ohne Verzug**, also so rasch wie möglich, idR spätestens zum vorgesehenen Arbeitsantritt, über die Dienstverhinderung informieren. Lediglich wenn der Arbeitgeberin die Dienstverhinderung bereits aus anderer Quelle bekannt ist, muss keine Mitteilung durch die Arbeitnehmerin erfolgen.

Ist die Verhinderung bereits im Vorfeld absehbar, muss sie die Arbeitnehmerin bereits vor dem tatsächlichen Eintritt an die Arbeitgeberin melden.

4.27 In welcher Form muss die Dienstverhinderung bekannt gegeben werden?

Im AngG ist **keine bestimmte Form** für die Bekanntgabe der Dienstverhinderung vorgesehen. Daher kann die Mitteilung an die Arbeitgeberin auf jede Weise, also schriftlich, mündlich, per Post, E-Mail, Chatnachricht, Telefon usw erfolgen. Die Nachricht muss **grundsätzlich unmittelbar** an die Arbeitgeberin bzw die Vorgesetzte oder die dafür zuständige Personalverwaltung gerichtet werden, uU genügt auch die Meldung an eine andere Arbeitnehmerin, wenn die verhinderte Arbeitnehmerin darauf vertrauen darf, dass die Mitteilung unverzüglich an die Arbeitgeberin weitergegeben wird.

4.28 Muss die Dienstverhinderung durch Vorlage einer ärztlichen Bestätigung nachgewiesen werden?

Eine ärztliche Bestätigung kann von der Arbeitgeberin **bereits ab dem ersten Tag des Krankenstandes** verlangt werden, wobei durch Arbeitsvertrag, Betriebsvereinbarung oder Kollektivvertrag Einschränkungen insofern vorgesehen sein können, als die Bestätigung zB erst ab dem dritten Tag des Krankenstandes vorgelegt werden muss. Das Verlangen der Arbeitgeberin kann bei längeren Abwesenheiten nach angemessener Zeit wiederholt werden, um zu überprüfen, ob die Dienstunfähigkeit aus ärztlicher Sicht immer noch vorliegt. Verlangt die Arbeitgeberin jedoch nicht die Vorlage einer Bestätigung, so ist die Arbeitnehmerin auch nicht von sich aus zur Vorlage verpflichtet.

An welche Ärztin sich die Arbeitnehmerin zur Erlangung der Bestätigung wendet, obliegt der Arbeitnehmerin selbst (freie Arztwahl), wobei es sich um eine Ärztin handeln muss, die zumindest über einen Vertrag mit der zuständigen Gesundheitskasse verfügt. Die Bestätigung einer privaten Wahlärztin ist nicht ausreichend.

4.29 Welche Inhalte muss die ärztliche Bestätigung über die Erkrankung enthalten?

Jedenfalls aus der ärztlichen Bestätigung über den Krankenstand müssen **Beginn**, **Ursache** und (voraussichtliche) **Dauer** der Krankheit hervorgehen. Unter der „Ursache“ ist jedoch nicht die konkrete Diagnose – diese zu erfahren, darauf hat die Arbeitgeberin keinen Anspruch! – zu verstehen, sondern die Qualifikation als „Krankheit“, „Unglücksfall“ etc Ist das Ende der Krankenstandsdauer aus ärztlicher Sicht nicht absehbar, genügen Angaben wie „bis auf Weiteres“.

Eine bestimmte Form ist für die ärztliche Bestätigung nicht vorgesehen.

4.30 Wie müssen sich Arbeitnehmerinnen im Krankenstand verhalten?

Grundsätzlich müssen sich Arbeitnehmerinnen im Krankenstand so verhalten, dass die Arbeitsfähigkeit möglichst rasch wiederhergestellt ist, und Handlungen, die den Krankheitsverlauf negativ beeinflussen oder die Genesung verzögern, sind zu vermeiden. Dabei sind insb **ärztliche Anordnungen zu beachten**. Handelt die Arbeitnehmerin diesen Grundsätzen zuwider, kann der Entgeltfortzahlungsanspruch für jene Zeit, um die sich der Krankenstand verlängert, verloren gehen. Abseits der Entgeltfortzahlung kann ein Fehlverhalten der Arbeitnehmerin im Krankenstand uU auch eine Entlassung rechtfertigen, soweit (objektiv und subjektiv) sorgfaltswidrig gehandelt wird.

4.31 Welche Konsequenzen hat es, wenn die Arbeitnehmerin gegen die gesetzlich vorgesehenen Melde- und Nachweispflichten verstößt?

Erstattet die Arbeitnehmerin in schuldhafter Weise (vorsätzlich oder fahrlässig) keine Meldung an die Arbeitgeberin bzw kommt sie der Nachweispflicht nicht nach, so geht der **Entgeltfortzahlungsanspruch für die Dauer der Säumnis vorübergehend verloren**. Sobald den Melde- und Nachweispflichten nachgekommen wird, besteht jedoch Anspruch auf Entgeltfortzahlung gegenüber der Arbeitgeberin.

§§ 175 f ASVG

4.32 Wann liegt ein Arbeitsunfall vor?

Auch im Hinblick auf den Arbeitsunfall enthält das AngG selbst – wie beim Begriff der Krankheit – keine gesetzliche Begriffsdefinition. Allerdings verweisen die einschlägigen Regelungen des AngG auf die sozialversicherungsrechtlichen Vorschriften über die Unfallversicherung. Diesen zufolge liegt ein Arbeitsunfall grundsätzlich dann vor, wenn sich ein Unfall – also ein plötzliches oder zumindest zeitlich begrenztes, von außen einwirkendes Ereignis, das eine Schädigung der körperlichen oder geistigen Gesundheit bewirkt – im **örtlichen**, **zeitlichen** und **ursächlichen Zusammenhang mit der Arbeitstätigkeit** ereignet. Die Arbeit muss also die Ursache des Unfallereignisses darstellen.

Neben Unfällen, die sich unmittelbar am Arbeitsplatz ereignen, werden vom Gesetz eine Reihe anderer Unfälle als Arbeitsunfall behandelt. Dies betrifft insb die sog **Wegeunfälle**, also jene Wege, die sich auf dem direkten Weg zwischen Wohnung und Arbeits- bzw Ausbildungsstätte ereignen oder in der Aufzählung des § 175 Abs 2 ASVG enthalten sind. Dies sind beispielsweise:

- Wege zur Ärztin oder Krankenanstalt,
- Wege zur Inanspruchnahme von gesetzlichen beruflichen Vertretungen oder Berufsvereinigungen, also etwa zur Gewerkschaft oder Arbeiterkammer, um sich beraten zu lassen,
- Wege zur Befriedigung lebensnotwendiger Bedürfnisse, etwa um sich eine Jause aus dem nächstgelegenen Supermarkt zu holen,
- Wege zur Behebung des Entgelts bei einem Geldinstitut oder
- Wege, um ein zu beaufsichtigendes Kind in die Kinderbetreuungseinrichtung oder Schule zu bringen oder abzuholen

Außerdem stellt § 176 ASVG bestimmte Unfälle, die sich außerhalb der beruflichen Tätigkeit ereignen, Arbeitsunfällen gleich, etwa im Rahmen der Hilfeleistung bei Unglücksfällen, beim Blutspenden oder im Rahmen der Tätigkeit für Hilfsorganisationen wie Freiwillige Feuerwehr, Rotes Kreuz und andere Rettungsgesellschaften, Wasser- oder Bergrettung.

4.33 Sind auch Unfälle als Arbeitsunfälle anzusehen, die sich auf einem Umweg vom Arbeitsweg ereignen?

Als Arbeitsunfälle werden grundsätzlich nur solche Unfälle behandelt, die sich auf dem direkten Weg von der Wohnung in die Betriebsstätte (und umgekehrt) ereignen. Bei **Umwegen** (um zB auf dem Heimweg von der Arbeit noch den Wocheneinkauf zu erledigen) ist die Rechtsprechung jedoch ziemlich streng und hat in einer großen Zahl von Fällen einen Unfall als Freizeit-, nicht jedoch als Arbeitsunfall qualifiziert.

4.34 Wann liegt ein Arbeitsunfall im Rahmen von Telearbeit vor?

§ 175 Abs 1a, 1b ASVG

Wird die Arbeit in Form von **Telearbeit** geleistet – wird also außerhalb des Betriebs der Arbeitgeberin gearbeitet –, so sind jene Unfälle als Arbeitsunfälle anzusehen, die sich in **zeitlichem und ursächlichem Zusammenhang mit der Arbeitstätigkeit** ereignen. Auf einen örtlichen Zusammenhang kommt es – im Unterschied zur Grundregel über den Arbeitsunfall – bei Telearbeit nicht an.

4

Weiters wird jedoch zwischen Telearbeit im engeren Sinn und Telearbeit im weiteren Sinn unterschieden. Telearbeit im engeren Sinn liegt vor, wenn in der eigenen Wohnung der Arbeitnehmerin, in der Wohnung einer nahen Angehörigen oder in einem Co-Working-Space – das sind speziell für die Arbeitserbringung in Form von Telearbeit eingerichtete Büroräumlichkeiten – gearbeitet wird. Wird an allen anderen denkbaren Orten gearbeitet, also zB im Kaffeehaus oder im Hotelzimmer, dann handelt es sich um Telearbeit im weiteren Sinn. Diese Unterscheidung ist wesentlich im Zusammenhang mit Wegeunfällen und ob es sich bei diesen um Arbeitsunfälle handelt.

Diesbezüglich sieht das Gesetz ein **abgestuftes System** vor: Wird in der eigenen Wohnung der Arbeitnehmerin gearbeitet, so sind die Regelungen über den Arbeitsunfall anzuwenden, ebenso wenn sich ein Unfall auf dem Weg von der Wohnung aus oder zur Wohnung ereignet.

Wird in der Wohnung naher Angehöriger oder im Co-Working-Space gearbeitet, so besteht zwar Unfallversicherungsschutz an diesen Orten, ob es sich jedoch auch bei Wegeunfällen um Arbeitsunfälle handelt, hängt davon ab, ob sich der Ort, an dem gearbeitet wird, in der Nähe zur eigenen Wohnung der Arbeitnehmerin oder (betrieblichen) Arbeitsstätte befindet oder die Entfernung von der Wohnung der Arbeitnehmerin zum Telearbeitsort dem sonst üblichen Arbeitsweg entspricht.

Wird an anderen Orten gearbeitet, also nicht in der eigenen Wohnung der Arbeitnehmerin, nicht in der Wohnung einer nahen Angehörigen und nicht im Co-Working-Space, so sind die Regelungen über den Arbeitsunfall zwar am Telearbeitsort selbst anzuwenden, jedoch nicht bei Wegeunfällen – diese stellen in derartigen Fällen keine Arbeitsunfälle dar.

4.35 Wen muss eine Arbeitgeberin benachrichtigen, wenn eine Arbeitnehmerin einen Unfall erleidet?

§§ 89 Z 3 ArbVG, 363 Abs 1 ASVG, 98 ASchG

Ereignet sich ein Unfall, bei dem eine Arbeitnehmerin zu Schaden kommt, treffen die Arbeitgeberin bestimmte **Meldepflichten**. Jedenfalls sind Arbeitgeberinnen verpflichtet, den zuständigen **Betriebsrat** von einem Arbeitsunfall unverzüglich in Kenntnis zu setzen, unabhängig von der Schwere des Arbeitsunfalls.

Bei schweren (teilweise oder vollständige Arbeitsunfähigkeit von drei oder mehr Tagen) oder gar tödlichen Arbeitsunfällen trifft die Arbeitgeberin außerdem die Verpflichtung, den Arbeitsunfall an den **Unfallversicherungsträger** sowie das **Arbeitsinspektorat** zu melden.

§ 8 Abs 2a AngG

4.36 Was bedeutet es für die Entgeltfortzahlung aufgrund eines Arbeitsunfalls, wenn die Arbeitnehmerin bei mehreren Arbeitgeberinnen beschäftigt ist?

Sofern eine Arbeitnehmerin **gleichzeitig bei zwei oder mehreren Arbeitgeberinnen tätig** ist und sich ein Arbeitsunfall ereignet, ist der Arbeitsunfall nur im Hinblick auf jenes Arbeitsverhältnis, in dem sich der Unfall ereignet hat, als Ursache für die Dienstverhinderung zu werten. Im Verhältnis zur anderen Arbeitgeberin bzw zu den anderen Arbeitgeberinnen liegt eine Dienstverhinderung aufgrund von Krankheit vor.

§ 177 ASVG

4.37 Was versteht man unter einer Berufskrankheit?

Das AngG selbst enthält keine Definition der Berufskrankheit, sondern verweist auf den sozialversicherungsrechtlichen Begriff der Berufskrankheit. Demnach handelt es sich bei einer Krankheit nur dann um eine Berufskrankheit, wenn sie in der Aufzählung des Anhang 1 des ASVG („**Liste der Berufskrankheiten**") enthalten ist, die in der **Anlage 1 zum ASVG** ebenfalls dargestellten Voraussetzungen vorliegen und die Krankheit durch die versicherte Arbeitstätigkeit verursacht ist.

Eine Krankheit, die sich nicht in der Liste der Berufskrankheiten findet, kann nur im Einzelfall eine Berufskrankheit darstellen. Dies dann, wenn der Unfallversicherungsträger aufgrund gesicherter wissenschaftlicher Erkenntnisse feststellen kann, dass die Krankheit ausschließlich oder überwiegend durch die Verwendung schädigender Stoffe oder Strahlen bei der Arbeit entstanden ist. Diese Feststellung des Unfallversicherungsträgers bedarf zu ihrer Wirksamkeit jedoch der Zustimmung der zuständigen Bundesministerin.

§ 8 Abs 2a AngG

4.38 Was gilt, wenn die Angestellte einen Arbeitsunfall oder eine Berufskrankheit erleidet?

Werden Arbeitnehmerinnen aufgrund von Arbeitsunfall oder Berufskrankheit arbeitsunfähig (und wurde die Arbeitsunfähigkeit nicht vorsätzlich oder grob fahrlässig herbeigeführt), so kommt ihnen ein **Anspruch auf Entgeltfortzahlung** durch die Arbeitgeberin für einen bestimmten, gesetzlich festgelegten Zeitraum pro Arbeitsjahr zu.

- Zunächst besteht Anspruch auf Entgeltfortzahlung für die Dauer von **acht Wochen in voller Höhe** des Entgelts.

- Ist die Arbeitnehmerin länger als 15 Jahre bei derselben Arbeitgeberin beschäftigt, so besteht Anspruch auf Entgeltfortzahlung für die Dauer von **zehn Wochen in voller Höhe** des Entgelts.

Hinsichtlich der Beschäftigungsdauer ist auch im Hinblick auf Arbeitsunfall und Berufskrankheit zu beachten, dass Dienstzeiten bei derselben Arbeitgeberin, die keine längere Unterbrechung als 60 Tage aufweisen, anzurechnen sind. Zur Anrechnung kommt es jedoch nicht, wenn die Unterbrechung durch eine Arbeitnehmerkündigung, einen Austritt ohne wichtigen Grund oder eine verschuldete Entlassung begründet wurde. War die Angestellte zuvor bei derselben Arbeitgeberin als Arbeiterin beschäftigt, so sind die Zeiten als Arbeiterin für den erhöhten Anspruch auf Entgeltfortzahlung voll anzurechnen, es beginnt also bei der Übernahme von der Arbeiterinnen- in die Angestelltentätigkeit der Anspruch nicht von Neuem mit acht Wochen volles Entgelt zu laufen.

4.39 Was ist eine Dienstverhinderung aus wichtigem Grund?

§ 8 Abs 3 AngG

Neben Krankheit und Unglücksfall bzw Arbeitsunfall und Berufskrankheit gewähren die Bestimmungen des § 8 Abs 3 AngG Anspruch auf Entgeltfortzahlung bei Vorliegen von die Person der Arbeitnehmerin betreffenden Gründen der Dienstverhinderung, soweit die Verhinderung ohne Verschulden der Arbeitnehmerin zustande kommt und eine verhältnismäßig kurze Zeit andauert. Die Gründe der Dienstverhinderung können sehr unterschiedlich sein und müssen nicht notwendigerweise in einer **Unmöglichkeit der Arbeitserbringung** bestehen, sondern können auch aus einer **Unzumutbarkeit der Arbeitstätigkeit** aufgrund anderer, aufgrund von Recht, Sitte oder Herkommen als höherwertig einzustufender Verpflichtungen resultieren. Ob im Einzelfall eine derartige Konstellation vorliegt, ist im Rahmen einer Interessenabwägung (Arbeitspflicht vs andere Verpflichtungen bzw Interessen der Arbeitgeberin an der Erbringung der Arbeitsleistung vs Interessen der Arbeitnehmerin an der bezahlten Freistellung) zu prüfen. § 8 Abs 3 AngG stellt somit eine Art Generalklausel für alle nicht durch andere Regelungen erfassten Fälle der Dienstverhinderung auf Seiten der Arbeitnehmerin dar.

4.40 Haben auch Arbeiterinnen einen Anspruch auf Entgeltfortzahlung aus wichtigem Grund?

§ 1154b Abs 5 ABGB

Die Bestimmungen des AngG, somit auch § 8 Abs 3 AngG, gelten nur für Angestellte. Für Arbeiterinnen kommt jedoch § 1154b Abs 5 ABGB zur Anwendung, der dieselben Ansprüche wie für Angestellte auch für Arbeiterinnen festlegt.

4.41 Welche Pflichten treffen die Arbeitnehmerin im Zusammenhang mit der Dienstverhinderung aus wichtigem Grund?

4

Die Arbeitnehmerin muss **alles Zumutbare unternehmen**, um den Eintritt von Dienstverhinderungen zu vermeiden oder diese zumindest so kurz wie möglich zu halten. Das bedeutet etwa, dass Termine, soweit möglich und zumutbar, außerhalb der Arbeitszeit anzusetzen sind bzw die notwendige Handlung auf andere Weise, etwa telefonisch, durchzuführen ist. Außerdem treffen die Arbeitnehmerin Meldepflichten im Hinblick auf die Dienstverhinderung. Die Arbeitgeberin muss also von der (absehbaren bzw bereits eingetretenen) Dienstverhinderung informiert werden.

4.42 Welche Rolle spielt ein Verschulden der Arbeitnehmerin im Zusammenhang mit der Dienstverhinderung aus wichtigem Grund?

Im Unterschied zur Dienstverhinderung aufgrund von Krankheit oder Unglücksfall ist bei der Dienstverhinderung aus wichtigem Grund davon auszugehen, dass **bereits leichte Fahrlässigkeit** – und nicht erst grobe Fahrlässigkeit oder Vorsatz – den Entgeltfortzahlungsanspruch ausschließt. Das ergibt sich aus dem Gesetzeswortlaut des § 8 Abs 3 AngG, der davon spricht, dass die Dienstverhinderung „ohne Verschulden" der Arbeitnehmerin eingetreten ist. Leichte Fahrlässigkeit liegt vor, wenn es eine Arbeitnehmerin (unter Berücksichtigung der im Einzelfall vorliegenden Umstände) an der notwendigen Sorgfalt mangeln lässt, ihr also eine Sorgfaltswidrigkeit unterläuft, die gelegentlich auch einem sorgfältigen Menschen unterlaufen kann.

Arbeitnehmerinnen sind im Zusammenhang mit der Dienstverhinderung aus wichtigem Grund also nur vor der Gefahr des Zufalls geschützt; jede Form des Verschuldens führt jedoch zum Entfall des Anspruchs auf Entgeltfortzahlung.

4.43 In welchen Fällen ist vom Vorliegen einer Entgeltfortzahlungspflicht der Arbeitgeberin aufgrund einer Dienstverhinderung aus wichtigem Grund bereits auszugehen?

Zur Dienstverhinderung aus wichtigem Grund besteht umfangreiche Rechtsprechung. So wurde von Gerichten bereits in unterschiedlichen Konstellationen das Vorliegen einer die Arbeitgeberin treffenden Entgeltfortzahlungspflicht aufgrund einer Dienstverhinderung aus wichtigem Grund bejaht bzw sind beispielsweise die **nachfolgenden Konstellationen als eine Entgeltfortzahlungspflicht auslösende Dienstverhinderungsgründe anerkannt**:

Arztbesuch außerhalb des Krankenstandes, Besuch eines schwer kranken Angehörigen im Krankenhaus, Notwendigkeit der Kinderbetreuung aufgrund der unerwarteten Schließung des Kindergartens oder der Schule, Selbstmordabsichten eines nahen Angehörigen, Hochzeit, Niederkunft der Ehefrau bzw eingetragenen Partnerin, Lebensgefährtin oder Freundin, Taufe, Firmung, Sponsion, Promotion der eigenen Kinder, Begleitung minderjähriger Kinder zu Arztbesuchen, ins Spital oder zum Flughafen, Unterstützung der Ehefrau bei passrechtlichen Schwierigkeiten an der Grenze, Begleitung des Freundes zu einer ausländischen Polizeibehörde, Wahrnehmen eines Termins im Rahmen der Gesundenuntersuchung, Teilnahme an wichtigen religiösen Festen wie zB Bayram, Unerreichbarkeit des Arbeitsplatzes aufgrund von starkem Schneefall, Zugverspätungen, Tätigkeit als Wahlzeuge bei einer Betriebsratswahl, Teilnahme an Volksbegehren oder Volksabstimmungen, Wahrnehmung von Vorladungen vor Gericht oder Behörden, Tod einer nahen Angehörigen und damit verbundene Begräbnisvorbereitungen bzw Teilnahme am Begräbnis, Einhaltung religiöser Trauerregeln, Teilnahme an der silbernen Hochzeit eines nahen Verwandten, notwendige Anwesenheit in der Wohnung während einer Gaszählerkommissionierung, der Behebung einer Telefonstörung oder eines Rohrgebrechens, dringende Behördenwege, die Einholung einer Rechtsauskunft bei einem Rechtsanwalt oder einer Interessenvertretung. Auch die Auswirkungen eines Streiks bzw die damit verbundenen Verkehrsbeeinträchtigungen oder Schließung von Kinderbetreuungseinrichtungen können uU einen Entgeltfortzahlungsanspruch gem § 1154b Abs 5 ABGB bzw § 8 Abs 3 AngG begründen.

4.44 Muss die Dienstverhinderung aus wichtigem Grund der Arbeitgeberin gemeldet werden?

Ebenso wie Dienstverhinderungen aufgrund von Krankheit oder Unglücksfall müssen Arbeitnehmerinnen auch Dienstverhinderungen aus wichtigem Grund der Arbeitgeberin **bekannt geben**. Ist die Verhinderung bereits im Vorhinein absehbar, so muss die Arbeitnehmerin die voraussichtliche Verhinderung ankündigen.

4.45 Muss die Arbeitnehmerin der Arbeitgeberin nachweisen, dass tatsächlich ein wichtiger Grund für die Dienstverhinderung vorliegt?

Die Arbeitnehmerin muss der Arbeitgeberin das Vorliegen eines wichtigen Grundes für die Dienstverhinderung nachweisen, **sofern das verlangt wird**. Eine bestimmte Form ist dabei nicht vorgesehen. Verlangt die Arbeitgeberin den Nachweis in bestimmter Form (zB eine schriftliche Bestätigung über einen Arzttermin oder dergleichen) und entstehen der Arbeitnehmerin dabei Kosten, so sind die Kosten von der Arbeitgeberin zu tragen.

4

4.46 Muss die Arbeitgeberin der Abwesenheit der Arbeitnehmerin aus wichtigem Grund zustimmen?

Liegt ein wichtiger Grund vor und bleibt die Arbeitnehmerin deshalb der Arbeit fern, so muss die Arbeitgeberin der Abwesenheit nicht zuvor zustimmen, es braucht also **keine Vereinbarung** zwischen Arbeitnehmerin und Arbeitgeberin, sondern die **Arbeitnehmerin kann der Arbeit einseitig fernbleiben**. Arbeitnehmerinnen müssen allerdings auch die Interessen der Arbeitgeberin ins Kalkül ziehen, das gilt insbesondere dann, wenn sie hinsichtlich der Abwesenheit über einen gewissen Spielraum verfügen, also zB einen Arzttermin in einer Randzeit des Arbeitstages hätten stattfinden lassen können und so die Dauer der Abwesenheit hätten reduzieren können.

4.47 Wie lange wird das Entgelt im Falle der Dienstverhinderung aus wichtigem Grund von der Arbeitgeberin fortgezahlt?

Anders als im Fall von Krankheit und Unglücksfall bzw Arbeitsunfall und Berufskrankheit sieht das Gesetz im Hinblick auf die Dienstverhinderung aus wichtigem Grund keine bestimmte Entgeltfortzahlungsdauer vor, sondern spricht stattdessen lediglich von einer „verhältnismäßig kurzen Zeit“. Allgemein wird in diesem Zusammenhang von **einer Woche als Richtwert** ausgegangen, was jedoch nicht bedeutet, dass der Anspruch auf Entgeltfortzahlung – abhängig vom konkreten Sachverhalt – nicht auch länger bestehen kann.

Der **Anspruch** auf Entgeltfortzahlung für eine „verhältnismäßig kurze Zeit“ besteht **pro Anlassfall**, also für jede Dienstverhinderung aus wichtigem Grund aufs Neue.

§ 8 Abs 4–6 AngG

4.48 Welche Ansprüche haben Schwangere und Frauen unmittelbar nach der Geburt eines Kindes nach den Regelungen des AngG?

§ 8 Abs 4–6 AngG sehen bestimmte **Regelungen für Schwangere und Mütter kurz nach der Geburt eines Kindes** vor. So dürfen schwangere Frauen gegen ärztlichen Nachweis, dass ihre Niederkunft voraussichtlich innerhalb von sechs Wochen stattfinden wird, der Arbeit fernbleiben und behalten ihren Entgeltanspruch. Sollten sie während dieser Zeit erkranken, so kommen die Bestimmungen über die Entgeltfortzahlung im Krankheitsfall zur Anwendung. Weiters behalten Arbeitnehmerinnen in den ersten sechs Wochen nach der Geburt des Kindes ihren Entgeltanspruch (während des Beschäftigungsverbotes). Auch für diesen Zeitraum der ersten sechs Wochen nach der Geburt des Kindes gilt: Erkranken Arbeitnehmerinnen, so sind die Bestimmungen über die Entgeltfortzahlung im Krankheitsfall anzuwenden. Überdies haben Arbeitnehmerinnen nach der Niederkunft während der Arbeitszeit Anspruch auf zwei halbstündige Stillpausen.

Die Bestimmungen des AngG über **mutterschaftsbedingte Zeiten der Dienstverhinderung** werden jedoch weitgehend durch die Regelungen von Mutterschutzgesetz (MSchG) – das umfangreiche Beschäftigungsbeschränkungen bzw -verbote sowie weitergehende Ansprüche vorsieht – und ASVG (das insb den Anspruch auf Wochengeld normiert) überlagert bzw verdrängt.

4

4.49 Wie lange können Entgeltfortzahlungsansprüche gerichtlich geltend gemacht werden?

§ 1486 Z 5 ABGB

Wie andere Entgeltansprüche aus dem Arbeitsverhältnis unterliegen auch Ansprüche auf Entgeltfortzahlung (unabhängig davon, ob es sich um Entgeltfortzahlung aufgrund von Krankheit, Unglücksfall, Arbeitsunfall, Berufskrankheit oder sonstigem wichtigem Grund handelt) der **dreijährigen Verjährungsfrist** des § 1486 Z 5 ABGB. Die Verjährungsfrist beginnt mit der Fälligkeit zu laufen, wobei sich die Fälligkeit des Entgeltfortzahlungsanspruches nach der Fälligkeit des Entgelts richtet. Allerdings können durchaus **kürzere Verfallsfristen** – durch Kollektivvertrag, Betriebsvereinbarung oder Einzelarbeitsvertrag – vereinbart werden, sofern die Geltendmachung durch die Kürze der Frist nicht unangemessen erschwert oder verunmöglicht wird. Es ist jedoch davon auszugehen, dass die Verfallsfrist keinesfalls kürzer als drei Monate sein darf!

4.50 Welche Auswirkungen hat das Vorliegen einer Dienstverhinderung aus wichtigem Grund auf Verjährungs- und Verfallsfristen?

§ 9a AngG

Liegt eine Dienstverhinderung aus wichtigem Grund (iSd § 8 Abs 3 AngG) aufgrund einer Krankheit oder eines Unfalls einer nahen Angehörigen der Arbeitnehmerin vor und bestehen für diese Ansprüche aus dem Dienstverhältnis, so können die Ansprüche bis zum Ablauf von zwei Wochen nach Ende der Dienstverhinderung nicht verjähren oder verfallen. Die gesetzlichen, kollektivvertraglichen oder einzelvertraglichen Verjährungs- und Verfallsfristen werden also **gehemmt**.

Provision

Kapitel 5

5.1 Was versteht man unter Provisionen?

Provisionen sind **Leistungsentgelte** für die Vermittlung oder den Abschluss einzelner Geschäfte. Sie hängen überwiegend vom persönlichen Geschick und der Ausdauer der Arbeitnehmerin ab. Keine Provisionen im Sinne des § 10 AngG sind hingegen Zahlungen, die generell an den Erfolg des Betriebes gebunden sind. Somit sind Leistungsentgelte, welche ausschließlich durch generelle, zB umsatzbezogene Kennziffern definiert werden, Gewinnbeteiligungen.

Der Anspruch bzw die **Höhe der Provision richtet sich nach** dem Arbeitsergebnis der Arbeitnehmerin nach **vereinbarten Parametern**, sog **Provisionsvereinbarungen**, die in der Regel Bestandteil eines Dienstvertrages sind. Parameter, die einen Provisionsanspruch begründen, können das Erreichen von individuell vereinbarten Zielen sein, wie zB eine Provision pro verkaufter Stückzahl.

Beispiel
Eine Anzeigenverkäuferin in einem Zeitungsunternehmen erhält pro verkaufter Anzeige zwei Prozent des Verkaufspreises. Dies ist ihr individuelles Leistungsziel, das sie selbst steuern kann; verkauft sie mehr Anzeigen, steigt ihr Provisionsanspruch.

Es sind auch Provisionsvereinbarungen zulässig, die eine Mischung aus **individuellen und allgemeinen Unternehmenszielen** beinhalten. Die **Abgrenzung zwischen Provision und Gewinnbeteiligung führt in der Praxis häufig zu Unklarheiten.**

Die häufigsten Provisionsformen sind Vermittlungs- und Abschlussprovisionen, Superprovisionen, Direktprovisionen, Betreuungs- und Verwaltungsprovisionen sowie Garantieprovisionen.

Die in der Versicherungswirtschaft übliche **„Folgeprovision"** besteht darin, dass die Angestellte neben der Abschlussprovision, die in der Regel als Prozentsatz der von der Versicherungsnehmerin zu zahlenden Erstprämie bemessen wird, während der Laufzeit des Versicherungsvertrages zusätzliche periodische Vergütungen erhält, die regelmäßig als Prozentsatz der von der Versicherungsnehmerin zu zahlenden Folgeprämien bemessen werden. Auch bei der **Folgeprovision** handelt es sich dem Wesen nach um eine Vermittlungsprovision, die im Wege einer mehr als einmaligen Erfolgsvergütung geleistet wird.

5.2 Kann das monatliche Gehalt ausschließlich aus Provisionen bestehen?

Es ist zulässig, dass das monatlich vereinbarte Entgelt ausschließlich aus Provisionen besteht; es ist nicht zwingend gesetzlich normiert, dass neben einer Provisionsvereinbarung auch ein monatliches Fixum vereinbart wird. Im Einzelfall sind jedoch immer die **kollektivvertraglichen Regelungen** zu beachten, da es zahlreiche Kollektivverträge gibt, die zwingende Entgeltregelungen für Provisionsempfängerinnen enthalten.

Reine Provisionsvereinbarungen sind daher nicht zulässig, wenn dadurch das kollektivvertragliche Mindestgehalt unterschritten wird. Eine solche Vereinbarung ist rechtsunwirksam, es besteht ein Entgeltanspruch zumindest in Höhe des kollektivvertraglichen Mindestgehaltes. Ebenso ist darauf zu achten, dass die Provisionsvereinbarung anstelle eines Fixgehaltes so vereinbart wird, dass die Arbeitnehmerin bei normaler Arbeitsleistung in der Lage ist, das kollektivvertragliche Mindestgehalt pro Monat zu verdienen. Bei einer zu „scharfen" Provisionsvereinbarung besteht die Gefahr von Strafen wegen **Verletzung arbeitsrechtlicher Schutzbestimmungen** wie Arbeitszeitgesetz, Arbeitsruhegesetz oder bei kollektivvertraglicher Unterentlohnung nach dem Lohn- und Sozialdumping-Bekämpfungsgesetz (LSDB-G).

5.3 Wann werden Provisionsansprüche fällig?

Der Anspruch auf Entgelt entsteht grundsätzlich mit der **Erbringung der Arbeitsleistung**, so auch bei Provisionen. Für das laufende Entgelt, also jenes Entgelt, das regelmäßig (monatlich) für die Zurverfügungstellung der Arbeitskraft bezahlt wird, bestimmt § 15 AngG, dass das Entgelt in zwei Teilbeträgen – nämlich am 15. und am Monatsletzten – fällig wird. In der Praxis ist es jedoch weitaus üblicher, dass die Fälligkeit des Entgelts am Ende des Kalendermonats oder am Monatsanfang eintritt.

Da Provisionen jedoch in der Regel kein laufendes Entgelt im Sinne des § 15 AngG sind, sondern eine zusätzliche Leistung für die besonderen Verkaufs- oder Vermittlungskünste der Angestellten darstellen und eine Sonderregelung in § 10 AngG besteht, ist die Provision mangels anderer dienstvertraglicher Vereinbarung **spätestens vierteljährlich fällig**. Endet das Dienstverhältnis vor Ablauf des jeweiligen Kalendervierteljahres, so werden die noch offenen, aber bereits verdienten Provisionsansprüche mit Beendigung des Dienstverhältnisses fällig.

Zulässige **Fälligkeitsvereinbarungen** in dienstvertraglichen Vereinbarungen des Provisionsanspruchs sind zB:

- die Zahlung der Käuferin geht bei der Arbeitgeberin ein oder
- die Fälligkeit des Provisionsanspruchs tritt nach Lieferung der verkauften Ware ein;
- auch die Zahlung von Teilen des gesamten Provisionsanspruchs kann wirksam vereinbart werden, insbesondere bei einer langfristigen Kundenbetreuung oder Geschäftsbeziehung.
- Die Provision wird in Teilbeträgen und zeitlich gestaffelt ausgezahlt, in der Praxis auch als „Folgeprovisionen" bezeichnet.

5.4 Was ist ein Buchauszug?

Provisionsempfängerinnen haben einen **gesetzlichen Anspruch** auf einen **Buchauszug**. In diesem Buchauszug sind alle von ihnen getätigten relevanten Geschäftsvorfälle, wie zB welche Kundin für welches Geschäft, die Höhe der einzelnen Provision, die Abwicklung, die Zahlungseingänge der Kundin, Stornierungen etc, ersichtlich zu machen. Der Buchauszug **dient der Überprüfung** der getätigten Geschäfte und der daraus resultierenden Provisionsansprüche.

Auf Verlangen der Provisionsempfängerin ist ihr der Buchauszug nach Ablauf des jeweiligen Abrechnungszeitraumes zu übermitteln. Das Recht auf den Buchauszug unterliegt der allgemeinen **dreijährigen Verjährung**, außer es ist vertraglich eine kürzere Verfallsfrist vereinbart und es handelt sich um einen gerichtlich klagbaren Anspruch. Der Anspruch auf Gehaltsabrechnung (§ 2 f AVRAG) bleibt vom Anspruch auf den Buchauszug unberührt.

5.5 Was bestimmt die Höhe der Provision?

Die **Höhe** der Provision richtet sich grundsätzlich nach der **dienstvertraglichen Vereinbarung.** Nur für den Fall, dass keine Vergütungshöhe vereinbart wurde, bestimmt das Gesetz, dass sich die Provisionshöhe nach der **Ortsüblichkeit** richtet. Die Ortsüblichkeit der Provisionshöhe bemisst sich nach dem **durchschnittlichen Grundgehalt, das in der Branche für die vereinbarte Arbeitsleistung** am Beschäftigungsort üblicherweise bezahlt wird. Als Anhaltspunkt für Branchendaten kann die von der Statistik Austria jährlich durchgeführte „Verdienststrukturerhebung" herangezogen werden.

5.6 Erhält man Provisionen auch im Krankheitsfall und im Urlaub?

Aufgrund des im Arbeitsrecht geltenden **Ausfallsprinzips** bei bezahlten Abwesenheiten, wie Krankheit oder Urlaub, ist ein **Provisionsschnitt für Zeiten von bezahlter Dienstverhinderung** anzusetzen. Als Berechnungsgrundlage dient der Durchschnitt der verdienten Provisionen der **letzten zwölf Monate vor Eintritt der Abwesenheit.**

Lediglich Provisionen, die auch während der Dienstverhinderung weiterbezahlt werden, wie zB Folgeprovisionen, werden nicht in die Durchschnittsberechnung einbezogen. Sie werden in voller Höhe fällig und ausgezahlt, unabhängig davon, ob die Arbeitnehmerin tatsächlich arbeitet.

5.7 Kann eine Provisionsvereinbarung auch befristet abgeschlossen werden?

Befristete **Provisionsvereinbarungen** können abgeschlossen werden. Sie unterliegen jedoch – ähnlich wie Kettendienstverträge – einer Sachlichkeitsprüfung: Der befristete Abschluss muss durch besondere wirtschaftliche und soziale Gründe gerechtfertigt sein. Ebenso dürfen sich die jährlich wechselnden Parameter für die Provisionsberechtigte nicht so verschlechtern, dass die neu vereinbarte Provision nur unter außergewöhnlichen Anstrengungen erreicht werden kann. Derartige Vereinbarungen können sittenwidrig sein. Fehlt es an einer sachlichen Rechtfertigung oder liegt **Sittenwidrigkeit** vor und wird einer weiteren, verschlechternden befristeten Provisionsvereinbarung nicht zugestimmt, so gilt die ursprüngliche Provisionsvereinbarung trotz der ursprünglich vereinbarten Befristung weiter. (OGH 9 ObA 234/93)

5.8 Ist eine einseitige Abänderung der Provisionsvereinbarung möglich?

Die Provisionsvereinbarung kann als eine wesentliche Bestimmung im Dienstvertrag angesehen werden und kann daher vom Arbeitgeber **nicht einseitig geändert** oder herabgesetzt werden. Eine einseitige Änderung der Provisionshöhe ist nur unter sehr engen Voraussetzungen möglich, etwa wenn sich die vereinbarte Grundlage für das Entstehen der Provision aufgrund äußerer Umstände grundlegend ändert.

Ein Beispiel aus der Judikatur (OGH 4 Ob 56/81)

Es musste eine generelle Umstellung der Kfz-Versicherungen aufgrund einer Gesetzesänderung auf das sog „Bonus-Malus-System" in der Versicherungsbranche vorgenommen werden. Bis zu diesem Zeitpunkt erhielt die Arbeitnehmerin eine monatliche fixe Folgeprovision aus den von ihr vermittelten Kfz-Verträgen. Nach Einführung des neuen Systems erhält die Arbeitnehmerin je nach Fahrverhalten (= Bonus-Malus-System) der Kundinnen variabel berechnete Folgeprovisionen. Der OGH entschied, dass diese einseitige Änderung der Provisionshöhe zulässig war, da eine gesetzliche Regelung diesen Eingriff vorsah. Weitere Voraussetzung für die Zulässigkeit der einseitigen Änderung der Provisionsvereinbarung war, dass keine vertragliche Vereinbarung darüber bestand, wie mit Änderungen der Provisionszahlungsmodalitäten umzugehen war.

Erfolgt eine **einseitige Änderung der Provision** zulasten der Arbeitnehmerin allein aufgrund des Verhaltens des Arbeitgebers ohne vertragliche Änderungsmöglichkeit und ohne wichtigen Grund aufseiten der Arbeitnehmerin, ist **eine einseitige Provisionskürzung in der Regel nicht zulässig**.

§ 11 AngG

5.9 Was ist ein Gebiets- oder Kundenschutz?

Eine Angestellte übernimmt aufgrund einer dienstvertraglichen Vereinbarung alle Kundenanfragen, die **bestimmte Sachgebiete** betreffen; das nennt man einen **fachlichen Kundenschutz.** Die Rechtsfolge des Kundenschutzes ist, dass der Provisionsanspruch auch dann besteht, wenn die Angestellte nicht unmittelbar selbst den Geschäftsabschluss abgeschlossen hat. Dies kann allerdings im Arbeitsvertrag ausgeschlossen werden.

Neben dem fachlichen Kundenschutz kann ein **sogenannter Gebietsschutz** vereinbart werden. Der Gebietsschutz bedarf einer ausdrücklichen Vereinbarung, während der Kundenschutz auch konkludent vereinbart werden kann. In diesem Fall betreut die Arbeitnehmerin aufgrund ausdrücklicher einzelvertraglicher Vereinbarung ein **örtlich genau abgegrenztes Gebiet**. Auch beim Gebietsschutz hat die Angestellte im Zweifel einen Provisionsanspruch, wenn das Geschäft ohne ihre unmittelbare Mitwirkung mit einer Kundin abgeschlossen wurde, die im örtlichen Zuständigkeitsbereich der Angestellten ansässig ist. Auch diese Gebietsschutzregelung ist **dispositiv** und kann im Dienstvertrag ausgeschlossen werden.

Wurde die Regelung des Kunden- oder Gebietsschutzes dienstvertraglich vereinbart, dann kann eine Änderung durch die Arbeitgeberin nur mit Zustimmung der Angestellten getroffen werden.

5.10 Darf die Arbeitgeberin im Nachhinein Kundenrabatte gewähren und dadurch den Provisionsanspruch verkürzen?

Mangels abweichender Vereinbarung entsteht der Provisionsanspruch bei Verkaufsgeschäften mit der Zahlung der Kundin. Bei Vermittlungsgeschäften entsteht der Provisionsanspruch mangels gegenteiliger Vereinbarung zum Zeitpunkt des Vertragsabschlusses bzw des rechtswirksamen Zustandekommens des Vertrages.

§ 11 Abs 3 und Abs 4 AngG schützt die Angestellte davor, dass ihr Provisionsanspruch durch Handlungen oder Unterlassungen (= **Vereitelungs- und Reduktionsschutz)** der Arbeitgeberin im Nachhinein, wie etwa durch Vereitelung des Geschäftsabschlusses, geschmälert wird. Ebenso ist der vereinbarte **Provisionsanspruch in voller Höhe geschützt**, wenn die Arbeitgeberin nachträglich Preisnachlässe gewährt. Nur dann, wenn solche Nachlässe branchenüblich sind oder bereits beim Abschluss des Geschäfts vereinbart wurden, ist die Auszahlung einer geringeren Provision im Zuge eines Rabatts zulässig.

Vereitelt die Arbeitgeberin nach Geschäftsabschluss das Geschäft, indem sie zB die bezahlte Ware grundlos nicht oder mangelhaft liefert, bleibt der Provisionsanspruch **ebenfalls bestehen**.

5.11 Wie wirkt sich die Beendigung des Dienstverhältnisses auf den Provisionsanspruch aus?

Soweit die Arbeitnehmerin **maßgeblich am Zustandekommen des Geschäfts beteiligt war**, erhält sie trotz **Beendigung des Arbeitsverhältnisses** die vereinbarte Provision für die während des aufrechten Arbeitsverhältnisses erbrachte Verkaufs- oder Vermittlungsleistung. Ebenso ist es unzulässig, Provisionen, die während des aufrechten Arbeitsverhältnisses erworben wurden und überwiegend auf die Vermittlungstätigkeit der Arbeitnehmerin zurückzuführen sind, im Falle der Beendigung des Arbeitsverhältnisses nur gekürzt auszuzahlen, auch wenn die Zahlung durch die Kundin erst nach Beendigung des Arbeitsverhältnisses erfolgt. Auch in diesem Fall bleibt der Provisionsanspruch trotz der späteren Beendigung des Arbeitsverhältnisses bestehen.

In der Praxis gibt es sogenannte **Folgeprovisionen**. Das bedeutet, dass die Provision bei längerer Dauer der Geschäftsbeziehung vereinbarungsgemäß in künftigen Teilbeträgen fällig und ausbezahlt wird. Nach Beendigung des Arbeitsverhältnisses sind diese Folgeprovisionen für die Dauer der Laufzeit des provisionsauslösenden Vertrages **weiter zu gewähren**, wenn das Geschäft maßgeblich auf den Arbeitnehmer zurückzuführen ist.

Wird bei längerer Vertragsdauer der provisionsauslösende Vertrag vom Kunden vorzeitig gekündigt und ist die Provision bereits zur Gänze an die Provisionsempfängerin ausbezahlt worden, so ist eine zwischen der Provisionsempfängerin und dem Arbeitgeber getroffene Vereinbarung über die Rückforderung der bereits ausbezahlten, aber nicht verdienten Provision zulässig.

§ 12 AngG

5.12 Besteht ein Entschädigungsanspruch, wenn die Angestellte durch die Arbeitgeberin gehindert wird, Provisionen ins Verdienen zu bringen?

Die Arbeitnehmerin hat einen Anspruch auf eine Entschädigung, wenn die Arbeitgeberin sich vertragswidrig verhält und dadurch die Arbeitnehmerin daran hindert, die Provision in der ursprünglichen Höhe zu erzielen. Entscheidend ist, dass die Arbeitgeberin **schuldhaft gegen die dienstvertragliche Vereinbarung verstößt** und die Arbeitnehmerin dadurch einen Provisionsverlust erleidet.

Wurde beispielsweise dienstvertraglich nicht vereinbart, dass bei einer Dienstfreistellung während der Kündigungsfrist kein Provisionsanspruch für die Zeit der Freistellung besteht, und zahlt die Arbeitgeberin in der Folge dennoch keine Provisionen für diese Zeit aus, so handelt sie vertragswidrig und es entsteht ein Entschädigungsanspruch. Wurde hingegen dienstvertraglich vereinbart, dass während einer Dienstfreistellung aufgrund einer Kündigung für diese Zeit keine Provisionen mehr anfallen, entsteht in der Folge auch kein Entschädigungsanspruch, da die Arbeitgeberin hier nicht gegen dienstvertraglich vereinbarte Bestimmungen verstößt, sondern diese vielmehr einhält.

Als unterster Richtwert für die Höhe der Entschädigung kann der Durchschnittsbetrag herangezogen werden, den die Arbeitnehmerin in der betreffenden Zeit erfahrungsgemäß verdient hätte.

§ 13 AngG

5.13 Darf eine Provisionsbezieherin Vergünstigungen bzw Geschenke von Kundinnen annehmen?

Provisionsbezieherinnen ist es nicht erlaubt, von Kundinnen Provisionen oder sonstige Belohnungen im Zusammenhang mit einem im Dienstverhältnis abgeschlossenen Kauf- oder Vermittlungsgeschäft anzunehmen. Damit wird deutlich, dass die Angestellte ausschließlich im und für das Interesse ihrer Arbeitgeberin arbeitet und **sich keine „Nebeneinnahmen" im Zuge ihrer Anstellung eröffnen darf.**

Setzt sich die Provisionsbezieherin über das **Geschenkannahmeverbot** hinweg, hat die Arbeitgeberin die Möglichkeit, ab Kenntnis binnen drei Monaten die Herausgabe der Zuwendung zu verlangen, andernfalls verfällt der Anspruch. Die Verjährungsfrist, losgelöst vom Zeitpunkt der Kenntnisnahme der Geschenkannahme, beträgt drei Jahre ab dem Tag der Annahme. Dieser Herausgabeanspruch ist schadensunabhängig und kann ebenso den Entlassungstatbestand der Vertrauensunwürdigkeit (§ 27 Z 1 AngG) bilden. Denkbar ist in diesem Zusammenhang auch eine Strafbarkeit nach § 10 UWG.

Gewinnbeteiligung

Kapitel 6

6.1 Was versteht man unter einer Gewinnbeteiligung iSd § 14 AngG?

Die Gewinnbeteiligung ist **eine Entgeltform,** die im Rahmen eines Arbeitsverhältnisses vereinbart werden kann. Die Arbeitnehmerin erhält aufgrund ihrer Angestelltentätigkeit ein zusätzlich **vereinbartes Entgelt**, dessen Höhe nicht von der individuellen Leistungserbringung (wie bei der Provisionsvereinbarung) abhängt, sondern sich an **wirtschaftlichen Kennzahlen** wie Umsatz, Gewinn etc orientiert und somit auf den **Gesamterfolg des Unternehmens**, des Betriebes oder zB der Abteilung abstellt.

In der Praxis ist die Abgrenzung zur Provisionsvereinbarung oft schwierig, da es die unterschiedlichsten Modelle der Gewinnbeteiligung und Bezeichnungen gibt. So wird zB häufig von einer „**Umsatzprovision**" gesprochen, die sich aber in der Regel an allgemeinen Kennzahlen eines Unternehmens/Betriebes/Abteilung orientiert und nur sehr eingeschränkt von einer individuellen Leistung abhängig ist. Eine „Umsatzprovision" stellt somit in der Regel eine Gewinnbeteiligung und keine Provision dar. Es gibt aber auch **Mischformen**, bei denen die Höhe der „Gewinnbeteiligung" sowohl von individuellen Zielen (entspricht einer Provision iSd §§ 10 ff AngG) als auch von Unternehmenszielen abhängt.

Eine **Unterscheidung** zwischen Provisionen und Gewinnbeteiligungen ist aufgrund der **unterschiedlichen Rechtsfolgen rechtlich notwendig**.

6.2 Was ist der Unterschied bzw sind Abgrenzungsmerkmale zu einer Provision?

Ein **wesentlicher Unterschied zwischen den beiden Entgeltvarianten** ist das **Entstehen des Anspruchs**. Mangels abweichender Vereinbarung entsteht die Provision bei Verkaufsgeschäften mit dem Eingang des Kaufpreises bei der Arbeitgeberin, bei Vermittlungsgeschäften mit dem rechtswirksamen Zustandekommen des Vertrages. Endet das Arbeitsverhältnis der Provisionsberechtigten vor dem Zeitpunkt des Entstehens des Provisionsanspruches, ist das **Zustandekommen des Geschäftes aber maßgeblich auf die Tätigkeit der Arbeitnehmerin** zurückzuführen, **bleibt** der Provisionsanspruch trotz Beendigung des Arbeitsverhältnisses **bestehen**.

Anders verhält es sich bei jeder **Art von Gewinnbeteiligung**. Aufgrund des Umstandes, dass der Anspruch auf Gewinnbeteiligung nicht vom Zustandekommen einzelner Geschäftsabschlüsse, sondern von einer oder mehreren allgemeingültigen wirtschaftlichen Kennzahlen (zB Gewinn, Umsatz, Cashflow etc) innerhalb eines bestimmten zeitlichen Beobachtungszeitraumes abhängt, geht der Anspruch auf Gewinnbeteiligung bei Beendigung des Dienstverhältnisses vor Ablauf der Abrechnungsperiode (= Beobachtungszeitraum) mangels gegenteiliger dienstvertraglicher Regelung zwar nicht gänzlich verloren, **ist** aber im Sinne des § 16 AngG **zu aliquotieren**.

Eine weitere wesentliche Unterscheidung ist der **Anspruch auf Bucheinsicht** bei Gewinnbeteiligung und auf **Buchauszug** bei Provisionsbezug. Der Unterschied wird im Folgenden noch erläutert.

6.3 Steht die Gewinnbeteiligung auch im Krankheitsfall oder im Urlaub zu?

Gewinnbeteiligungen sind Entgelt im arbeitsrechtlichen Sinne. Die Berücksichtigung einer Durchschnittszahlung in Zeiten von Krankheit und/oder Urlaub spielt bei Gewinnbeteiligungen nur ganz selten eine Rolle, weil diese unabhängig von der temporären Abwesenheit der Arbeitnehmerin, meist einmal jährlich oder periodisch in größeren Zeitabständen wiederkehrend, ausbezahlt werden. Der erkrankten Arbeitnehmerin gebührt derjenige Gewinnanteil, der während der Erkrankungsdauer zur Auszahlung gekommen wäre. Vereinbarungen, **wonach vereinbarte Gewinnanteile im Falle langer Krankenstände gekürzt werden können, sind unzulässig**.

6.4 Wann muss eine Gewinnbeteiligung abgerechnet werden, wann wird sie fällig?

Die Auszahlung (= Fälligkeit) der Gewinnbeteiligung ergibt sich aus der **vertraglichen Vereinbarung**. Im Zweifelsfall oder bei fehlender Vereinbarung einer Abrechnungsgrundlage gilt für die Abrechnungen von Gewinnbeteiligung der **bilanzmäßig ausgewiesene Gewinn des abgelaufenen Geschäftsjahres**. In diesen Fällen kommt die Gewinnbeteiligung mit der **Erstellung der Bilanz** bzw zu dem Stichtag, an dem die Bilanz spätestens fertiggestellt werden muss, zur Auszahlung.

Bei nicht bilanzpflichtigen Unternehmen wird jedenfalls empfohlen, den Auszahlungstermin dienstvertraglich zu vereinbaren.

6.5 Was ist eine Bucheinsicht bzw ein Buchauszug?

Die Provisionsberechtigten haben das zwingende Recht, auf Verlangen einen sogenannten Buchauszug über ihre Geschäfte zu erhalten. **Der Buchauszug** dient der Überprüfbarkeit der **individuell** abgeschlossenen Geschäfte mit der dazugehörenden Provisionszahlung.

Die Angestellte mit einem Anspruch auf eine Gewinnbeteiligung hingegen hat ein zwingendes Recht auf **Bucheinsicht**. Die Bucheinsicht dient der Überprüfbarkeit der Richtigkeit der Abrechnung der Gewinnbeteiligung.

Grundsätzlich entsteht der Anspruch auf einen **Buchauszug** mit Ablauf des jeweiligen Provisionsabrechnungszeitraumes (= Fälligkeit).

Der **Buchauszug** hat konkret über die von der Provisionsempfängerin getätigten Geschäfte Auskunft zu geben, daher enthält der Buchauszug in der Regel die **individuellen Kundendaten**, die notwendigen Kennzahlen wie Datum, Preis/Stück etc, um die Höhe der Provision ersichtlich zu machen, sowie die Abwicklung des getätigten Geschäftes, zB den Vermerk des Zahlungseinganges der Kundin. Sie soll der Provisionsempfängerin die Berechnung ihres Provisionsanspruchs ermöglichen, muss also **individuell und nachvollziehbar** sein.

Der Anspruch auf Erteilung eines Buchauszuges besteht auch dann, wenn das Provisionsgeschäft noch während des aufrechten Dienstverhältnisses abgeschlossen wurde, der Zahlungseingang (bei Verkaufsgeschäften) aber nach Beendigung des Dienstverhältnisses erfolgt. Der Buchauszugsanspruch **verjährt in drei Jahren ab Fälligkeit**. Kürzere **Verfallsfristen** für die Geltendmachung des Provisionsanspruches an sich gelten auch für den Buchauszugsanspruch.

Liegt keine reine Provisionsvereinbarung im Sinne der §§ 10 ff AngG, sondern eine **Gewinnbeteiligung** im Sinne des § 14 AngG vor, so besteht das **Recht auf Bucheinsicht** wiederum nur auf Verlangen der Arbeitnehmerin. Es dient der **Überprüfung der Richtigkeit der Abrechnung** der Gewinnbeteiligung und enthält in der Regel **keine individuellen Daten**, welche die Überprüfbarkeit der einzelnen Geschäfte möglich machen. Er enthält vielmehr allgemeine Kennziffern, wie bspw Umsatz und Gewinn des Unternehmens. Aus der Bucheinsicht sind ähnliche Parameter wie aus einer Unternehmensbilanz zu entnehmen. Auch das Bucheinsichtsrecht unterliegt der dreijährigen **Verjährungsfrist** ab Fälligkeit.

Zahlungs-frist

Kapitel 7

7.1 Was regelt das Gesetz im Hinblick auf die Auszahlung des Gehalts?

§ 15 AngG

Die Zahlung des der Angestellten zukommenden fortlaufenden Gehalts hat spätestens am **15. und am Letzten eines jeden Monats** in zwei annähernd gleichen Beträgen zu erfolgen. Es kann aber die Zahlung für den **Schluss eines jeden Kalendermonats** vereinbart werden. Der Hintergrund, warum das Gehalt in zwei Teilen ausbezahlt werden sollte, ist historisch bedingt. Bei der Einführung dieser gesetzlichen Bestimmung herrschte eine starke Inflation. Um dieser inflationsbedingten Entwertung des Geldes entgegenzuwirken, sieht das Gesetz seit damals die halbmonatliche Zahlungsweise vor. Jedoch wird heutzutage normalerweise die Fälligkeit am Monatsende vereinbart.

7.2 Kann auch ein späterer Auszahlungszeitpunkt vereinbart werden?

Nein, Vereinbarungen, die vorsehen, dass das Gehalt zu einem späteren Zeitpunkt als am Schluss eines jeden Kalendermonats fällig wird, sind nichtig. Es besteht jedoch die Möglichkeit, einen **früheren Fälligkeitstermin** zu vereinbaren, da dies für die Arbeitnehmerinnen günstiger ist.

7.3 Kann das Gehalt statt auf ein Bankkonto überwiesen auch bar ausbezahlt werden?

Grundsätzlich kann auch eine Barzahlung des Gehaltes vereinbart werden, wobei es auch hier Ausnahmen gibt. So gibt es in der Bauwirtschaft ein gesetzliches Barzahlungsverbot. Üblich ist jedoch die Auszahlung auf das Bankkonto der Arbeitnehmerin. Die **Art der Auszahlung ist zu vereinbaren**, wobei der Kollektivvertrag, aber auch Betriebsvereinbarungen zu beachten sind.

7.4 Wann muss nun das Gehalt spätestens ausbezahlt werden?

Üblicherweise wird vereinbart, dass das Gehalt am Monatsende gezahlt wird. Das bedeutet, dass die Arbeitgeberin die Überweisung **so rechtzeitig vornehmen** muss, dass das Gehalt **spätestens am Fälligkeitstag**, also am Monatsletzten, auf dem Konto der Arbeitnehmerin gutgeschrieben ist. Dies bedeutet, dass die Arbeitgeberin verpflichtet ist, Vorkehrungen zu treffen, dass unter Berücksichtigung der Bearbeitungszeit der Bank die Gutschrift am Fälligkeitstag auf dem Konto der Arbeitnehmerin eingeht und diese darüber verfügen kann. Fällt zB der Fälligkeitstag auf einen Feiertag, so muss das Gehalt spätestens am Vortag auf dem Konto der Arbeitnehmerin eingehen.

7.5 Welche Entgeltbestandteile müssen spätestens jeden Monat ausbezahlt werden?

Unter Entgelt ist jede Art von Gegenleistung zu verstehen, die die Arbeitnehmerin von der Arbeitgeberin für die Zurverfügungstellung ihrer Arbeitskraft erhält. Das Gesetz spricht jedoch nur vom fortlaufenden Gehalt. Unter **fortlaufendem Gehalt** versteht man von vornherein bestimmte **feste Geldbezüge, die nach bestimmten Zeiträumen bemessen werden**. Der Begriff des Entgelts ist also weiter als der des fortlaufenden Gehalts. **Nicht zum fortlaufenden Gehalt** gehören unter **anderem Provisionen und Gewinnbeteiligungen. Urlaubs- und Weihnachtsgeld fallen ebenso wenig darunter wie Abfertigungen und andere unregelmäßige Entgeltbestandteile wie Überstundenentgelt, Zuschläge für Nacht- und Feiertagsarbeit, aber auch Prämienzahlungen**. Wird dagegen eine Überstundenpauschale vereinbart, so handelt es sich, da sie im Voraus feststeht, um fortlaufendes Gehalt. Dies bedeutet jedoch nicht, dass die Arbeitgeberin bei der Auszahlung von Entgeltbestandteilen, die nicht als fortlaufendes Gehalt qualifiziert werden, völlig frei ist. Hierfür gibt es unterschiedliche gesetzliche Regelungen, zB werden Provisionen am Ende eines jeden Kalendervierteljahres fällig. Für Urlaubs- und Weihnachtsgeld finden sich die Fälligkeitsregelungen in den jeweiligen Kollektivverträgen, da diese Sonderzahlungen nicht gesetzlich geregelt sind.

7

7.6 Was passiert, wenn die Arbeitgeberin das Gehalt nicht rechtzeitig ausbezahlt?

Wird das Gehalt nicht rechtzeitig ausbezahlt, hat die Arbeitnehmerin verschiedene Möglichkeiten. Sie kann **Verzugszinsen** geltend machen, die **Arbeitsleistung verweigern** oder das **Arbeitsverhältnis durch vorzeitigen Austritt beenden**. Will die Arbeitnehmerin wegen der verspäteten Auszahlung die Arbeitsleistung verweigern, so ist sie jedenfalls dann, wenn es sich um geringe Teile handelt, gehalten, den ausstehenden Betrag bei der Arbeitgeberin – am besten schriftlich – einzufordern. Es ist jedoch zu beachten, dass, wenn sich herausstellt, dass der Arbeitnehmerin keine Ansprüche zustehen und die Verweigerung daher zu Unrecht erfolgte, dies eine Entlassung nach sich ziehen kann. Will die Arbeitnehmerin wegen der verspäteten Gehaltszahlung das Arbeitsverhältnis aus wichtigem Grund beenden (Austritt), muss sie die Arbeitgeberin jedoch vor dem Austritt warnen und ihr so die Möglichkeit zur Zahlung geben. (Siehe dazu im Detail Frage 16.8 und 16.9.)

§ 34 AngG

7.7 Kann ich Teile meines Gehalts von der Arbeitgeberin auch noch fordern, wenn ich es erst vier Monate später nach Fälligkeit bemerke?

Grundsätzlich müssen Entgeltansprüche innerhalb von **drei Jahren nach Fälligkeit** geltend gemacht werden, ansonsten verjähren sie. Zu beachten ist jedoch, dass **Kollektivverträge** diese Frist zB auf vier Monate verkürzen können. Aber auch Ersatzansprüche wie zB wegen vorzeitigen Austrittes oder vorzeitiger Entlassung, müssen bei sonstigem Ausschluss binnen sechs Monaten gerichtlich geltend gemacht werden. Auch wenn verschiedene Entgeltbestandteile zu unterschiedlichen Terminen fällig sein können, so beginnt jedoch unabhängig vom Anspruch die Verjährungsfrist dieser immer erst mit der Fälligkeit zu laufen. (Siehe dazu im Detail Kapitel 17.)

7.8 Wann muss das Entgelt ausbezahlt werden, falls das Dienstverhältnis endet?

Wird das Dienstverhältnis beendet, so ist unabhängig davon, wie das Dienstverhältnis beendet wurde, das **gesamte Entgelt** jedenfalls am Ende des Arbeitsverhältnisses fällig.

Remune-ration

Kapitel 8

8.1 Was ist eigentlich eine periodische Remuneration?

§ 16 AngG umfasst im Wesentlichen periodisch **wiederkehrende Zahlungen** in größeren Zeitabständen, wie zB die klassischen Sonderzahlungen – Urlaubszuschuss und Weihnachtsremuneration. Es wird geregelt, wie diese bei vorzeitiger Beendigung des Dienstverhältnisses **abrechnungstechnisch zu behandeln** sind. Es wird ein „Aliquotierungsgebot" normiert, dh die Arbeitnehmerin erhält bei Beendigung des Dienstverhältnisses, unabhängig vom Zeitpunkt der Beendigung, einen der zurückgelegten Dienstzeit entsprechenden Teil des Entgelts als Gegenleistung für ihre Arbeitsleistung. Ein gänzlicher Entfall der Remuneration(en) anlässlich einer zB Dienstnehmerinnenkündigung oder wegen eines verschuldeten vorzeitigen Austrittes ist daher unzulässig.

Diese Regelung ist **einseitig zwingend** und kann daher dienstvertraglich nicht zum Nachteil der Dienstnehmerin abgeändert werden. Obwohl in dieser Gesetzesstelle nicht geregelt ist, wie mit unterjährig eintretenden Angestellten zu verfahren ist, wird mangels abweichender Vereinbarung zB im Dienstvertrag oder im Kollektivvertrag davon ausgegangen, dass auch in diesem Fall die Remuneration(en) aliquot für das Eintrittsjahr zustehen werden.

Der **Anspruch** selbst auf periodische Remunerationen im Sinne des § 16 AngG wird dadurch **nicht geregelt**. Die bekannten Sonderzahlungen wie Weihnachtsremuneration und Urlaubsbeihilfe haben ihre gesetzliche **Anspruchsgrundlage** überwiegend **in den Kollektivverträgen** und vereinzelt in den Dienstverträgen.

Weitere regelmäßig wiederkehrende Bezüge im Sinne des § 16 AngG sind zB Gewinnbeteiligungen, Prämien oder Bilanzgelder.

Beispiel

Eine Angestellte arbeitet von 1.02.2024 bis zum 31.12.2024. Dann wird ihr Dienstverhältnis aufgelöst. Laut zugrunde liegendem Kollektivvertrag besteht ein Anspruch auf eine Sonderzahlung innerhalb eines Kalenderjahres in der Höhe eines Monatsgehaltes. Sie verdient € 2.000,– brutto/Monat. Es wird im Kollektivvertrag nicht geregelt, wie die Sonderzahlungen bei einem unterjährigen Abgang abzurechnen sind.

Es greift daher das Aliquotierungsgebot des § 16 AngG: Ihr Monatsgehalt beträgt € 2.000,– brutto. Im Zuge ihres Ausscheidens erhält sie somit in der Endabrechnung 11/12 von € 2.000,– brutto und somit € 2.000:12x11 = € 1.833,33,- brutto für eine Sonderzahlung laut dem Kollektivvertrag. Es wird der Zeitraum vom 1.2. bis 31.12.2024 herangezogen.

8.2 Müssen Provisionen auch aliquotiert werden?

Das Aliquotierungsgebot des § 16 AngG umfasst **nicht die Provisionen.** Der Anspruch auf Provisionen entsteht unabhängig davon, ob das Dienstverhältnis aufrecht oder beendet ist. Grundsätzlich entsteht der Provisionsanspruch bei Verkaufsgeschäften mit Zahlungseingang, und bei Vermittlungsgeschäften entsteht der individuelle Provisionsanspruch mit dem Zustandekommen eines rechtsgültigen Vertrages. Daher besteht der Provisionsanspruch zur Gänze bei Geschäften, **die überwiegend auf die Tätigkeit der Provisionsbezieherin zurückzuführen sind**, und in voller Höhe, selbst bei Beendigung des Dienstverhältnisses. Es findet **keine Aliquotierung** statt.

8.3 Muss die Angestellte bei unterjähriger Beendigung des Dienstverhältnisses die Sonderzahlungen, wie Urlaubsbeihilfe oder Weihnachtsremuneration, zurückzahlen?

8

Um diese Frage zu beantworten, muss in erster Linie in die zugrunde liegende Vereinbarung, wie den **Kollektivvertrag**, die **Betriebsvereinbarung** oder den **Dienstvertrag** geschaut werden. Beinhaltet diese Vereinbarungen keine Regelung, dann ist jener **Teil der Remuneration, welcher für das ganze Jahr ausgebezahlt wurde, aber aufgrund des unterjährigen Endes des Dienstverhältnisses nicht erarbeitet werden konnte, zurückzuzahlen** bzw: kann dieser Überhang in der Endabrechnung gegenverrechnet werden. Enthält der Dienstvertrag oder Kollektivvertrag eine Rückzahlungsvereinbarung bei unterjährigem Ende nur bei darin explizit genannten Beendigungsarten, so ist die Rückzahlungsverpflichtung nur in den **aufgezählten Beendigungsarten** zulässig, jedoch in den nicht angeführten Beendigungsfällen ausgeschlossen!

Kollektivvertragliche oder einzelvertragliche Vereinbarungen sowie Betriebsvereinbarungen, die die **Auszahlung des aliquoten Remunerationsanspruchs von der Art der Beendigung des Dienstverhältnisses abhängig machen**, wie im Falle der berechtigten Entlassung, des unberechtigten vorzeitigen Austritts oder bei Selbstkündigung, **sind unzulässig**. Diese Vereinbarungen verstoßen gegen die einseitig zwingende Bestimmung des § 16 AngG (OGH 26.11.2013, 9 ObA 82/13v) und sind unwirksam.

8.4 Gibt es ein Aliquotierungsgebot für entgeltfreie Zeiten?

Bei **längeren Krankenständen ohne Entgeltfortzahlung** stellt sich zB die Frage, ob bei der Berechnung der Remuneration nur jene Monate berücksichtigt werden, in denen noch ein Entgeltanspruch gegenüber der Arbeitgeberin besteht.

Zur Klärung dieser Frage ist in erster Linie die Rechtsquelle (zB Kollektivvertrag, Dienstvertrag, Betriebsvereinbarung) heranzuziehen, aus der sich der Anspruch auf Sonderzahlung/Remuneration ergibt. **Fehlt eine entsprechende Vereinbarung**, sind Zeiten ohne Entgelt ge bei der Berechnung der Remuneration(en) **nicht zu berücksichtigen**. Diese entgeltfreien Zeiten bleiben bei der Berechnung außer Betracht.

Für Entgeltfortzahlungszeiträume, in denen der Arbeitnehmerin nur mehr **das halbe monatliche Entgelt gebührt, gebührt mangels anderer Vereinbarung oder Regelung auch nur die halbe Remuneration** (OGH 29.1.2015; 9 ObA 135/14i).

Beispiel

Eine Angestellte arbeitet vom 01.02.2024 bis zum 31.12.2024. Sie hat von 01.03.2024 bis 30.04.2024 einen unbezahlten Urlaub/Karenzierung genommen. Ihr Dienstverhältnis wurde mit 31.12.2024 aufgelöst. Laut zugrunde liegendem Kollektivvertrag besteht ein Anspruch auf eine Sonderzahlung innerhalb eines Kalenderjahres in der Höhe eines Monatsgehaltes. Sie verdient € 2.000,– brutto/Monat. Es wird im Kollektivvertrag nicht geregelt, wie die Sonderzahlungen bei einer unterjährigen Karenzierung abzurechnen sind und ob die Zeiten ohne Entgelt einen aliquoten Sonderzahlungsanspruch begründen.

Mangels Vereinbarung im Karenzierungsvertrag (= unbezahlter Urlaub) zwischen den Arbeitsvertragsparteien wird das **Aliquotierungsgebot des § 16 AngG** angewendet:

Ihr Monatsgehalt beträgt € 2.000,– brutto. Im Zuge ihres Ausscheidens erhält sie somit in der Endabrechnung 7/12 von € 2.000,– brutto und somit € 2.000:12x7 = € 1.167,– brutto als Sonderzahlung laut dem Kollektivvertrag. Zeiten/Monate ohne Entgelt (= unbezahlter Urlaub von 01.03.2024 bis 30.04.2024 und vor Dienstbeginn Februar 2024 01.01.2024–31.01.2024) werden bei der Berechnung außer Betracht gelassen.

Es gibt jedoch Kollektivverträge wie zB den Kollektivvertrag für Angestellte im Handel, der anordnet, dass Sonderzahlungen/Remuneration(en) auch bei entgeltfreien Zeiten aufgrund von Krankheit weiterzuzahlen sind. Hier konnte eine Besserstellung auf kollektivvertraglicher Ebene gegenüber der gesetzlichen Bestimmung durchgesetzt werden.

8.5 Wie werden Remunerationen berechnet, wenn sich unterjährig die Arbeitszeit ändert?

Eine **Mischberechnung** ist bei all jenen Fällen der **unterjährigen Veränderung** des **Beschäftigungsausmaßes** und damit einhergehenden Veränderung der Entgelthöhe anzustellen, sofern der anzuwendende Kollektivvertrag, die Betriebsvereinbarung oder der Dienstvertrag diesbezüglich keine günstigere Regelung aufweist. Es ist daher eine Durchschnittberechnung des Entgeltes in dem anspruchsbegründeten Zeitraum zu erstellen, um die Höhe der Sonderzahlung bei unterjähriger schwankender Arbeitszeit zu eruieren. Es wird in der Regel das Kalenderjahr bzw maximal **12 Monate als Betrachtungszeitraum** für die Durchschnittsberechnung herangezogen. Hat das Dienstverhältnis kürzer als 12 Monate gedauert, so ist für den Durchschnitt die gesamte Dauer des Dienstverhältnisses heranzuziehen.

Beispiel

Der Kollektivvertrag ordnet bezüglich der Höhe der Sonderzahlung an, dass sich die Höhe der Weihnachtsremuneration nach dem jeweiligen Novembergehalt richtet. Die Arbeitnehmerin war von Jänner bis Mai mit 38,5 Stunden/Woche beschäftigt und hat im Oktober ihre Arbeitszeit auf 25 Stunden/Woche reduziert. Der Kollektivvertrag beinhaltet weiters die Regelung, dass unterjährig ein- oder austretende Arbeitnehmerinnen die Sonderzahlungen aliquot, gemessen an der Dauer des Beschäftigungsverhältnisses, erhalten. Die Arbeitnehmerin erhält als Weihnachtsremuneration nicht das aufgrund der Teilzeit reduzierte Entgelt gemäß dem Novembergehalt, sondern es ist eine Mischberechnung anzustellen. Höchstgerichtlich wird dieses Ergebnis damit begründet, dass der Kollektivvertrag keine konkrete Regelung beinhalte, wie im aufrechten Angestelltenverhältnis mit einer Änderung des Beschäftigungsausmaßes umzugehen ist, daher liege eine Regelungslücke vor und eine analoge Anwendung der Mischberechnung ist vorzunehmen. (OGH 27.9.2016, 8 Ob S 12/16x)

8

Bei einer **unterjährigen Änderung des Beschäftigungsausmaßes**, aber auch der Ein- und Austritte, immer auf die jeweilige kollektivvertragliche oder einzelvertragliche Regelung oder die Betriebsvereinbarung Bedacht zu nehmen.

Urlaub

Kapitel 9

9.1 Sieht das AngG spezielle Urlaubsregelungen für Angestellte vor?

Nein. § 17 AngG enthält lediglich einen **Verweis auf das Urlaubsgesetz (UrlG)**, welches auch für Angestellte zur Anwendung gelangt. Es gibt daher keine gesetzlichen Sonderbestimmungen für Angestellte. Daher sind die Bestimmungen des Urlaubsgesetzes einschlägig. Eine ausführliche Darstellung des Urlaubsrechts findet sich im Ratgeber „Urlaubsrecht in Frage und Antwort". Überblicksmäßig werden aber dennoch hier die wichtigsten Fragen beantwortet.

9.2 Wie viele Urlaubstage pro Arbeitsjahr stehen den Arbeitnehmerinnen zu?

§ 2 Abs 1 UrlG

Das gesetzliche Urlaubsausmaß hängt von der Beschäftigungsdauer der Arbeitnehmerin ab. Das Urlaubsausmaß beträgt bei einer Dienstzeit von **weniger als 25 Jahren 30 Werktage (fünf Wochen)** und erhöht sich nach **Vollendung des 25. Jahres** auf **36 Werktage (sechs Wochen)**.

Für die Bemessung des Urlaubsausmaßes werden nicht nur Dienstzeiten beim selben Arbeitgeber berücksichtigt, sondern zB auch Schul- und Studienzeiten.

9

9.3 Was ist der Unterschied zwischen Werk-, Arbeits- und Kalendertagen?

Ist im Zusammenhang mit dem Urlaub von einem Tag die Rede, so ist damit immer ein **Kalendertag** (alle sieben Tage der Woche) gemeint. Das Urlaubsgesetz geht bei der Berechnung des Urlaubsausmaßes von Werktagen aus. Als Werktage gelten alle Kalendertage, außer Sonn- und Feiertage. **Werktage** sind demnach die Wochentage von Montag bis einschließlich Samstag, mit Ausnahme der gesetzlichen Feiertage, die in diesen Zeitraum fallen. Wenn an einem Samstag nicht im Betrieb gearbeitet wird (aufgrund einer Fünf-Tage-Woche), wird dieser Samstag dennoch vom in Werktagen berechneten Urlaub abgezogen. Unter **Arbeitstagen** werden jene Tage verstanden, an denen im Betrieb gearbeitet wird. Es besteht die **Möglichkeit, die Berechnung des Urlaubs von Werktagen auf Arbeitstage umzustellen**. Das kommt vor allem dann in Betracht, wenn die Arbeitswoche kürzer als sechs Arbeitstage (Montag bis Samstag) ist.

9.4 Wie berechnen sich die Urlaubstage bei Teilzeitbeschäftigten?

Auch Teilzeitbeschäftigte haben Anspruch auf mindestens **fünf Wochen Urlaub pro Jahr**, genauso wie Vollzeitbeschäftigte. Das bedeutet, dass eine Teilzeitbeschäftigte, die nur einen Tag pro Woche arbeitet, Anspruch auf fünf Urlaubstage pro Jahr hat. Wenn die Teilzeitbeschäftigte zwei, drei oder vier Tage pro Woche arbeitet, hat sie dementsprechend zehn, 15 oder 20 Urlaubstage pro Jahr zur Verfügung. Das bedeutet also: Die **Anzahl der Urlaubstage pro Jahr** ergibt sich aus der **Multiplikation der Anzahl der Arbeitstage pro Woche mit fünf** (der Zahl der gesetzlichen Urlaubswochen). Der Urlaubsanspruch einer Teilzeitbeschäftigten ist daher von der Anzahl der Arbeitstage pro Woche abhängig. Es ist für die Berechnung unerheblich, ob es dabei zu unregelmäßigen Arbeitszeiten kommt. Wenn eine Teilzeitbeschäftigte 30 Stunden in fünf Tagen arbeitet, hat sie Anspruch auf 25 Arbeitstage Urlaub pro Jahr. Für die Berechnung des Urlaubsausmaßes ist es bei fünf Arbeitstagen pro Woche somit irrelevant, ob an drei Tagen acht Stunden und an den anderen zwei Tagen drei Stunden gearbeitet wird. Eine Teilzeitbeschäftigte, die 20 Stunden in vier Tagen arbeitet, hat Anspruch auf 20 Arbeitstage Urlaub pro Jahr; dies entspricht fünf Wochen Urlaub pro Jahr.

9.5 Wie wird der Zeitpunkt des Urlaubsverbrauchs festgelegt?

Grundsätzlich braucht es zur Festlegung des Urlaubszeitpunktes eine **Vereinbarung zwischen Arbeitgeberin und Arbeitnehmerin.** Beide Vertragsparteien müssen sich also einig werden, wann der entstandene Urlaub verbraucht werden soll. Eine einseitige Festlegung durch die Arbeitgeberin ist nicht möglich.

9.6 Was passiert, wenn man im Urlaub krank wird?

Erkrankt oder verunglückt eine Arbeitnehmerin während des Urlaubs, ohne dies vorsätzlich oder grob fahrlässig herbeigeführt zu haben, so werden auf Werktage fallende Tage der Erkrankung, an denen die Arbeitnehmerin infolge der Krankheit arbeitsunfähig war, auf das **Urlaubsausmaß nicht angerechnet**, wenn die Erkrankung länger als **drei Kalendertage** gedauert hat. Weiters muss nach spätestens drei Tagen der Arbeitsunfähigkeit die Arbeitgeberin informiert werden und bei Dienstantritt **unaufgefordert** eine **Krankenstandsbestätigung** vorgelegt werden.

§ 10 Abs 1 UrlG

9.7 Was passiert mit dem Resturlaub, wenn das Arbeitsverhältnis beendet wird?

Grundsätzlich kann der Resturlaub bis zum Ende des Arbeitsverhältnisses, also auch während der Kündigungsfrist, vereinbart werden, wenn der Zeitpunkt des Urlaubsantritts und die Dauer des Urlaubs einvernehmlich zwischen Arbeitgeberin und Arbeitnehmerin festgelegt werden. Verbleiben bei Beendigung des Arbeitsverhältnisses noch Urlaubstage, so hat die Arbeitnehmerin für diese Tage grundsätzlich **Anspruch auf eine Urlaubsersatzleistung.**

Fürsorge-pflicht

Kapitel 10

10.1 Warum gibt es die gesetzlichen Bestimmungen über die Fürsorgepflicht überhaupt?

Im Zentrum des Arbeitsverhältnisses steht der Austausch von Arbeitsleistung der Arbeitnehmerinnen gegen Entgelt, das die Arbeitgeberin für die Arbeitsleistung bezahlt. Typischerweise sind Arbeitnehmerinnen aber auf die regelmäßige Zahlung des Entgelts angewiesen, von der Arbeitgeberin also persönlich und wirtschaftlich abhängig, in eine fremde Arbeitsorganisation eingegliedert, auf die kein Einfluss genommen werden kann, und daher als besonders schutzwürdig anzusehen. Die **Fürsorgepflicht** soll also dafür sorgen, dass **die Arbeitgeberin zentrale persönliche Interessen der Arbeitnehmerin achtet und wahrt.** Dafür soll die Arbeitgeberin, die von der Arbeitsleistung der Beschäftigten schließlich auch wirtschaftlich profitiert, organisatorisch und auch finanziell aufkommen.

10.2 Was ist im AngG hinsichtlich Fürsorgepflicht vorgesehen?

§§ 18 AngG, 1157 ABGB

Das AngG trifft grundsätzliche Aussagen zur Fürsorgepflicht, indem der Arbeitgeberin bestimmte Verpflichtungen auferlegt werden. So muss die Arbeitgeberin auf ihre Kosten die Einrichtung der Arbeitsräume und Gerätschaften herstellen und erhalten, „die mit Rücksicht auf die Beschaffenheit der Dienstleistung zum Schutze des Lebens und der Gesundheit der Angestellten erforderlich sind" (§ 18 Abs 1 AngG). Überdies dürfen bei der Überlassung von Wohnräumlichkeiten an die Beschäftigten diese keine gesundheitsschädlichen Eigenschaften aufweisen (§ 18 Abs 2 AngG), die Arbeitsräume sind, „soweit es die Art der Beschäftigung zulässt" während der Arbeitszeit licht, rein und staubfrei zu halten sowie im Winter zu heizen, und es sind ausreichend Sitzplätze zur Nutzung während der Pausen zur Verfügung zu stellen (§ 18 Abs 3 AngG). Außerdem sind von der Arbeitgeberin „jene Maßnahmen zur Wahrung der Sittlichkeit zu treffen, die durch das Alter und Geschlecht der Angestellten geboten sind" (§ 18 Abs 4 AngG).

Die Regelungen des Angestelltengesetzes zielen also insbesondere auf den **Schutz von Leben und Gesundheit der Arbeitnehmerinnen**, sowie auf die „**Wahrung der Sittlichkeit**" ab. Eine ähnliche Bestimmung über die Fürsorgepflicht findet sich bereits in § 1157 ABGB und kommt daher auch für jene Arbeitnehmerinnen zur Anwendung, für die das AngG nicht gilt.

10.3 Was bedeuten die in § 18 AngG festgelegten Pflichten konkret?

Die im AngG angesprochene Fürsorgepflicht der Arbeitgeberin ist an sich nur **wenig konkret geregelt**, wird jedoch durch eine Vielzahl von Rechtsvorschriften aus unterschiedlichen Bereichen und die Rechtsprechung konkretisiert. § 18 stellt somit eine Art **Generalklausel** dar, die durch unterschiedlichste Gesetze facettenreich ausgestaltet wird.

Bestimmungen, mittels derer die Fürsorgepflicht konkretisiert wird, finden sich etwa im ArbeitnehmerInnenschutzgesetz, das arbeitsschutzrechtliche Bestimmungen enthält, im Arbeitsinspektionsgesetz (ArbIG), im Kinder- und Jugendlichen-Beschäftigungsgesetz (KJBG), im Mutterschutzgesetz (MSchG) oder auch im Gleichbehandlungsgesetz (GlBG), das Diskriminierung aufgrund bestimmter geschützter Merkmale verbietet. Teilweise sind in den die Fürsorgepflicht ausgestaltenden Gesetzen auch Sanktionen bei Verstößen vorgesehen. Aus der Fürsorgepflicht der Arbeitgeberin ergibt sich auch eine Reihe von Informations- und Aufklärungspflichten den Arbeitnehmerinnen gegenüber, so etwa hinsichtlich einer drohenden Verjährung entstandener Urlaubsansprüche oder die Verpflichtung, die vermögensrechtlichen Interessen der Arbeitnehmerinnen zu schützen (zB durch eine Versicherung gegen Schadenersatzansprüche bei gefährlichen Arbeiten).

Zusätzliche Regelungen, die häufig weitergehende Verpflichtungen für Arbeitgeberinnen normieren, können auch in Kollektivverträgen oder Betriebsvereinbarungen enthalten sein.

10.4 Ist die Fürsorgepflicht überhaupt eine „echte" Pflicht der Arbeitgeberin?

10

Wenngleich der Begriff der Fürsorgepflicht etwas antiquiert klingen mag, stellt die Fürsorgepflicht tatsächlich eine **echte Rechtspflicht der Arbeitgeberin** und nicht etwa einen bloßen moralischen Aufruf, bestimmte schützenswerte Interessen der Arbeitnehmerin zu achten, dar. Die im AngG festgelegten Pflichten sind von der Arbeitgeberin also – als Mindeststandard – zu erfüllen.

10.5 Gilt die Fürsorgepflicht der Arbeitgeberin auch für leitende Angestellte?

Zwar könnte man davon ausgehen, dass leitende Angestellte nicht in gleichem Umfang schützenswert sind, wie das bei Angestellten mit wesentlich geringerem Einfluss der Fall ist. Die Bestimmungen des AngG über die Fürsorgepflicht der Arbeitgeberin gelten jedoch **ohne Unterscheidung für alle Angestellten**, daher auch für leitende Angestellte. Leitende Angestellte verfügen jedoch insgesamt über einen herabgesetzten arbeitsrechtlichen Schutz, da insb im Arbeitsverfassungsrecht sowie im Arbeitszeitrecht weitreichende Ausnahmen für leitende Angestellte vorgesehen sind.

§ 6 Abs 3 AÜG

10.6 Gilt die Fürsorgepflicht der Arbeitgeberin auch für überlassene Arbeitskräfte?

Bei im Betrieb eingesetzten Leiharbeitnehmerinnen bzw überlassenen Arbeitskräften liegt es nahe, von einer Nichtanwendbarkeit der Bestimmungen über die Fürsorgepflicht auszugehen, befinden sie sich doch in einem arbeitsvertraglichen Verhältnis mit der Überlasserin, nicht mit der Beschäftigerin. Hier legt das **Arbeitskräfteüberlassungsgesetz** (AÜG) jedoch fest, dass die **Fürsorgepflicht** der Arbeitgeberin während der **Dauer der Beschäftigung im Betrieb** der Beschäftigerin auch dieser obliegt.

10.7 Gilt die Fürsorgepflicht auch für eine juristische Personen, wenn diese Arbeitgeberin ist?

Auch juristische Personen (zB eine GmbH, eine AG) müssen ihrer Fürsorgepflicht den Arbeitnehmerinnen gegenüber nachkommen. Personen, die die juristische Person vertreten – also zB Geschäftsführerinnen – müssen die Fürsorgepflicht für die juristische Person wahrnehmen und verletzen die Fürsorgepflicht der juristischen Person, wenn sie selbst ein Fehlverhalten gegenüber den Arbeitnehmerinnen des Unternehmens setzen. Bei jenen (natürlichen) Personen, die die juristische Person vertreten, muss es sich aber um **Personen in leitender Stellung** handeln, um ihr Handeln der juristischen Person zurechnen zu können.

10.8 Darf die Arbeitgeberin eine Weisung erteilen, die gegen die Fürsorgepflicht verstößt?

Erteilt die Arbeitgeberin **Weisungen**, die gegen die **Fürsorgepflicht** verstoßen, so sind diese nichtig – sie wirken also nicht und die Arbeitnehmerin muss sie auch nicht befolgen. Selbiges gilt für vertragliche Vereinbarungen, die ihrem Inhalt nach gegen die Fürsorgepflicht verstoßen.

10.9 Kann von der Fürsorgepflicht durch vertragliche Vereinbarung abgegangen werden bzw kann die Arbeitnehmerin auf das Ausüben der Fürsorgepflicht durch die Arbeitgeberin freiwillig verzichten?

§ 40 AngG

Den Regelungen über die Fürsorgepflicht kommt **einseitig zwingende Wirkung** zu. Das bedeutet, dass zum Nachteil der Arbeitnehmerinnen **nicht von der Fürsorgepflicht abgegangen werden darf.** Weder im Arbeitsvertrag noch in Betriebsvereinbarungen oder Kollektivverträgen dürfen Regelungen im Hinblick auf die Fürsorgepflicht getroffen werden, die die Arbeitnehmerin schlechterstellen, als das Gesetz es vorsieht. Auch kann die Arbeitnehmerin daher nicht auf die Fürsorgepflicht der Arbeitgeberin bzw einzelne Aspekte davon „verzichten"! Zugunsten der Arbeitnehmerin können aber durchaus Regelungen getroffen bzw Konkretisierungen vorgenommen werden – das ist in der Praxis aber selten, da insbesondere die Verpflichtungen der Arbeitgeberin zum Schutz der Gesundheit der Arbeitnehmerinnen durch eine Vielzahl von gesetzlichen Bestimmungen (zB im ArbeitnehmerInnenschutzgesetz [ASchG]) bereits sehr detailliert ausgestaltet sind.

10.10 Was haben die Fürsorgepflicht der Arbeitgeberin und die Treuepflicht der Arbeitnehmerin miteinander zu tun?

Häufig wird der Fürsorgepflicht der Arbeitgeberin die Treuepflicht der Arbeitnehmerin – gleichsam als korrespondierende Pflicht aus dem Arbeitsverhältnis – gegenübergestellt. Ein unmittelbarer Vergleich dieser beiden Pflichten ist jedoch so nicht möglich, alleine schon, weil die Treuepflicht der Arbeitnehmerin – im Unterschied zur Fürsorgepflicht der Arbeitgeberin – nicht ausdrücklich gesetzlich geregelt ist. Zudem soll die **Fürsorgepflicht die Persönlichkeit der Arbeitnehmerin** bzw die Persönlichkeitsrechte schützen, die Treuepflicht bezieht sich auf den Betrieb (und nicht auf die Person) der Arbeitgeberin. Die **Treuepflicht** besagt im Wesentlichen, dass die Arbeitnehmerin die **(betrieblichen) Interessen der Arbeitgeberin** zu wahren hat bzw alles zu unterlassen hat, was diese Interessen schädigen könnte. Zur Treuepflicht zählt etwa die Verpflichtung zur Verschwiegenheit oder das Konkurrenzverbot.

10.11 Besteht die Fürsorgepflicht auch vor Beginn und nach Ende des Arbeitsverhältnisses?

Grundsätzlich bezieht sich die Fürsorgepflicht auf das **aufrechte Arbeitsverhältnis.** Die Verpflichtungen der Arbeitgeberin aus der Fürsorgepflicht entstehen also erst mit Beginn des Arbeitsverhältnisses. Jedoch bestehen bereits vor Beginn des Arbeitsverhältnisses sog **vorvertragliche Schutzpflichten**, die sich aus dem allgemeinen Zivilrecht ableiten lassen, etwa, Bewerberinnen vor Diskriminierung im Sinne des Gleichbehandlungsgesetzes zu schützen. Nach Ende des Arbeitsverhältnisses **kann** die Fürsorgepflicht der Arbeitnehmerin **fortwirken**, soweit noch ein Zusammenhang mit dem Arbeitsverhältnis besteht, zB durch Auskunftsansprüche. Eine Ausprägung der Fürsorgepflicht stellt etwa die Verpflichtung für Arbeitgeberinnen dar, Arbeitnehmerinnen auch nach Ende des Arbeitsverhältnisses ein **Dienstzeugnis** auszustellen.

10.12 Welche Möglichkeiten haben Arbeitnehmerinnen, wenn die Arbeitgeberin die Fürsorgepflicht nicht achtet?

Ob Arbeitnehmerinnen bei Verstößen der Arbeitgeberin ein **klagbarer Anspruch** auf Erfüllung der Fürsorgepflicht durch die Arbeitgeberin zukommt, ist in der juristischen Literatur **sehr umstritten**. Wird jedoch in besonders gravierender Weise gegen die Fürsorgepflicht verstoßen, kann die Arbeitnehmerin ihre Arbeitsleistung verweigern, ohne einen Entlassungsgrund zu setzen. Zuvor müssen jedoch gelindere Mittel ergriffen werden, etwa die Arbeitgeberin auf den Missstand hinzuweisen und zum Handeln aufzufordern. Besteht jedoch eine **akute Gesundheitsgefährdung** und erscheinen gelindere Mittel zwecklos, können Arbeitnehmerinnen ihre **Leistung sofort verweigern**.

Ist die Fortsetzung des Arbeitsverhältnisses unzumutbar, etwa weil Arbeitnehmerinnenschutzbestimmungen verletzt oder Gefahr für die Gesundheit der Arbeitnehmerinnen besteht, ist eine Arbeitnehmerin grundsätzlich zum **vorzeitigen Austritt** aus dem Arbeitsverhältnis berechtigt. Auch in diesem Fall ist es jedoch zunächst nötig, die Arbeitgeberin zu einem rechtskonformen Verhalten aufzufordern bzw die Arbeitgeberin von der Gesundheitsgefährdung zu informieren, sodass die Arbeitgeberin der Fürsorgepflicht nachkommen bzw einen rechtskonformen Zustand herstellen kann.

Daneben bestehen **ggf Schadenersatzansprüche** der Arbeitnehmerin, sofern die allgemeinen Voraussetzungen des Schadenersatzrechts vorliegen und gegen die Fürsorgepflicht bzw gegen Arbeitnehmerinnenschutzbestimmungen verstoßen wurde.

Endigung des Dienstverhältnisses durch Ablauf der Zeit

Kapitel 11

11.1 Was ist ein befristetes Dienstverhältnis?

Befristet ist ein Dienstverhältnis dann, wenn es durch **Ablauf** der im Vertrag vereinbarten Zeit **automatisch endet**. Ein unbefristetes Dienstverhältnis ist allerdings der Regelfall. Eine Befristung **muss** daher **klar vereinbart** werden, ansonsten ist von einem unbefristeten Dienstverhältnis auszugehen.

Befristungen sind grundsätzlich am Beginn der Vertragslaufzeit zu vereinbaren. Nachträgliche Vereinbarungen einer Befristung sind nicht unzulässig. In derartigen Fällen ist jedoch oft fraglich, ob die Arbeitnehmerin auch tatsächlich damit einverstanden ist. Aufgrund der ungleichen Kräfteverteilung im Arbeitsverhältnis ist eine konkludente nachträgliche Vereinbarung einer Befristung nicht denkbar.

Beschäftigte in befristeten Dienstverhältnissen dürfen nicht diskriminiert werden. Dies regelt die europäische Richtlinie über befristete Arbeitsverträge (RL 1999/70 EG), die mit § 2b AVRAG umgesetzt wurde.

11.2 Welche Befristungen sind möglich?

Bei Befristungen geht es um den Ablauf einer bestimmten Zeitspanne. Wichtig im Zusammenhang mit der Befristung eines Arbeitsverhältnisses ist, dass für beide Parteien der Vereinbarung bestimmbar und transparent ist, wann nun die Beendigung eintritt. Die Vertragsparteien können die Auflösung des Arbeitsverhältnisses entweder kalendermäßig festlegen oder an einen (sicher eintretenden) **Zeitpunkt** in der Zukunft knüpfen. Dieser vereinbarte Endzeitpunkt **muss** aber **objektiv feststellbar sein** und darf nicht der Willkür der Arbeitgeberin unterliegen. Dies ist bspw bei Karenzvertretungen der Fall: Es endet die Tätigkeit im Rahmen der der Karenzvertretung, wenn die Karenz der abwesenden Arbeitnehmerin endet. Auch im Rahmen der Saisonarbeit endet das Arbeitsverhältnis „mit dem Ende der Saison".

Wenn der Eintritt eines bestimmten **Ereignisses** mit dem Ende des Dienstverhältnisses verknüpft werden soll, handelt es sich nicht um eine Befristung des Dienstverhältnisses, sondern um die **Vereinbarung einer auflösenden Bedingung**. Ein Dienstverhältnis, dass mit dem Erreichen des Pensionsalters enden soll, ist zwar unbefristet, aber steht unter einer auflösenden Bedingung.

Es gibt nur wenige gesetzlich vorgesehene Befristungen wie bei einem Lehrverhältnis (Berufsausbildungsgesetz [BAG]) oder dem TAG (Theaterarbeitsgesetz). Dort sind es sogar Ereignisse wie der Abschluss der Lehrausbildung oder das Ende der Spielzeit, die zum Ende des befristeten Vertragsverhältnisses führen. Da das Arbeitsverhältnis auf Seiten der Arbeitnehmerin die **Höchstpersönlichkeit** der Arbeitspflicht beinhaltet, endet das Vertragsverhältnis **automatisch durch** den **Tod der Arbeitnehmerin**. Man könnte sagen: Auch das ist eine Art von Befristung.

11.3 Kann während des befristeten Dienstverhältnisses gekündigt werden?

Nur bei Vereinbarung einer Kündigungsmöglichkeit während der Befristung ist eine Kündigung möglich, ansonsten bleibt das Arbeitsverhältnis bis zum Ende der Befristung bestehen.

Zulässig sind solche Kündigungsmöglichkeiten nur, wenn die **vorgeschrieben Kündigungstermine** und **Kündigungsfristen** eingehalten werden und auch ein **angemessenes Verhältnis** zwischen der Dauer der Befristung und der Kündigungsmöglichkeit besteht. Im Einzelfall ist eine **Beratung** bei der Gewerkschaft oder der Arbeiterkammer jedoch **anzuraten**, da die Rechtsprechung uneinheitlich ist.

Eine Beendigung durch Zeitablauf zieht nicht dieselben **Rechtsfolgen** wie eine Kündigung des Dienstverhältnisses nach sich. Eine Anfechtung der Beendigung ist – anders als bei der Kündigung – nach § 105 ArbVG etwa nicht möglich. Eine schriftliche Mitteilung über die Tatsache des (bevorstehenden) Ablaufs einer Befristung liefert für die Beschäftigte Klarheit, ist aber in der Regel nicht als Kündigung zu deuten.

11.4 Was versteht man unter Kettendienstverträgen und sind diese zulässig?

Unter dem Begriff Kettendienstvertrag werden **aneinandergereihte befristete Dienstverhältnisse** verstanden. Da die Aneinanderreihung von sachlich nicht begründeten befristeten Dienstverhältnissen zu einer Benachteiligung von befristet beschäftigten Arbeitnehmerinnen führt, wird eine derartige Praxis von der **Rechtsprechung als unzulässig angesehen**. Kettenarbeitsverhältnisse führen zum Wegfall dienstzeitabhängiger Ansprüche und von Regelungen zum Kündigungs- und Entlassungsschutz. Die unsachliche Zerlegung von Dienstverhältnissen in eine Kette von befristeten Dienstverhältnissen ist daher rechtswidrig. Auch einzelne Vertragsteile wie zB die Verwendung in einer höheren Position oder von Homeoffice-Vereinbarungen dürfen nicht mehrfach befristet werden, ohne dass eine sachliche Begründung vorliegt.

Es gibt allerdings einzelne gesetzliche Regelungen, die Kettendienstverhältnisse – entgegen das grundsätzliche Verbot – zulassen, etwa im universitären Bereich oder im ORF.

11.5 Unterliegen Befristungen einer Begründungspflicht?

Grundsätzlich ist keine Begründungspflicht für befristete Dienstverhältnisse vorgesehen. Dies gilt insbesondere für die erste Befristung. **Schutznormen** einzelner Gesetze können jedoch zu einer **Begründungspflicht durch die Arbeitgeberin** führen: Im **AÜG** ist für die Arbeitskräfteüberlassung eine Begründungspflicht bereits für die erste Befristung vorgesehen.

Im Falle des Eintritts einer Schwangerschaft während eines befristeten Arbeitsverhältnisses gibt es eine Spezialnorm im Mutterschutzgesetz (§ 10a **MschG**). Es kommt daher in der Regel durch den Eintritt der Schwangerschaft weder zu einem vorzeitigen Ende der Befristung noch zu einem unbefristeten Dienstverhältnis. Aufgrund dieser gesetzlichen Bestimmung tritt eine sogenannte **„Ablaufhemmung“** des befristeten Dienstverhältnisses ein. Das bedeutet, dass das Arbeitsverhältnis im Zeitraum von der Bekanntgabe der Schwangerschaft bis zum Beginn des absoluten Beschäftigungsverbotes (Mutterschutz) aufgrund der Befristung nicht enden kann. Diese Ablaufhemmung tritt jedoch nur dann ein, wenn keine sachliche Rechtfertigung für die Befristung vorliegt. In § 10a MSchG sind die Fälle der **sachlichen Rechtfertigung** einer Befristung **aufgezählt**: Neben der Möglichkeit, dass die Befristung im Interesse der Arbeitnehmerin liegt, kann eine Befristung auch mit einer Erprobung, der Vertretung einer abwesenden Arbeitnehmerin, saisonbedingt oder zu Ausbildungszwecken gerechtfertigt werden. Für das Argument der Erprobung ist es erforderlich, dass dies von der Arbeitgeberin zu Beginn des Arbeitsverhältnisses klargestellt wird.

Wird man jedoch im **Probemonat**, dh innerhalb des ersten Monates nach Beginn eines neuen Dienstverhältnisses, schwanger und gibt die Schwangerschaft bekannt, kommt diese Bestimmung der Ablaufhemmung nicht zum Tragen. Es wird das Dienstverhältnis nicht bis zum Beginn des absoluten Beschäftigungsverbotes verlängert. Wird das Dienstverhältnis im Probemonat jedoch nur deshalb aufgelöst, weil die Schwangerschaft bekannt gegeben wurde, besteht die Möglichkeit aufgrund einer **Diskriminierung wegen des Geschlechtes** gegen die Auflösung vorzugehen. Hier empfiehlt sich dringend und umgehend rechtliche Hilfe zu holen. § 10a MSchG

11.6 Müssen Befristungen immer sachlich gerechtfertigt werden können, um zulässig zu sein?

Während die erste Befristung eines Arbeitsverhältnisses grundsätzlich nicht gerechtfertigt werden muss, muss bereits die erste Verlängerung (also die zweite Befristung in Folge) **sachlich gerechtfertigt** werden. Als Rechtfertigung für eine mehrfache Befristung des Arbeitsverhältnisses kommen insb (soziale) Gründe auf Seiten der Arbeitnehmerin in Betracht (die Befristung also auf Wunsch der Arbeitnehmerin erfolgt, weil bei dieser eine schwierige soziale Situation vorliegt). Auch gewisse betriebswirtschaftliche Gründe (zB wiederkehrende jahreszeitliche Einflüsse oder ein Abwechslungsbedürfnis des Publikums bei künstlerischen Tätigkeiten) können eine **mehrfache Befristung** rechtfertigen, keine zulässige sachliche Rechtfertigung stellt es hingegen dar, wenn die Arbeitgeberin schlicht ihr wirtschaftliches Risiko auf die Arbeitnehmerinnen abwälzen will. Generell lässt sich sagen: Je öfter das Arbeitsverhältnis bereits befristet wurde, desto strenger ist der Maßstab, der an eine Rechtfertigung anzulegen ist.

Die Rechtsprechung zieht zur Beurteilung der Sachlichkeit der Befristung auch in anderen Fällen als der Schwangerschaft (siehe vorheriger Punkt) während eines befristeten Dienstverhältnisses die Gründe des § 10a MSchG heran, da es keinen anderen Katalog von Zulässigkeitsgründen gibt.

§§ 19 Abs 2 AngG, 1158 Abs 2 ABGB

11.7 Was versteht man unter einem Probearbeitsverhältnis?

Ein sog Probearbeitsverhältnis wird auch als „Arbeitsverhältnis auf Probe", „Probezeit" oder „Probemonat" bezeichnet und es wird mitunter zum **Zweck der gegenseitigen Erprobung** am Beginn des Dienstverhältnisses vereinbart. Ein solches Probearbeitsverhältnis zeichnet sich durch die Möglichkeit der **jederzeitigen fristlosen Beendigung für beide Seite** aus. Gemäß § 19 Abs 2 AngG ist es für maximal einen Monat möglich und startet am ersten Tag des Dienstverhältnisses.

Probearbeitsverhältnisse sind sowohl bei befristeten als auch unbefristeten Arbeitsverhältnissen unabhängig von dem Ausmaß der Arbeitszeit möglich. Für Arbeitnehmerinnen, die nicht dem AngG unterliegen, besteht in § 1158 Abs 2 ABGB eine gleichlautende Regelung. Das Probearbeitsverhältnis kann auch für freie Dienstnehmerinnen vereinbart werden.

11.8 Kann das Probearbeitsverhältnis vor Ablauf aufgelöst werden?

Die besondere Beendigung im Probearbeitsverhältnis muss jedenfalls innerhalb des ersten Monats stattfinden, sonst liegt kein Probearbeitsverhältnis mehr vor und es handelt sich bei sofortiger Beendigung um eine **unbegründete Entlassung** durch die Arbeitgeberin oder einen **unbegründeten vorzeitigen Austritt** durch die Angestellte.

11

Die Beendigung während der Probezeit wird als außerordentliche Kündigung angesehen. Eine besondere Form ist dafür nicht vorgesehen, aber aus Beweisgründen ist eine schriftliche Beendigung jedenfalls zu empfehlen. Wurde ein Probedienstverhältnis vereinbart, kann es auch vor Antritt des regulären Dienstverhältnisses beendet werden, ohne dass dadurch Schadenersatzansprüche ausgelöst würden.

Wenn ein gleichbehandlungsrechtlich **verpöntes Motiv** für die Beendigung im Probemonat vorliegt (zB Beendigung aufgrund einer Schwangerschaft), kann die Beendigung nach den Bestimmungen des GlBG angefochten werden. In anderen Fällen der vorzeitigen Beendigung kann Sittenwidrigkeit vorliegen, was eine **Anfechtung** der Beendigung nach § 105 ArbVG ermöglicht.

11.9 Gilt in jedem Arbeitsverhältnis zunächst immer ein Probemonat?

Grundsätzlich muss ein Probedienstverhältnis vereinbart werden, damit es zur Anwendung kommt. Gesetzlich ist kein „automatisches" Probemonat am Beginn eines Dienstverhältnisses vorgesehen. In einigen Kollektivverträgen ist allerdings auch die Geltung von solchen Probezeiten enthalten und muss daher nicht gesondert vereinbart werden.

Bei **Lehrverhältnissen** gilt eine Probezeit von **drei Monaten** bereits auf der Grundlage des Berufsausbildungsgesetzes (BAG) und muss daher nicht gesondert vereinbart werden.

11.10 Was ist ein bedingt abgeschlossenes Arbeitsverhältnis?

Im Zusammenhang mit bedingt abgeschlossenen Arbeitsverträgen ist zwischen **suspensiven** (aufschiebenden) und **resolutiven** (auflösenden) **Bedingungen** zu unterscheiden. Bei Vereinbarung einer aufschiebenden Bedingung soll der Arbeitsvertrag erst mit dem Eintritt eines in der Zukunft liegenden Ereignisses zu laufen beginnen. Häufig ist eine derartige Vereinbarung aber sittenwidrig, weil die Arbeitnehmerin während des „Wartens" auf den Bedingungseintritt und damit den Laufzeitbeginn des Arbeitsverhältnisses keiner anderen Arbeit nachgehen kann. Deutlich häufiger ist die Vereinbarung einer auflösenden Bedingung, bei der die Beendigung des Arbeitsverhältnisses vom Eintritt einer Bedingung abhängig gemacht wird. Auch im Hinblick auf die auslösende Bedingung bestehen jedoch Grenzen: Handelt es sich um eine völlig unsichere, in der Zukunft liegende Bedingung, deren Eintritt bzw der Zeitpunkt ihres Eintritts überhaupt nicht abgesehen werden kann, so ist eine entsprechende Abrede unwirksam.

11.11 Wo im Gesetz finden sich die Regelungen zur einvernehmlichen Auflösung eines Arbeitsverhältnisses?

Es gibt keine ausdrückliche Regelung im Gesetz zur einvernehmlichen Auflösung eines Arbeitsverhältnisses. Die **Zulässigkeit** einer einvernehmlichen Auflösung ergibt sich aus den **allgemeinen Regeln des Vertragsrechts**.

Im Unterschied zur Kündigung können bei einer einvernehmlichen Auflösung des Arbeitsverhältnisses auch – aus Arbeitnehmerinnensicht – nachteilige Regelungen von den Vertragsparteien getroffen werden. So sind bspw die Auswirkungen einer einvernehmlichen Lösung auf **Konkurrenzklauseln** mit zeitlicher Wirkung über das Dienstverhältnis hinaus oder auf Vereinbarungen über einen **Ausbildungskostenrückersatz** nicht zu unterschätzen. Sie gelten automatisch bei einvernehmlichen Lösungen, wenn sie nicht ausgeschlossen werden.

Häufig wird auch eine bereinigende Wirkung mit dem Abschluss der einvernehmlichen Lösung bezweckt. Vor dem Abschluss der einvernehmlichen Lösung sollten sich die Vertragsparteien also Gedanken darüber machen, welche Ansprüche noch offen sind oder auch strittig sein könnten, wie zB offen Überstunden. Je mehr im Vorfeld einer einvernehmlichen Auflösung des Arbeitsverhältnisses zwischen den Arbeitsvertragsparteien besprochen wird, desto weniger Streitigkeiten über den Inhalt sind im Nachgang zu erwarten.

Keine einvernehmliche Lösung liegt vor, wenn nur die Entgegennahme einer Kündigung schriftlich bestätigt wird. Ebenso bleibt es bei einer Kündigung, wenn nach dem Ausspruch der Kündigung einvernehmlich die Kündigungsfrist verkürzt wird.

Die **rechtliche Prüfung** einer einvernehmlichen Lösung vor der Unterzeichnung ist der einzige wirksame Schutz vor dem Verlust von Rechten und Ansprüchen und daher **immer anzuraten**. Bei Abschluss einer einvernehmlichen Lösung geht nämlich auch ein mögliches Anfechtungsrecht gegen eine arbeitgeberinnenseitige Kündigung verloren.

11.12 Was ist bei der einvernehmlichen Lösung bei besonderem Kündigungsschutz zu beachten?

Auch beim Vorliegen von besonderem Kündigungs- oder Entlassungsschutz gibt es die Möglichkeit einer einvernehmlichen Auflösung des Arbeitsverhältnisses. In Bereichen, in denen ein besonderer Kündigungsschutz vorgesehen ist, muss bei einvernehmlichen Lösungen darauf geachtet werden, dass die betroffene Arbeitnehmerin diesen Schutz nicht leichtfertig aufgibt. Daher enthalten solche Schutznormen oft auch Vorgaben für einvernehmliche Lösungen, die zur Rechtswirksamkeit der vereinbarten Beendigung eingehalten werden müssen.

So gilt bei einvernehmlichen Lösungen während des Sonderschutzes des **MSchG** oder **VKG** (Väter-Karenzgesetz) ein **Schriftlichkeitsgebot**. Für Lehrlinge sieht das **BAG** eine Bescheinigung über die **Beratung** zum Sonderschutz vor. Auch bei Beendigung im Zusammenhang mit Präsenz-, Ausbildungs- oder Zivildienst ist für die Rechtswirksamkeit der einvernehmlichen Lösung die Einhaltung der Schriftform sowie eine Bescheinigung über die erfolgte Belehrung nötig.

11.13 Wird eine einvernehmliche Auflösung des Arbeitsverhältnisses nur nach Beratung durch den Betriebsrat wirksam?

Eine einvernehmliche Auflösung des Arbeitsverhältnisses ist nicht von einer Beratung durch den Betriebsrat abhängig. Es besteht jedoch gem § 104a ArbVG die **Möglichkeit zur Mitwirkung des Betriebsrats**, wenn eine Arbeitnehmerin bei Gesprächen über eine einvernehmliche Lösung von der Arbeitgeberin nachweislich die Beratung durch den Betriebsrat verlangt. Durch dieses Verlangen wird eine **zweitägige Sperrfrist** (laut Gesetz zwei Arbeitstage) ausgelöst, innerhalb derer die einvernehmliche Lösung nicht rechtswirksam vereinbart werden kann. Wird dennoch innerhalb der zweitägigen Sperrfrist eine einvernehmliche Lösung abgeschlossen, ist Folgendes zu beachten:

Einerseits muss zwingend innerhalb einer Woche nach Abschluss einer solchen rechtsunwirksamen Vereinbarung von der Arbeitnehmerin schriftlich interveniert werden, dass die einvernehmliche Lösung nicht rechtswirksam zustande gekommen ist. Andererseits muss ebenso zwingend, auch innerhalb von drei Monaten nach Ablauf der zweitägigen Sperrfrist, bei Gericht die Rechtsunwirksamkeit geltend gemacht werden.

Zusammenfassend ist es in der Praxis so, dass viele einvernehmliche Lösungen von Betriebsratskörperschaften begleitet werden. Die Sperrfrist und ihre möglichen Auswirkungen sind tatsächlich nur selten in Anwendung.

11.14 Welche Möglichkeiten haben Arbeitnehmerinnen, wenn sie zu einer einvernehmlichen Auflösung des Arbeitsverhältnisses gedrängt wurden?

Leider gibt es in der Praxis immer wieder **einvernehmliche Auflösungen** des Arbeitsverhältnisses, die auf Drängen der Arbeitgeberin sofort und ohne vorherige rechtliche Beratung abgeschlossen werden. Meist ist dies dann mit Nachteilen für die betroffenen Arbeitnehmerinnen verbunden. Oft stellt sich daher die Frage, wie man eine bereits vereinbarte einvernehmliche Auflösung des Arbeitsverhältnisses wieder aus der Welt schaffen kann.

Tatsächlich gibt es in derartigen Fällen nur die Möglichkeit der Anfechtung der eigenen Willenserklärung der Arbeitnehmerin. Bei der Anfechtung können als Gründe Irrtum, List und Gewalt ins Treffen geführt werden.

- **Irrtum**: Ein Irrtum ist eine falsche Vorstellung von der Wirklichkeit, anfechtbar ist die Willenserklärung dann, wenn der Irrtum beachtlich ist, also entweder vom Gegenüber veranlasst wurde, diesem der Irrtum hätte auffallen müssen oder der Irrtum rechtzeitig aufgeklärt wurde;
- **List**: Unter List versteht man eine bewusste Täuschung des Gegenübers, wenn der Arbeitnehmerin etwa falsche Tatsachen vorgespielt werden und die Arbeitnehmerin unter dem Eindruck der Täuschung eine Willenserklärung abgibt;
- **Gewalt**: Die Willenserklärung (zB Zustimmung zur einvernehmlichen Auflösung des Arbeitsverhältnisses) der Arbeitnehmerin kommt nur aufgrund einer Drohung oder durch Zwang zustande, die Willenserklärung wird also nicht frei abgegeben

Die Androhung einer Entlassung für den Fall, dass der einvernehmlichen Auflösung des Arbeitsverhältnisses seitens der Arbeitnehmerin nicht zugestimmt wird, ist allerdings nicht rechtswidrig, wenn zum Zeitpunkt der Androhung der Entlassung plausible und objektive Gründe für den Ausspruch einer Entlassung vorgelegen haben.

Kündigung

Kapitel 12

12.1 Was versteht man unter einer Kündigung?

Bei einer Kündigung handelt es sich um die **einseitige Auflösung** eines Dienstverhältnisses unter Einhaltung von **Fristen** und **Terminen**. Dafür bedarf es einer **Willenserklärung** einer Arbeitsvertragspartei, die dann der anderen Arbeitsvertragspartei zugehen muss.

Die bloße Ankündigung, in der Zukunft eine Kündigung aussprechen zu wollen, ist selbst noch keine Kündigung und löst daher noch keinen Fristenlauf aus. Auch eine Dienstfreistellung, also der Verzicht der Arbeitgeberin auf die Arbeitsleistung der Arbeitnehmerin, allein ist noch kein Ausspruch einer Kündigung. Im **Unterschied** dazu stellt die **einvernehmliche Auflösung** des Arbeitsverhältnisses ein zweiseitiges Rechtsgeschäft dar – Arbeitgeberin und Arbeitnehmerin kommen also überein, das Arbeitsverhältnis zu beenden.

Bei der **Entlassung** (durch die Arbeitgeberin) oder dem **vorzeitigen Austritt** (der Arbeitnehmerin) handelt es sich zwar ebenfalls um einseitige Formen der Beendigung eines Arbeitsverhältnisses, dabei müssen aber – anders als bei der Kündigung – keine Fristen eingehalten werden.

Bei einem befristeten Arbeitsverhältnis erfolgt die Beendigung durch Zeitablauf oder ein bestimmtes Ereignis, das im Dienstvertrag vereinbart wurde.

12.2 Welche Kündigungsfrist muss die Arbeitgeberin einhalten?

§ 20 Abs 2 AngG

Das Gesetz sieht eine mit der Zahl der Dienstjahre der Arbeitnehmerin (bei derselben Arbeitgeberin) ansteigende Kündigungsfrist vor, wobei die Kündigungsfrist stets mit dem Tag des Ausspruchs der Kündigung zu laufen beginnt:

- Die Kündigungsfrist für Arbeitgeberinnen beträgt **sechs Wochen** in Arbeitsverhältnissen, die noch nicht zwei volle Jahre gedauert haben.
- Nach dem vollendeten zweiten Jahr des Dienstverhältnisses beträgt die Kündigungsfrist für Arbeitgeberinnen **zwei Monate (acht Wochen)**.
- Nach Ablauf von fünf Dienstjahren beträgt die Kündigungsfrist für Arbeitgeberinnen **drei Monate**.
- Nach Ablauf von 15 Dienstjahren beträgt die Kündigungsfrist für Arbeitgeberinnen **vier Monate**.
- Hat die Arbeitnehmerin bereits 25 Dienstjahre zurückgelegt, beträgt die Kündigungsfrist für Arbeitgeberinnen **fünf Monate**.

Während der Kündigungsfrist läuft das Arbeitsverhältnis trotz ausgesprochener Kündigung bis zum Enddatum weiter – die Arbeitnehmerin muss also ihre Arbeitsleistung weiter erbringen und erhält dafür Entgelt von der Arbeitgeberin.

Beispiel
Das Dienstverhältnis hat am 02.12.2019 begonnen. Die Dienstgeberin spricht die Kündigung am 02.12.2024 aus. Am Tag des Ausspruchs der Kündigung sind bereits volle fünf Jahre Dienstzeit zurückgelegt worden und daher sind drei Monate Kündigungsfrist einzuhalten, während derer das Arbeitsverhältnis weiterläuft.

§ 20 Abs 4 AngG

12.3 Welche Kündigungsfrist müssen Arbeitnehmerinnen einhalten?

Gesetzlich ist vorgesehen, dass von der Arbeitnehmerin nur eine **einmonatige Frist zum Letzten des Kalendermonats** bei der Kündigung einzuhalten ist – anders als bei der Kündigung durch die Arbeitgeberin spielt die Zahl der bereits zurückgelegten Dienstjahre hier keine Rolle. Allerdings kann vertraglich vereinbart werden, dass die Dienstnehmerin eine gleich lange Frist wie die Arbeitgeberin einzuhalten hat. Es ist also durchaus möglich, die gesetzlich vorgesehene Frist zu verlängern. Dabei darf die Arbeitnehmerin jedoch nicht schlechtergestellt werden als die Arbeitgeberin. Das bedeutet, dass die arbeitnehmerinnenseitige Kündigungsfrist nicht länger sein darf als jene Frist, die die Arbeitgeberin im Zusammenhang mit der Kündigung einzuhalten hat.

12.4 Was versteht man unter einem Kündigungstermin und welche Kündigungstermine sind im AngG vorgesehen?

12

Während die Kündigungsfrist die Zeitspanne zwischen dem Ausspruch der Kündigung und dem Ende des Arbeitsverhältnisses beschreibt, handelt es sich beim Kündigungstermin um das Enddatum des Arbeitsverhältnisses. Für die **Kündigung durch die Arbeitgeberin** ist grundsätzlich das **Quartalsende**, also das Kalendervierteljahr, als Termin vorgesehen. Durch Kollektiv- oder Einzelvertrag kann der Kündigungstermin auf den letzten Tag des Kalendermonats und/oder auf den 15. des Monats erweitert werden.

Aufseiten der Arbeitnehmerinnen ist als Termin aufgrund des Angestelltengesetzes der Letzte des Monats festgeschrieben. Durch vertragliche Vereinbarung ist jedoch auch in diesem Fall eine Ausweitung auf den 15. des Monats möglich.

Beispiel
Die bereits seit drei Jahren im selben Unternehmen beschäftigte Arbeitnehmerin Y will so schnell wie möglich ihr Arbeitsverhältnis durch Kündigung beenden. In ihrem Arbeitsvertrag ist geregelt, dass sie die gleiche Kündigungsfrist wie die Arbeitgeberin einzuhalten hat, und für beide Seiten ist eine Kündigungsmöglichkeit zum 15. und Letzten des Monats vereinbart. Am 8. Juli spricht die Arbeitnehmerin Y ihrer Arbeitgeberin die Kündigung aus.

Da Y länger als zwei Jahre im selben Unternehmen beschäftigt ist, beträgt die Kündigungsfrist zwei Monate. Das ergibt den 8. September als errechnetes Enddatum (8. Juli plus zwei Monate) – der nächstmögliche Kündigungstermin ist der 15. September, da im Arbeitsvertrag die Kündigung zum 15. des Monats vereinbart worden ist. Daher endet das Arbeitsverhältnis am 15. September.

12.5 Muss eine Kündigung begründet werden?

Grundsätzlich muss eine Kündigung weder von Arbeitnehmerinnen- noch von Arbeitgeberinnenseite begründet werden. Das österreichische Arbeitsrecht ist in diesem Punkt ausgesprochen liberal ausgestaltet.

Da allerdings bestimmte Kündigungsgründe der Arbeitgeberin in einem Kündigungsanfechtungsverfahren eine große Rolle spielen können, wurde mit § 15 AVRAG eine neue Bestimmung eingeführt, die **für die Arbeitnehmerin das Einfordern einer Begründung zu einem Rechtsanspruch** macht. Innerhalb von fünf Kalendertagen ab dem Ausspruch der Kündigung kann die Arbeitnehmerin schriftlich von der Arbeitgeberin eine Begründung für die Kündigung in jenen Fällen verlangen, in denen die Kündigung mit der Forderung der Dienstnehmerin zur Ausstellung eines Dienstzettels (§ 2 AVRAG), einer Mehrfachbeschäftigung (§ 2i AVRAG), einer Bezahlung einer Ausbildungsmaßnahme (§ 11b AVRAG), der Herabsetzung der Normalarbeitszeit wegen nicht nur vorübergehender Betreuungspflichten (§ 14 Abs 1 Z 2 AVRAG), Pflegekarenz (§ 14c AVRAG) oder Pflegeteilzeit (§ 14d AVRAG) in Verbindung stehen könnte. Die Arbeitgeberin muss dann binnen weiterer fünf Kalendertage schriftlich eine Begründung abgeben.

12.6 In welcher Form ist eine Kündigung vorzunehmen und wie sollte die Kündigung am besten übermittelt werden?

Eine Kündigung ist eine zwar einseitige, jedoch **empfangsbedürftige Willenserklärung**. Damit die Kündigung wirksam wird, muss sie also nachweislich bei der anderen Arbeitsvertragspartei einlangen.

Grundsätzlich ist eine Kündigung an **keine Form** gebunden und kann daher **mündlich oder schriftlich** in unterschiedlichen Formen als postalisches Schreiben, aber auch per E-Mail, SMS oder WhatsApp übermittelt werden. Mitunter ist im Kollektivvertrag oder im Arbeitsvertrag Schriftlichkeit vereinbart. In einem solchen Fall ist nur eine schriftliche Kündigung rechtswirksam.

Durch konkludente Handlungen kann zumeist keine wirksame Kündigung ausgesprochen werden. Wenn die Arbeitnehmerin zB nicht mehr bei der Arbeit erscheint, ist das noch nicht als Kündigung zu werten. Auch das bloße Abmelden der Arbeitnehmerin bei der Sozialversicherung stellt noch keine Kündigung dar. Im Fall der Übersendung der Arbeitspapiere hat die Rechtsprechung aber eine konkludent ausgesprochene Kündigung angenommen. Es muss also immer im **Einzelfall der Erklä-**

rungswert der jeweils vorgenommenen Handlungen oder getätigten Aussagen **geprüft** werden. So ist beim Auslegen des Inhalts einer Erklärung grundsätzlich maßgeblich, wie die Empfängerin aus objektiver Sicht die Erklärung verstehen musste. Undeutliche Äußerungen muss die Erklärende gegen sich gelten lassen.

Um den Zugang des Kündigungsausspruchs beim arbeitsvertraglichen Gegenüber beweisen zu können, was für das Einhalten der Frist einer Kündigung oft von Bedeutung ist, ist es zu empfehlen, Kündigungen schriftlich abzufassen. Eine **Übersendung per Einschreiben** oder die **persönliche Übergabe mit Bestätigung** der Entgegennahme sind die sichersten Arten der Übermittlung. In allen anderen Fällen, auch bei der Übermittlung von E-Mails, ist es oft schwierig zu beweisen, dass die Kündigungserklärung in den Machtbereich der Vertragspartnerin gelangt ist.

Bei bekannter Ortsabwesenheit geht ein Schreiben erst mit der Rückkehr zu, das Risiko trägt dann die Absenderin der Erklärung. Einschreiben gehen mit dem frühestmöglichen Zeitpunkt der Abholung zu; die Vereitelung der Annahme der Erklärung durch die Empfängerin führt dazu, dass sie als zugestellt gilt.

Arbeitnehmerinnen sind nicht verpflichtet, laufend ihre E-Mails, SMS oder WhatsApp-Nachrichten abzurufen. Die Absenderin der Kündigungserklärung trägt somit das Risiko, dass die über derartige Kanäle übermittelten Nachrichten erst später zugehen.

12.7 Kann eine Kündigung einseitig zurückgenommen werden?

Nein, die einseitige Zurücknahme einer Kündigung ist nicht möglich – die **Erklärung wird mit dem Zugang wirksam**. Eine schon ausgesprochene Kündigung kann dann nur mehr einvernehmlich, also durch eine beidseitige Vereinbarung zurückgenommen werden.

12.8 Muss man über Fehler in der Kündigungserklärung der anderen Seite aufklären?

Nein, über Fehler in der Erklärung muss die Vertragspartnerin nicht aufgeklärt werden. Wenn die Arbeitgeberin zB eine zu kurze Kündigungsfrist wählt oder auf andere Weise die Fristen und Termine der Kündigung nicht eingehalten werden, ist die Arbeitnehmerin nicht verpflichtet, darauf aufmerksam zu machen. Das ergibt sich auch nicht aus der Treuepflicht.

Fehlerhafte Kündigungen können nur sofort von der Kündigung erklärenden Arbeitsvertragspartei korrigiert werden.

12.9 Was versteht man unter einer zeitwidrigen Kündigung und welche Auswirkungen hat eine solche?

Zeitwidrig bzw frist- und/oder terminwidrig ist eine Kündigung dann, wenn entweder die vereinbarten bzw die gesetzlich vorgegebenen Mindeststandards der Kündigungsfristen oder der Kündigungstermin nicht eingehalten wurden. Die Kündigung ist dann zwar gültig ausgesprochen – das Arbeitsverhältnis ist also beendet –, führt aber zu **Schadenersatzansprüchen** jener Arbeitsvertragspartei, gegen die die Kündigung gerichtet war. Die Folgen sind mit denen einer ungerechtfertigten Entlassung oder eines unberechtigten vorzeitigen Austritts vergleichbar.

12.10 Kann eine Kündigung während des Krankenstands der Arbeitnehmerin ausgesprochen werden?

Ja, auch während des Krankenstandes der Arbeitnehmerin kann von der Arbeitgeberin eine Kündigung ausgesprochen werden – eine **Dienstverhinderung** steht einem Kündigungsausspruch **nicht entgegen**.

Ein schon zum Kündigungszeitpunkt aufrechter Krankenstand, der über den Beendigungstermin hinaus andauert, kann aber die Auswirkung haben, dass bei offenen Ansprüchen auf **Entgeltfortzahlung** aus dem Krankenstand das Dienstverhältnis so lange aufrecht bleibt, bis das im Krankheitsfall fortzuzahlende Entgelt durch die Arbeitgeberin vollständig ausbezahlt wurde. Wenn die Arbeitnehmerin jedoch erst nach dem Ausspruch der Kündigung erkrankt, hat dies keine Auswirkung auf die Dauer des Dienstverhältnisses.

12.11 Was passiert während der Kündigungsfrist?

Das Dienstverhältnis befindet sich zwar in einem gekündigten Zustand, aber die **gegenseitigen Rechte und Pflichten gelten** noch bis zum Ende der Kündigungsfrist. Die Arbeitgeberin ist also zur Leistung des Entgelts und die Arbeitnehmerin zur Erbringung der Arbeitsleistung verpflichtet.

Häufig wird von Arbeitgeberinnenseite eine **Dienstfreistellung** während der Kündigungsfrist ausgesprochen. Dies stellt – wie die Kündigung selbst – eine einseitige Erklärung dar und entbindet die Arbeitnehmerin von der Verpflichtung zur Erbringung der Arbeitsleistung. Die Arbeitgeberin hat aber weiterhin das Entgelt zu leisten, und zwar in jener Höhe, in der das Entgelt auch zu leisten gewesen wäre, wenn die Arbeitnehmerin weiterhin gearbeitet hätte, die Freistellung also nicht erfolgt wäre.

Die Kündigung hat keine Auswirkung auf den bereits vereinbarten Verbrauch von Urlaub. Dieser kann weiterhin angetreten werden.

12.12 Was ist eine Änderungskündigung und ist eine solche überhaupt zulässig?

Bei der Änderungskündigung geht es darum, dass die **Auflösung** des Arbeitsverhältnisses an die **Bedingung** geknüpft wird, dass eine **Änderung des Vertrags** von der gekündigten Seite abgelehnt wird („Entweder Sie akzeptieren, künftig weniger Entgelt zu bekommen, oder ich kündige den Arbeitsvertrag!"). Nimmt die Vertragspartnerin die Änderung des Vertrags, zB ein geringeres Entgelt oder eine Versetzung, an, kommt es nicht zu einer Beendigung. Da der Eintritt der Bedingung in der Macht der gekündigten Arbeitsvertragspartei liegt, ist diese Konstruktion rechtlich zulässig.

Betriebsverfassungsrechtliche Regelungen wie § 101 ArbVG bei einer verschlechternden Versetzung sind aber trotzdem einzuhalten. Eine Änderungskündigung stellt nach der Rechtsprechung auch keine verpönte Motivkündigung dar, die gemäß § 105 ArbVG angefochten werden könnte.

12.13 Was ist eine Teilkündigung und wie unterscheidet sie sich von der Änderungskündigung?

Von der Änderungskündigung zu unterscheiden ist die Teilkündigung. Bei der Teilkündigung soll nur ein **Teil des Vertrags** gekündigt werden. In den meisten Fällen ist dies rechtlich unzulässig. Die Teilkündigung ist nur dann **möglich**, wenn es sich um eine **Vertragsbestimmung** handelt, die **nicht den Kernbereich des Arbeitsvertrags** betrifft. Selbstständige Anhänge zum Vertrag, die zB später abgeschlossen wurden, oder eigenständige weitere Verträge wie zB ein Geschäftsführervertrag können gekündigt werden, ohne den gesamten Arbeitsvertrag in ein rechtliches Ungleichgewicht zu bringen – weil es sich dabei nicht um Fragen des arbeitsvertraglichen Kernbereichs handelt. Manche Teilkündigungen wie etwa bei Telearbeitsvereinbarungen (§ 2h Abs 4 AVRAG – gesetzliches Rücktrittsrecht aus wichtigem Grund) sind gesetzlich vorgesehen. Von Teil- oder Änderungskündigung weiters zu unterscheiden ist ein Widerruf einer mit Widerrufsvorbehalt vereinbarten Überstundenpauschale.

12.14 Gibt es Arbeitnehmerinnengruppen, die einem besonderen Kündigungsschutz unterliegen?

Aufgrund der **besonderen Vulnerabilität** von bestimmten Arbeitnehmerinnen, sei es aufgrund ihrer Gesundheit oder aufgrund ihres Status im Betrieb, wurden gesetzliche Bestimmungen erlassen, welche eine Kündigung ohne Zustimmung von Gerichten oder Behörden rechtsunwirksam machen. In diesem Punkt erfolgt nur eine beispielhafte Aufzählung von besonders bestandsgeschützten Dienstverhältnissen:

So normiert das **Mutterschutzgesetz**, dass Frauen während der Schwangerschaft und vier Monate nach der Entbindung ohne Zustimmung des Gerichtes nicht gekündigt werden können. Bei Inanspruchnahme einer gesetzlichen Karenz nach dem Mutterschutzgesetz oder für Väter nach dem **Väterkarenzgesetz** kann das Dienstverhältnis nach Ende der gesetzlichen Karenz bis zum Ablauf von vier Wochen nur bei Vorliegen von Gründen und nur über Zustimmung des Gerichtes aufgelöst werden. Befindet sich der Vater oder die Mutter in einer gesetzlichen Elternteilzeit, kann das Dienstverhältnis bis vier Wochen nach dem vierten Geburtstag des Kindes ebenso nur mit Zustimmung des Gerichtes gekündigt werden.

Eine Arbeitnehmerin, der ein Behindertenstatus von 50 Prozent behördlich zuerkannt wurde, kann nur gekündigt werden, wenn der Behindertenausschuss befasst wurde und die gesetzlich normierten Kündigungsgründe nach dem **Behinderteneinstellungsgesetz** (§ 8 BEinstG) auch tatsächlich gegeben sind. Ebenso können **aktive Betriebsrätinnen nur** gekündigt werden, wenn einerseits die in § 121 ArbVG aufgezählten Gründe vorliegen und andererseits, wenn die gerichtliche Zustimmung zur Kündigung vorliegt.

12.15 Welche Rolle kommt dem Betriebsrat im Zusammenhang mit der Kündigung zu?

§ 105 ArbVG

Die Arbeitgeberin hat den Betriebsrat vor der geplanten Kündigung einer Arbeitnehmerin zu **verständigen**, und sie hat mit dem Betriebsrat auf dessen Verlangen hin innerhalb einer Frist von einer Woche darüber zu **beraten**. Der **Betriebsrat kann** innerhalb einer Woche zur beabsichtigten Kündigung **Stellung nehmen**. Eine vor Ablauf dieser Frist ausgesprochene Kündigung ist rechtsunwirksam, es sei denn, der Betriebsrat hat eine Stellungnahme bereits abgegeben. Wird die Kündigung ausgesprochen, ist der Betriebsrat auch darüber zu verständigen.

Die Stellungnahme durch den Betriebsrat kann entweder in Form einer Zustimmung zur Kündigung abgegeben werden. Dann ist eine Anfechtung nur wegen eines verpönten Motivs, nicht aber wegen Sozialwidrigkeit der Kündigung, möglich.

Der **Betriebsrat** kann der Kündigung auch **widersprechen**. Dann kann der Betriebsrat auf Verlangen der betroffenen Arbeitnehmerin binnen einer Woche ab Verständigung über den Ausspruch der Kündigung die Kündigung für die betroffene Arbeitnehmerin bei Gericht anfechten. Macht der Betriebsrat von der Berechtigung zur Anfechtung der Kündigung keinen Gebrauch oder fehlt die Aufforderung zur Anfechtung durch die betroffene Arbeitnehmerin, geht das Anfechtungsrecht auf die Arbeitnehmerin über und sie kann binnen weiterer zwei Wochen die Kündigungsanfechtungsklage selbst einbringen.

Nimmt der **Betriebsrat** die Kündigung **zur Kenntnis**, widerspricht der Betriebsrat der Kündigung also nicht oder stimmt der Kündigung nicht ausdrücklich zu (eine Stellungnahme des Betriebsrates kann also auch darin bestehen, keine Stellungnahme abzugeben), dann hat die betroffene Arbeitnehmerin binnen zwei Wochen ab Zugang der Kündigung die Möglichkeit, die Kündigung selbst wegen Vorliegens von

12

Sozialwidrigkeit oder eines verpönten Motivs selbst anzufechten. Ziel der Kündigungsanfechtung ist die Weiterbeschäftigung im Betrieb.

12.16 In welcher Form muss eine Kündigung dem Betriebsrat mitgeteilt werden und in welcher Form muss dieser eine Stellungnahme dazu abgeben?

Das Gesetz enthält **keine Formvorschrift**, wie die Verständigung bzw die Stellungnahme des Betriebsrates gestaltet sein muss. Es kann somit die Verständigung, aber auch die Stellungnahme des Betriebsrates in jeder Form und somit auch mündlich erstattet werden, was aus Beweisgründen, vor allem in Hinblick auf den Beginn und das Ende des Fristenlaufes, jedoch nicht zu empfehlen ist.

§ 105 Abs 3 ArbVG

12.17 Aus welchen Gründen kann eine Kündigung angefochten werden?

Das Gesetz sieht eine Reihe von Anfechtungsgründen vor. Dabei ist zwischen der Anfechtung der Kündigung wegen eines verpönten Motivs und wegen Sozialwidrigkeit zu unterscheiden.

Die Kündigung kann beim Gericht wegen eines **verpönten Motivs** angefochten werden, wenn die Kündigung aus einem der nachfolgenden Gründe erfolgt ist:

- wegen des Beitrittes oder der Mitgliedschaft der Arbeitnehmerin zu Gewerkschaften;
- wegen ihrer Tätigkeit in Gewerkschaften;
- wegen Einberufung der Betriebsversammlung durch die Arbeitnehmerin;
- wegen der Tätigkeit der Arbeitnehmerin als Mitglied des Wahlvorstandes, einer Wahlkommission oder als Wahlzeugin;
- wegen einer Bewerbung der Arbeitnehmerin um eine Mitgliedschaft im Betriebsrat oder wegen einer früheren Tätigkeit im Betriebsrat;
- wegen einer Tätigkeit der Arbeitnehmerin als Mitglied der Schlichtungsstelle;
- wegen der Tätigkeit der Arbeitnehmerin als Sicherheitsvertrauensperson, Sicherheitsfachkraft oder Arbeitsmedizinerin, als arbeitsmedizinischer Fachdienst oder als Fach- oder Hilfspersonal von Sicherheitsfachkräften oder Arbeitsmedizinerinnen;
- wegen der bevorstehenden Einberufung des Arbeitnehmers zum Präsenz- oder Ausbildungsdienst oder Zuweisung zum Zivildienst;
- wegen der offenbar nicht unberechtigten Geltendmachung von der Arbeitgeberin infrage gestellter Ansprüche aus dem Arbeitsverhältnis durch die Arbeitnehmerin;
- wegen ihrer Tätigkeit als Sprecherin gemäß § 177 Abs 1 ArbVG (besonderes Verhandlungsgremium).

12

Wegen **Sozialwidrigkeit** kann die Kündigung angefochten werden, wenn die Kündigung sozial ungerechtfertigt und die gekündigte Arbeitnehmerin bereits sechs Monate im Betrieb oder Unternehmenbeschäftigt ist. Sozial ungerechtfertigt ist eine Kündigung, die wesentliche Interessen der Arbeitnehmerin beeinträchtigt (darunter sind insb die finanzielle Angewiesenheit auf die bisherige Stelle, das Vorliegen von Sorgepflichten für Angehörige und Unterhaltsansprüche sowie das Alter der Arbeitnehmerin bzw ihre langjährige Zugehörigkeit zum Betrieb zu verstehen), es sei denn, die Betriebsinhaberin erbringt den Nachweis, dass die Kündigung begründet ist

- durch Umstände, die in der Person der Arbeitnehmerin gelegen sind und die betrieblichen Interessen nachteilig berühren oder
- durch betriebliche Erfordernisse, die einer Weiterbeschäftigung der Arbeitnehmerin entgegenstehen.

Im Zusammenhang mit der **Anfechtung einer Kündigung** bzw dem Vorliegen von Anfechtungsgründen ist es jedenfalls sinnvoll, sich **umfassend beraten** zu lassen!

12.18 Wird das Dienstverhältnis automatisch mit dem Antritt der Pension beendet?

Auch mit dem Antritt der gesetzlichen Alterspension wird das Dienstverhältnis nicht automatisch beendet. Grundsätzlich endet ein Dienstverhältnis also nicht ohne eine **Beendigungserklärung**, selbst wenn der Pensionsstichtag erreicht ist. Nur wenn im Vertrag das Erreichen des Pensionsalters als eine auflösende Bedingung vorgesehen ist, endet das Dienstverhältnis durch Eintritt dieser Bedingung. Oft wird dies im Rahmen von Altersteilzeitvereinbarungen so festgelegt.

Es ist einerseits durchaus möglich, über den Pensionsstichtag hinaus auch bei dem Erreichen der Alterspension weiterzuarbeiten, ohne die Pension anzutreten. Andererseits kann auch während eines unbefristeten Dienstverhältnisses die Alterspension angetreten werden und weiterhin (parallel zum Bezug der Pension) gearbeitet werden.

Wenn nun das Erreichen des Stichtages der Alterspension das Dienstverhältnis nicht automatisch beendet, bedarf es einer Beendigung für den Fall, dass nicht parallel zur Pension das Dienstverhältnis aufrecht bleiben soll. Hier bestehen die auch sonst üblichen Möglichkeiten: Die Arbeitnehmerin kann das Arbeitsverhältnis kündigen, die Arbeitgeberin kündigt oder es kommt zu einer einvernehmlichen Beendigung des Arbeitsverhältnisses.

12.19 Was ist ein Dienstverhältnis für vorübergehenden Bedarf?

§ 20 Abs 5 AngG

§ 20 Abs 5 AngG enthält eine Regelung, die besonders den Bedürfnissen der Arbeitgeberin bei **kurzfristigen Beschäftigungen** von Aushilfskräften entgegenkommen soll. Die Arbeitgeberin kann in derartigen Fällen das **Dienstverhältnis leichter lö-**

sen, und zwar unter Einhaltung einer nur einwöchigen Frist. Diese Form der Beendigung ist allerdings nur während des ersten Monats des Dienstverhältnisses möglich.

Tatsächlich ist das Dienstverhältnis des vorübergehenden Bedarfs durch die relativ **ähnliche** Regelung des **Probemonats** in § 19 AngG in der Praxis kaum relevant und die Bestimmung des § 20 Abs 5 AngG wird selten angewandt.

§ 21 AngG

12.20 Kennt das Gesetz ein Arbeitsverhältnis auf Lebenszeit?

Tatsächlich ja – im AngG ist das Dienstverhältnis auf Lebenszeit erwähnt, in der Praxis kommt die Vereinbarung eines Dienstverhältnisses auf Lebenszeit allerdings **äußerst selten** vor. Die Vereinbarung eines solchen schränkt die Arbeitnehmerin auch stark ein, daher ist in § 21 AngG eine Schutzbestimmung vorgesehen. Das Gesetz legt fest, dass bei einem auf Lebenszeit der Arbeitnehmerin oder für länger als fünf Jahre vereinbarten Dienstverhältnis, die Arbeitnehmerin nach Ablauf von fünf Jahren unter Einhaltung einer Kündigungsfrist von sechs Monaten das Arbeitsverhältnis kündigen kann, das Kündigungsrecht also nicht stärker eingeschränkt werden darf.

Häufiger als die Vereinbarung eines Arbeitsverhältnisses auf Lebenszeit sind hingegen **Vereinbarungen zum Ausschluss des Kündigungsrechts** der Arbeitgeberin. Solche Vereinbarungen führen im Fall eines Kündigungsausspruchs zur Rechtsunwirksamkeit der Kündigung. Die Arbeitnehmerin hat dann die Wahl, entweder den Weiterbestand des Arbeitsverhältnisses feststellen zu lassen oder die Beendigung zu akzeptieren und Schadenersatz von der Arbeitgeberin zu verlangen.

Während bei einer Kündigung durch die Arbeitgeberin bei einem Dienstverhältnis mit **Befristung** oder Ausschluss des Kündigungsrechts die Festlegung des Schadenersatzes durch die Dauer der Befristung oder die Länge der **Kündigungsfrist** vergleichsweise einfach zu berechnen ist, stellt die Bezifferung eines Schadenersatzanspruchs bei Kündigung durch die Arbeitgeberin bei einem Arbeitsverhältnis auf Lebenszeit eine schwierigere Aufgabe dar. In diesem Fall wird die Bemessung der Anspruchshöhe – im Rahmen der fiktiven Lebensdauer der Arbeitnehmerin – wohl vom richterlichen Ermessen abhängig sein.

Freizeit während der Kündigungsfrist

Kapitel 13

13.1 Was versteht man unter der „Freizeit während der Kündigungsfrist“?

§ 22 AngG

Der im AngG vorgesehene Zeitraum der „Freizeit während der Kündigungsfrist“ wird auch als „Postensuchtage“ bzw „Postensuchzeit“ bezeichnet. Dabei wird der Angestellten ein (zeitlich begrenzter) **Anspruch auf Freistellung** von der Arbeit eingeräumt, während das **Entgelt fortzuzahlen** ist. Die Postensuchtage stehen dann zu, wenn die **Kündigung** des Arbeitsverhältnisses **durch** die **Arbeitgeberin** erfolgt. So soll Arbeitnehmerinnen die Möglichkeit geboten werden, einen neuen Arbeitsplatz zu erlangen, bspw Bewerbungsgespräche zu absolvieren oder die in diesem Zusammenhang notwendigen Vorkehrungen zu treffen.

13.2 In welchem Umfang muss die Arbeitgeberin Postensuchtage gewähren?

Erfolgt die Kündigung des Arbeitsverhältnisses durch die Arbeitgeberin, so besteht für die gekündigte Arbeitnehmerin Anspruch auf Postensuchtage im Umfang von **einem Fünftel der regelmäßigen wöchentlichen Arbeitszeit** pro Woche. Der Umfang des Freistellungsanspruchs hängt somit von der Dauer der Kündigungsfrist ab – je länger die Kündigungsfrist dauert, desto mehr bezahlte Freizeit ist Arbeitnehmerinnen einzuräumen. Auch regelmäßig geleistete Mehr- und Überstunden sind in die „regelmäßige wöchentliche Arbeitszeit“ einzubeziehen. Für andere Zeiträume der bezahlten Freistellung von der Arbeit während der Kündigungsfrist (zB Verbrauch von Urlaub) haben Arbeitnehmerinnen keinen Anspruch auf Postensuchtage. Gesetzlich steht bezahlte Freizeit für ein bestimmtes Stundenausmaß pro Woche zu, das bedeutet, dass grundsätzlich eine „Blockung“ der Postensuchtage nicht vorgesehen ist. Eine solche kann jedoch vereinbart werden.

13.3 Müssen Arbeitnehmerinnen die Freistellung in Form von Postensuchtagen von der Arbeitgeberin verlangen?

Zwar haben gekündigte Arbeitnehmerinnen Anspruch auf Postensuchtage, allerdings **muss** die Freizeitgewährung von der Arbeitgeberin **verlangt werden**, denn die Arbeitgeberin hat die Postensuchtage nicht von sich aus zu gewähren. Verlangen Arbeitnehmerinnen die Freistellung von der Arbeit jedoch, so hat die Arbeitgeberin sie auch zu gewähren.

13.4 Können Arbeitnehmerinnen die bezahlte Freizeit während der Kündigungsfrist einseitig antreten?

Ob Arbeitnehmerinnen die bezahlte Freizeit in Form von Postensuchtagen einseitig antreten können oder den beabsichtigten Termin der Inanspruchnahme mit der Arbeitgeberin vereinbaren müssen, ist in der juristischen Literatur **umstritten**. Vieles spricht jedoch dafür, dass Arbeitnehmerinnen, die ihnen zum Zwecke der Erlangung eines neuen Arbeitsplatzes und der in diesem Zusammenhang zu treffenden notwendigen Vorkehrungen zu gewährende bezahlte Freistellung einseitig antreten dürfen, solange sie auf die **betrieblichen Interessen der Arbeitgeberin** angemessen Rücksicht nehmen und ihren Anspruch auf Freizeitgewährung während der Kündigungsfrist der Arbeitgeberin gegenüber geltend gemacht haben.

13.5 Müssen Arbeitnehmerinnen die Postensuchtage auch tatsächlich im Zusammenhang mit der Erlangung einer neuen Arbeitsstelle verwenden?

Grundsätzlich dient der bezahlte Freistellungsanspruch des § 22 AngG zur Erlangung eines neuen Arbeitsplatzes, bspw durch die Möglichkeit, Bewerbungsgespräche zu absolvieren. Hat die Arbeitnehmerin bereits einen neuen Arbeitsplatz erlangt, so ändert das jedoch nichts daran, dass der Anspruch auf Postensuchtage trotzdem zusteht. Die Postensuchtage können auch für **andere Zwecke** als für die Suche nach einem neuen Arbeitsplatz verwendet werden. Es besteht auch keine Pflicht, die Arbeitgeberin darüber zu informieren, für welche Tätigkeiten die Postensuchtage tatsächlich verwendet werden.

13.6 Besteht der Anspruch auf Postensuchtage auch bei Änderungskündigung?

Solange die Arbeitnehmerin die Änderungskündigung noch nicht angenommen, der von der Arbeitgeberin gewünschten Änderung des Arbeitsvertrages also noch nicht zugestimmt hat und somit mit der Auflösung des Arbeitsverhältnisses durch (arbeitgeberinnenseitige) Kündigung rechnen muss, stehen **Postensuchtage auch bei Änderungskündigung** zu.

13.7 Besteht auch bei einvernehmlicher Auflösung des Arbeitsverhältnisses Anspruch auf Postensuchtage?

Ob auch bei einvernehmlicher Auflösung des Arbeitsverhältnisses Anspruch auf Postensuchtage besteht, ist in der juristischen Literatur **umstritten**. Während teilweise ein Anspruch unter Verweis auf den Wortlaut des § 22 AngG abgelehnt wird, sprechen sich andere Stimmen für das Bestehen eines Anspruchs auf Freizeit während der Kündigungsfrist (zumindest, soweit die einvernehmliche Auflösung auf Initiative der Arbeitgeberin zustande kommt) mit dem Argument aus, dass Arbeitnehmerinnen sich auch bei einer durch die Arbeitgeberin initiierten einvernehmlichen Auflösung auf die Suche nach einem neuen Arbeitsplatz begeben müssten, was überzeugend erscheint.

13.8 Wann besteht kein Anspruch auf Postensuchtage?

Jedenfalls bei Entlassung, Austritt, Beendigung durch Tod der Arbeitnehmerin und Auflösung des Arbeitsverhältnisses während der Probezeit besteht kein Anspruch auf Postensuchtage. In diesen Fällen **endet** das **Arbeitsverhältnis sofort** – es gibt also auch **keine Kündigungsfrist**, während derer Postensuchtage gewährt werden könnten.

13.9 Können vom Gesetz abweichende Regelungen über Postensuchtage getroffen werden?

§ 22 Abs 4 AngG

Durch Kollektivvertrag können vom Gesetz abweichende Regelungen hinsichtlich der Freizeitgewährung während der Kündigungsfrist getroffen werden. Ansonsten handelt es sich bei § 22 AngG um **einseitig zwingendes Recht**, zulasten der Arbeitnehmerin darf also durch Betriebsvereinbarung oder Arbeitsvertrag nicht vom Gesetz abgegangen werden.

13

13.10 Können Arbeitnehmerinnen auf ihren Postensuchtageanspruch auch verzichten?

Bei der Bestimmung des § 22 AngG über die Freizeitgewährung während der Kündigungsfrist handelt es sich um einseitig zwingendes Recht. Zulasten der Arbeitnehmerin darf also von dieser Bestimmung durch vertragliche Vereinbarung nicht abgewichen werden. Daher können Arbeitnehmerinnen auch **nicht wirksam auf ihren Anspruch auf Postensuchtage verzichten**. Zugleich müssen Arbeitnehmerinnen jedoch um Postensuchtage bei der Arbeitgeberin ansuchen – diese hat die Freizeit im Falle eines Ansuchens jedoch zu gewähren.

Abfertigung

Kapitel 14

14.1 Welche Regelungen bezüglich der Abfertigung finden sich im Angestelltengesetz?

Im Angestelltengesetz finden sich lediglich die Bestimmungen der Abfertigung alt. Für die ab **2003** abgeschlossenen Arbeitsverträge kommt das Betriebliche Mitarbeiter- und Selbständigenvorsorgegesetz (BMSVG) zur Anwendung. Im Folgenden werden daher nur die Bestimmungen der **Abfertigung alt**, die im AngG enthalten sind, behandelt.

14.2 Auf welche Dienstverträge werden die Bestimmungen der Abfertigung alt angewandt?

§ 23 AngG

Für Angestellte, die **vor dem 1.1.2003 eingetreten** und seither ununterbrochen bei derselben Dienstgeberin beschäftigt sind, gelten die Bestimmungen über die **Abfertigung alt**. Wird jedoch eine Aussetzungsvereinbarung getroffen, dh das Dienstverhältnis beendet und eine Wiedereinstellungszusage für einen späteren Zeitpunkt getroffen, so gelten auch für dieses neue Dienstverhältnis zur selben Dienstgeberin die Bestimmungen der **Abfertigung alt**, auch wenn das neue Dienstverhältnis erst nach dem 1.1.2003 abgeschlossen wurde. Für alle Dienstverträge, deren vertraglich vereinbarter **Beginn nach** dem **31.12.2002** liegt, gelten hinsichtlich der **Abfertigung neu** die Bestimmungen des **Betrieblichen Mitarbeiter- und Selbständigenvorsorgegesetzes (BMSVG)**.

14.3 Besteht die Möglichkeit, in die Abfertigung neu zu wechseln, wenn mein Dienstverhältnis schon seit 2001 besteht?

Ja, es gibt verschiedene Möglichkeiten zu wechseln. Da es aber auch zu Nachteilen für die Arbeitnehmerinnen kommen kann, ist es ratsam, vor einer Umstellung mit dem Betriebsrat, der Gewerkschaft oder der Arbeiterkammer Kontakt aufzunehmen. Zusammenfassend kann festgehalten werden, dass jedenfalls bei einem Übertritt in das neue Abfertigungssystem eine **schriftliche Einzelvereinbarung notwendig** ist und der Gesetzgeber **zwei Übertrittsvarianten** festgelegt hat, wobei auch Mischvarianten möglich sind.

Es besteht die Möglichkeit des sog **„Einfrierens“ bisheriger Abfertigungsanwartschaften**. Dabei wird ein Stichtag festgelegt, zu dem der Übertritt in das neue System erfolgt. Die bis zum Stichtag bestehenden Abfertigungsanwartschaften bleiben dann im alten System bestehen. Zusätzlich werden nach dem Stichtag die Abfertigungsbeiträge nach dem neuen Abfertigungssystem geleistet.

Weiters besteht die Möglichkeit, dass die **Abfertigungsansprüche** aus dem alten Abfertigungssystem **in das neue System übertragen** werden. Das bedeutet aber im Vergleich zur vorherigen Variante, dass das alte Abfertigungssystem vollständig außer Kraft tritt. Die Höhe des Übertragungsbetrages wird zwischen den Arbeitsvertragsparteien vereinbart.

Obwohl im Gesetz nicht ausdrücklich geregelt, sind auch **Mischvarianten** möglich. So kann sowohl ein teilweises Einfrieren als auch eine teilweise Überleitung vereinbart werden.

Abseits der jedenfalls nötigen schriftlichen Einzelvereinbarung können die Rahmenbedingungen für alle Übertragungsmöglichkeiten durch freiwillige Betriebsvereinbarungen geregelt werden (§ 97 Abs 1 Z 26 ArbVG).

14.4 Wann kommt es überhaupt zur Auszahlung der Abfertigung alt?

Voraussetzung für den Anspruch auf Abfertigung ist ein **ununterbrochenes Arbeitsverhältnis von mindestens drei Jahren**. Außerdem darf die Arbeitnehmerin **weder selbst gekündigt haben noch ohne wichtigen Grund vorzeitig ausgetreten** sein, noch darf sie ein **Verschulden an der vorzeitigen Entlassung** treffen. Sind diese Voraussetzungen erfüllt, besteht grundsätzlich ein Anspruch auf eine Abfertigung nach dem alten System.

§ 23a AngG

14.5 Wird die Abfertigung auch dann ausbezahlt, wenn die Arbeitnehmerin kündigt?

Ja. Es gibt mehrere Gründe, wonach der Anspruch auf Abfertigung besteht, obwohl das Dienstverhältnis seitens der Dienstnehmerin gekündigt wird. Wenn das **Dienstverhältnis mindestens zehn Jahre ununterbrochen** gedauert hat und, unabhängig davon, ob eine Pension in Anspruch genommen wird, **Männer das 65. bzw Frauen das 60. Lebensjahr vollendet** haben. Die zehnjährige ununterbrochene Dauer des Dienstverhältnisses ist auch Voraussetzung für den Erhalt der Abfertigungsansprüche bei Kündigung der Dienstnehmerin wegen vorzeitiger Alterspension bei langer Versicherungsdauer, Inanspruchnahme der Korridor- bzw Schwerarbeiterpension.

Unabhängig von der Dauer des Dienstverhältnisses besteht ein Abfertigungsanspruch, wenn das Dienstverhältnis von der Dienstnehmerin wegen einer Pension aus dem Versicherungsfall der **geminderten Arbeitsfähigkeit**, während des Bezuges von **Rehabilitationsgeld/Umschulungsgeld** oder bei Erlöschen des Anspruches auf Entgeltfortzahlung/Krankengeld während eines anhängigen Verfahrens auf Zuerkennung einer Invaliditäts- oder Berufsunfähigkeitspension gekündigt wird.

Endet das Dienstverhältnis in einem der oben angeführten Fälle, kann die Abfertigung abweichend vom Normalfall) **zur Gänze in gleichen monatlichen Teilbeträgen** ausbezahlt werden, wobei diese Teilbeträge bis auf die Hälfte des Monatsentgeltes herabgesetzt werden können.

14.6 Gibt es spezielle Abfertigungsbestimmungen für Mütter und Väter?

Ja, grundsätzlich haben Mütter bzw Väter Anspruch auf die **Hälfte der gesetzlichen Abfertigung**, höchstens **jedoch auf drei Monatsentgelte**, wenn das Arbeitsverhältnis mindestens **fünf Jahre** gedauert hat und Mütter innerhalb der Schutzfrist nach der Geburt kündigen. Bei Adoption oder unentgeltlicher Pflege eines Kindes besteht für Mütter bzw Väter ein Austrittsrecht innerhalb von 8 Wochen. Bei Inanspruchnahme einer Karenz muss der Austritt spätestens drei Monate vor Ende der Karenz erklärt werden. Eine Abfertigung gebührt auch, wenn das Dienstverhältnis während einer Elternteilzeit durch Austritt beendet wird.

14.7 Wie hoch ist die Abfertigung alt?

Die Höhe der Abfertigung alt wird in **Monatsentgelten** berechnet und richtet sich nach der **Dauer der Dienstzeit**. Die Höhe der zustehenden Monatsentgelte richtet sich nach dem letzten Monat des Dienstverhältnisses gebührenden Monatsentgelts. Zu beachten ist aber hierbei auch der jeweils anwendbare Kollektivvertrag, da dieser beispielsweise auch höhere Monatsentgelte vorsehen kann.

Nach 3 Dienstjahren	2 Monatsentgelte
Nach 5 Dienstjahren	3 Monatsentgelte
Nach 10 Dienstjahren	4 Monatsentgelte
Nach 15 Dienstjahren	6 Monatsentgelte
Nach 20 Dienstjahren	9 Monatsentgelte
Nach 25 Dienstjahren	12 Monatsentgelte

14.8 Welche Dienstzeiten werden für die Berechnung der Abfertigung alt herangezogen?

Grundsätzlich muss das Arbeitsverhältnis mindestens 3 Jahre ununterbrochen gedauert haben und darf nicht durch eine abfertigungsschädliche Beendigungsart aufgelöst worden sein. Kurzfristige Unterbrechungen von wenigen Tagen sind jedoch unbeachtlich, wenn sie auf einen sachlichen Zusammenhang der Arbeitsverhältnisse hindeuten. **Lehrzeiten** werden bei der Berechnung nur berücksichtigt, wenn das Arbeitsverhältnis einschließlich der Lehrzeit mindestens 7 Jahre gedauert hat. Auch **Zeiten des Mutterschutzes** werden zur Gänze angerechnet. Bei **Elternkarenzen** ist zu unterscheiden, ob das Kind vor dem 1. August 2019 geboren, adoptiert oder in Pflege genommen wurde. Für Zeiten vor diesem Datum werden die Zeiten nicht angerechnet, es sei denn, der Kollektivvertrag sieht hier Anrechnungsbestimmungen vor. Für Elternkarenzen, die später eintreten, werden die Zeiten hingegen bis zum gesetzlichen Höchstausmaß angerechnet. Weiters werden Zeiten des **Präsenz-, Zivil- und Ausbildungsdienstes** angerechnet. Die Dauer der Bildungskarenz und der Pflegekarenz bleiben jedoch bei der Berechnung der Dienstzeit für die Abfertigung alt unberücksichtigt.

14.9 Wie berechnet sich die Höhe der Abfertigung genau?

Die Berechnung des Monatsentgelts für die Abfertigung richtet sich nach dem für **den letzten Monat des Dienstverhältnisses gebührenden Entgelt**, wobei alle regelmäßig **wiederkehrenden Bezüge**, auch wenn sie nur einmal jährlich ausbezahlt werden, in die Berechnung einzubeziehen sind. In die Berechnung sind daher Gewinnbeteiligungen, Bilanzprämien, Urlaubs- und Weihnachtsgeld, Zulagen und Zuschläge einzubeziehen. Eine kollektivvertragliche Lohnerhöhung in Form einer Einmalzahlung ist ebenfalls einzubeziehen, da sie einer vorübergehenden Lohnerhöhung entspricht. Überstundenentgelte dann, wenn die Überstunden regelmäßig anfallen oder wenn eine Überstundenpauschale gewährt wird. Aufwandsentschädigungen wie Kilometergeld oder Diäten zählen nicht zur Berechnungsbasis. Bei unregelmäßigen Entgeltbestandteilen, wie zB Überstunden oder Provisionen, wird im Zweifel der Durchschnitt eines ganzen Jahres herangezogen; aber auch Naturalleistungen wie eine Dienstwohnung oder die vereinbarte Privatnutzung eines Dienstwagens. Besteht zB im letzten Monat kein oder ein **verminderter Entgeltanspruch** (zB wegen Krankheit, Bildungskarenz, Sterbebegleitung etc), so wird in vielen Fällen als Bemessungsgrundlage für die Entgeltberechnung die frühere Arbeitszeit herangezogen.

14.10 Wie wirkt sich ein Wechsel von einer Vollzeit- auf eine Teilzeitbeschäftigung im Zusammenhang mit der Abfertigung aus?

Wechselt eine Arbeitnehmerin im aufrechten Dienstverhältnis von einer Vollzeit- auf eine Teilzeitbeschäftigung, dann berechnet sich grundsätzlich auch hier die Abfertigung auf Basis des letzten Monatsgehalts. Voraussetzung ist allerdings, dass die **Herabsetzung der Arbeitszeit auf Dauer** erfolgt. Wird die Teilzeitbeschäftigung **nur vorübergehend** vereinbart, so ist die Abfertigung alt vom Monatsgehalt der Vollzeitbeschäftigung zu berechnen. Darüber hinaus dürfen bereits erworbene Abfertigungsansprüche auch bei einer später vereinbarten **Teilzeitbeschäftigung** nicht geschmälert werden. Kollektivverträge können dabei aber für die Arbeitnehmerinnen günstigere Regelungen vorsehen. Arbeitnehmerinnen, die sich im Abfertigungssystem alt befinden, können bei der Reduzierung der Arbeitszeit aber auch vereinbaren, dass für die Berechnung der Abfertigung alt jedenfalls das vorige, höhere Stundenausmaß herangezogen wird.

14.11 Was passiert mit der Abfertigung alt, wenn die Arbeitnehmerin stirbt?

Stirbt die Arbeitnehmerin, so beträgt die Abfertigung alt lediglich die **Hälfte des Abfertigungsanspruches** und steht grundsätzlich den **gesetzlichen Erben** zu. Dies jedoch nur dann, wenn die verstorbene Arbeitnehmerin den Erben zur Erhaltung gesetzlich verpflichtet war. Für Ehegattinnen oder eingetragene Partnerinnen ist von einem Unterhaltsanspruch auszugehen, wenn der Hinterbliebene weniger als 40 Prozent des gemeinsamen Einkommens betragen hat.

14.12 Muss der gesamte Abfertigungsbetrag auf einmal ausbezahlt werden?

Die Höhe der Abfertigung alt ist ausschlaggebend, ob der gesamte Betrag auf einmal zu zahlen ist. Abfertigungen in Höhe von **drei Monatsentgelten sind sofort bei Beendigung fällig**. Hat jemand beispielsweise Anspruch auf neun Monatsentgelte Abfertigung, so sind die ersten drei Monatsentgelte wie beschrieben sofort fällig. Die weiteren sechs Monatsentgelte können ab dem vierten Monat in **Teilbeträgen von jeweils einem Monatsentgelt** ausbezahlt werden, wobei diese Teilbeträge jeweils am Monatsanfang fällig sind. Abfertigungen, die aufgrund der Pensionierung und durch Selbstkündigung anfallen, sind zur Gänze in monatlichen Teilbeträgen von jeweils mindestens einem halben Monatsentgelt zu leisten, wobei in diesem Fall die sofortige Fälligkeit eines Abfertigungsteilbetrages von drei Monatsentgelten entfällt.

Tod des Angestellten

Kapitel 15

15.1 Was geschieht im Todesfall der Arbeitnehmerin während des aufrechten Dienstverhältnisses?

Das **Arbeitsverhältnis endet automatisch** mit dem Tod der Arbeitnehmerin. Es bestehen bis zum Todestag der Arbeitnehmerin laufende **Entgeltansprüche**, wie das monatliche Entgelt, die aliquoten Sonderzahlungen und die Urlaubsersatzleistung für den bis zum Todeszeitpunkt nicht verbrauchten Urlaub. Diese **Ansprüche fallen in den Nachlass** und werden nach der Abhandlung unter den Erben aufgeteilt.

Unterlag die verstorbene Person dem System **„Abfertigung alt“** (= alle DV, die vor dem 01.01.2003 abgeschlossen wurden), so erhalten die gesetzlichen Erben die Hälfte der Abfertigung; unterlag die verstorbene Person dem System **„Abfertigung neu/MV-Kasse“** (= alle DV, die nach dem 01.01.2003 abgeschlossen wurden), so gebührt den gesetzlichen Erben die gesamte Abfertigung.

15.2 Was passiert, wenn die Verstorbene eine Wohnung von der Arbeitgeberin gestellt bekommen hat und verstirbt?

Hat die Verstorbene die vom Dienstgeber zur Verfügung gestellte **Wohnung als Lebensmittelpunkt** genutzt, weil sie dort allein oder mit Angehörigen ständig gewohnt hat, ist die Dienstwohnung binnen eines Monats, gerechnet ab dem auf den Tod der Angestellten folgenden Tag, zu räumen.

War die Dienstwohnung nicht der Lebensmittelpunkt, weil es sich zB nur um eine **Zweitwohnung** handelte, ist sie innerhalb von 14 Tagen nach dem Tod der Angestellten zu räumen.

Hat die Verstorbene mit Angehörigen in der Dienstwohnung gewohnt und droht diesen aufgrund der kurzen Räumungsfrist von einem Monat die Obdachlosigkeit, kann das zuständige Bezirksgericht auf Antrag der Angehörigen die Räumungsfrist um maximal zwei weitere Monate verlängern. Für die Angehörigeneigenschaft genügt die Teilnahme an der gemeinsamen Lebens- und/oder Wirtschaftsgemeinschaft, also zB die Lebensgefährtin, nicht aber eine Freundin, die kurzfristig und unentgeltlich in der Wohnung gewohnt hat.

Erfolgt die Räumung durch die Hinterbliebenen nicht innerhalb der genannten Fristen, kann von der Arbeitgeberin eine **Räumungsklage** beim zuständigen Gericht eingebracht werden.

Vorzeitige Auflösung

Kapitel 16

16.1 Was versteht man unter einer vorzeitigen Auflösung des Arbeitsverhältnisses? Welche Arten der vorzeitigen Auflösungen kennt das AngG?

Im Gegensatz zur Kündigung (unter Einhaltung einer Kündigungsfrist und zu einem bestimmten Kündigungstermin) wird bei einer **vorzeitigen Auflösung** das Dienstverhältnis **sofort beendet**. Eine solche Beendigung ist bei **Dauerschuldverhältnissen** wie dem Arbeitsverhältnis nur aus **bestimmten Gründen** möglich. Im Unterschied zur Kündigung müssen bei der vorzeitigen Auflösung des Dienstverhältnisses also bestimmte Gründe vorliegen, die zur sofortigen Beendigung berechtigen. Diese Gründe zeigen, dass es stets um die **Unzumutbarkeit** geht, das Arbeitsverhältnis weiter fortzusetzen.

Wenn die Arbeitnehmerin aus wichtigen Gründen sofort beendet, handelt es sich um einen **vorzeitigen Austritt** (§ 26 AngG). Im Fall der sofortigen Beendigung durch die Arbeitgeberin hingegen handelt es sich um eine **Entlassung** (§ 27 AngG). Wenn das Dienstverhältnis noch nicht angetreten wurde, spricht das AngG von einem **Rücktritt** (§§ 30 f AngG).

16.2 Welche Gründe für eine vorzeitigte Beendigung in Form eines Austritts kennt das AngG?

§ 26 AngG

In § 26 AngG sind die Gründe für einen berechtigten vorzeitigen Austritt durch die Dienstnehmerin demonstrativ, also bloß beispielhaft und nicht abschließend, aufgezählt. Diese sind:

- Die Angestellte wird zur **Fortsetzung ihrer Dienstleistung unfähig** oder kann diese ohne Schaden für ihre Gesundheit oder Sittlichkeit nicht fortsetzen.
- Die **Arbeitgeberin schmälert** das der Angestellten zukommende **Entgelt ungebührlich** oder enthält dieses vor, benachteiligt sie bei Naturalbezügen durch Gewährung ungesunder oder unzureichender Kost oder ungesunder Wohnung oder verletzt andere wesentliche Vertragsbestimmungen.
- Die **Arbeitgeberin verweigert** es, den ihr zum **Schutze des Lebens**, der **Gesundheit** oder der **Sittlichkeit** der Angestellten gesetzlich obliegenden Verpflichtungen nachzukommen.
- Die Arbeitgeberin lässt sich **Tätlichkeiten**, **Verletzungen der Sittlichkeit** oder erhebliche **Ehrverletzungen** gegen die Angestellte oder deren Angehörige zuschulden kommen oder verweigert es, die Angestellten gegen solche Handlungen einer Mitbediensteten oder einer Angehörigen der Arbeitgeberin zu schützen.

Daneben finden sich auch in anderen Gesetzen Austrittsgründe, so etwa im MSchG und VKG im Zusammenhang mit der Geburt bzw Adoption eines Kindes oder Übernahme eines Pflegekindes. In § 23a AngG finden sich Gründe noch im Zusammenhang mit der Abfertigung alt. Auch hinsichtlich der Insolvenz der Arbeitgeberin sieht § 25 Insolvenzordnung (IO) eine begünstigte Austrittsregelung vor.

16.3 Wann liegt eine Dienstunfähigkeit vor, die zu einem vorzeitigen Austritt berechtigt?

Bei der Dienstunfähigkeit steht die Unfähigkeit zur vereinbarten Dienstleistung aufgrund des Gesundheitszustandes der Angestellten im Vordergrund. Sie ist nicht mit der Berufsunfähigkeit im Sinne des ASVG ident und die Berufsunfähigkeit spielt daher für das Vorliegen dieses Austrittsgrunds keine Rolle.

Die herrschende Rechtsprechung geht von einer Dienstunfähigkeit aus, wenn die **Krankheit dauerhaft** ist. Dies wird nach **26 Wochen** angenommen. Es ist also nicht mit einer Wiederherstellung des Gesundheitszustands in absehbarer Zeit zu rechnen. Ob die Dienstunfähigkeit durch ein Verschulden der Angestellten entstanden ist oder nicht, ist nicht von Bedeutung für das Austrittsrecht. Da die Dienstunfähigkeit ein Dauerzustand ist, fällt das Austrittsrecht nicht weg, wenn nicht sofort ausgetreten wird.

16.4 Wann ist eine Gefährdung des Lebens bzw der Gesundheit gegeben, die zu einem vorzeitigen Austritt berechtigt?

Kommt die Arbeitgeberin ihrer **Fürsorgepflicht** nicht nach, stellt dies uU einen Grund für einen vorzeitigen Austritt der Arbeitnehmerin dar. Ein Austrittsgrund liegt vor, wenn die **Gesundheit** der Arbeitnehmerin bei weiterer Ausübung ihrer Arbeitstätigkeit **Schaden nehmen könnte**. Der konkrete Schaden muss nicht zwangsläufig eintreten, aber objektiv zu befürchten sein. Es muss nicht unmittelbar durch die Arbeitsleistung der Eintritt eines Schadens zu befürchten sein, auch das Umfeld der Arbeitserbringung, wie zB das im Betrieb herrschende Arbeitsklima, kann die Gesundheit der Arbeitnehmerin gefährden.

Es ist weder ein Verschulden der Arbeitgeberin für diesen Austrittsgrund nötig, noch verhindert ein Verschulden der Arbeitnehmerin an ihrem Gesundheitszustand den vorzeitigen berechtigten Austritt. Ein Verschulden der Arbeitnehmerin kann aber negative Auswirkungen auf Beendigungsansprüche, insbesondere die Abfertigung alt, haben.

Ähnlich wie bei der Dienstunfähigkeit liegt auch hier nur dann ein Austrittsgrund vor, wenn die **Gefährdung auf nicht absehbare Zeit** besteht. Hier wird wiederum von einem Zeitraum ab **26 Wochen** ausgegangen. Da es sich bei der Gesundheitsgefährdung um einen Dauerzustand handelt, verwirkt die Arbeitnehmerin das Austrittsrecht nicht, wenn trotz Gefährdung weitergearbeitet wird. Sind nicht sämtliche Tätigkeiten im Betrieb mit einer Gesundheitsgefährdung der Arbeitnehmerin verbunden, so hat die Arbeitgeberin eine geeignete, also durch den Arbeitsvertrag gedeckte Ersatztätigkeit anzubieten, wobei eine Teilzeitbeschäftigung nicht ausreicht, wenn zuvor in Vollzeit gearbeitet wurde. Dann kann die Unzumutbarkeit der Fortsetzung des Arbeitsverhältnisses abgewendet werden.

16.5 Welche Ersatztätigkeiten kommen im Zusammenhang mit einer möglichen Gesundheitsgefährdung infrage?

Der Arbeitgeberin kommt die Verpflichtung zu, zur Abwendung der Unzumutbarkeit der Fortsetzung des Arbeitsverhältnisses aufgrund einer Gesundheitsgefährdung im Rahmen des Arbeitsvertrags der Arbeitnehmerin eine andere Tätigkeit im Betrieb anzubieten. Eine Teilzeitbeschäftigung erfüllt diese Anforderungen nicht, wenn zuvor Vollzeit gearbeitet wurde. Ein Verweis auf eine andere Tätigkeit bei einer anderen Gesellschaft desselben Konzerns und damit bei einer anderen Arbeitgeberin ist grundsätzlich nicht möglich. Dies kann jedoch bei entsprechender Regelung im Arbeitsvertrag auch zulässig sein.

16.6 Wann liegt eine Gefährdung der Sittlichkeit vor, die zu einem vorzeitigen Austritt berechtigt?

Bei diesem Austrittsgrund geht es um eine **Gefährdung im Rahmen der Geschlechtssphäre** der Arbeitnehmerin. Es genügt auch hier die Gefährdung dieser, und es muss sich nicht bereits eine Gefahr verwirklicht haben. Die Gefährdung kann sowohl von der Arbeitgeberin selbst als auch von anderen Arbeitnehmerinnen ausgehen. Eine sexuelle Belästigung erfüllt bspw die Voraussetzungen dieses Austrittsgrundes.

16.7 Was versteht man unter einer „allgemeinen Pflichtverletzung" der Arbeitgeberin und wann stellt diese einen Austrittsgrund dar?

Gem § 26 Z 2 AngG bildet es einen Austrittsgrund, wenn die Arbeitgeberin „andere wesentliche Vertragsbestimmungen verletzt". Bloß leichte Verstöße gegen vertraglich Vereinbartes berechtigen nicht zum Rücktritt, der Verstoß muss „wesentlich" sein, zB kann eine **vertragswidrige Versetzung** der Arbeitnehmerin ebenso einen Austrittsgrund darstellen wie die vertragswidrige einseitige Änderung der Lage der Arbeitszeit durch die Arbeitgeberin.

16.8 Was versteht man unter einer ungebührlichen Schmälerung oder Vorenthaltung des Entgelts und wann liegt eine solche vor?

Unter einer ungebührlichen Schmälerung des Entgelts wird eine **einseitige** und rechtswidrige **Herabsetzung des Entgelts**, unabhängig davon, ob sich dieses aus Gesetz, Kollektivvertrag oder Arbeitsvertrag ergibt, verstanden. Dem gegenüber liegt eine ungebührliche Vorenthaltung des Entgelts vor, wenn das **Entgelt zum Fäl-**

ligkeitstermin nicht oder nicht vollständig geleistet wird, obwohl der Anspruch auf das Entgelt nicht bestritten wird. Dabei ist es unerheblich, ob die Arbeitgeberin ein Verschulden an der Schmälerung oder Vorenthaltung des Entgelts trifft. Es wird allerdings grundsätzlich verlangt, dass die Arbeitnehmerin der Arbeitgeberin eine (wenn auch nur kurze) Nachfrist zur Auszahlung des geschuldeten Entgelts setzt, sodass die offenen Forderungen beglichen werden können.

16.9 Muss immer eine Nachfrist im Zusammenhang mit der Schmälerung oder Vorenthaltung des Entgelts gesetzt werden?

In der Regel müssen Arbeitnehmerinnen der Arbeitgeberin zumindest eine kurze Nachfrist zur Auszahlung des geschuldeten Entgelts einräumen, sodass das Entgelt beglichen werden kann. Eine derartige Nachfrist muss jedoch nicht gesetzt werden, wenn dies aufgrund des Verhaltens der Arbeitgeberin offensichtlich sinnlos ist, weil diese bspw bereits ankündigt, auch weiterhin das Entgelt nicht oder nicht pünktlich auszahlen zu wollen.

16.10 Muss die Arbeitgeberin über den konkreten Austrittsgrund informiert werden?

Liegt aus Sicht der Arbeitnehmerin ein Grund vor, der zum Austritt aus dem Arbeitsverhältnis berechtigt, so stellt sich die Frage, ob sie der Arbeitgeberin den konkreten Austrittsgrund auch mitteilen muss oder ob es ausreicht, bloß den Austritt zu erklären. Tatsächlich **muss die Arbeitnehmerin die Arbeitgeberin über die Umstände des Austritts aufklären**, damit diese handeln und Abhilfe (zB durch Ersatztätigkeit) schaffen kann. Erst wenn kein Schutz geboten wird oder die Arbeitgeberin über die Gründe des Austritts bereits Bescheid weiß, kann aus dem Dienstverhältnis berechtigt vorzeitig ausgetreten werden.

16.11 Wer muss das Vorliegen eines Austrittsgrundes beweisen?

Grundsätzlich muss die Arbeitnehmerin, die den Austritt erklärt hat, auch das Vorliegen eines zum Austritt berechtigenden Grundes beweisen. Bei Dienstunfähigkeit oder Gesundheitsgefährdung wird dazu ein **ärztliches Attest nötig** sein, die Arbeitgeberin kann aber kein Attest einer bestimmten Ärztin verlangen. Beim Austritt wegen Sittlichkeitsgefährdung wird analog zu den Regelungen im Gleichbehandlungsgesetz (GlBG) die **Glaubhaftmachung als Beweiserleichterung** anzuwenden und daher von einer herabgesetzten Beweisschwelle auszugehen sein.

16.12 Wann muss die Arbeitnehmerin den vorzeitigen Austritt der Arbeitgeberin gegenüber erklären?

Der vorzeitige Austritt der Arbeitnehmerin muss grundsätzlich **unverzüglich** erklärt werden, sobald ein Austrittsgrund vorliegt. Allerdings ist es durchaus erlaubt, dass sich Arbeitnehmerinnen vor der Erklärung des Austritts über dessen **Rechtsfolgen beraten lassen** oder aus persönlicher Betroffenheit über das Vorliegen eines Austrittsgrundes nicht sofort handeln. Eine **kurze Frist** ist der Arbeitnehmerin also durchaus einzuräumen, ohne dass deshalb gleich davon auszugehen ist, dass der Austritt nicht unverzüglich erklärt wurde.

16.13 Kann nach Eröffnung der Insolvenz vorzeitig ausgetreten werden?

§ 25 Abs 1 IO

Neben den in § 26 AngG aufgezählten Austrittsgründen finden sich in anderen Gesetzen weitere Gründe, die Arbeitnehmerinnen zum Austritt aus dem Arbeitsverhältnis berechtigen. Einer der wichtigsten betrifft die Insolvenz der Arbeitgeberin. So kann die Arbeitnehmerin **anlässlich der Insolvenz** der Arbeitgeberin den **vorzeitigen Austritt** aus dem Arbeitsverhältnis **erklären**.

16.14 Kann der Austritt einer Arbeitnehmerin auch durch konkludente Handlung erfolgen?

Fraglich ist, ob eine Arbeitnehmerin den Austritt bei Vorliegen von dazu berechtigenden Gründen stets ausdrücklich erklären muss oder ob der Austritt auch durch schlüssige Handlung zustande kommen kann. Von einem konkludenten Austritt ist jedoch nur dann auszugehen, wenn unter Berücksichtigung aller Umstände das Verhalten der Arbeitnehmerin nicht daran zweifeln lässt, dass die vorzeitige Auflösung des Arbeitsverhältnisses beabsichtigt ist. Allein das Fernbleiben von der Arbeit oder das eigenmächtige Verlassen des Arbeitsplatzes ist nicht ausreichend, um von einem Austritt auszugehen, wohingegen die Aufforderung an die Arbeitgeberin, die Arbeitspapiere auszuhändigen, oder die Erklärung, an der Fortsetzung des Arbeitsverhältnisses kein Interesse mehr zu haben, von der Rechtsprechung bereits als Austritt gewertet wurden.

16.15 Was versteht man unter einer Entlassung?

§ 27 AngG

Eine Entlassung **beendet das Dienstverhältnis unmittelbar mit dem Ausspruch** der Entlassung. Es muss daher keine Kündigungsfrist, wie bei einer Kündigung durch die Arbeitgeberin oder Arbeitnehmerin mehr eingehalten werden. Um eine Entlassung rechtswirksam aussprechen zu können, muss ein **Entlassungsgrund** durch die Arbeitnehmerin gesetzt werden. Die Entlassungsgründe werden im Gesetz beispielhaft aufgezählt. Entscheidend für die Wirksamkeit der Entlassung ist, dass die Arbeitnehmerin nach **objektiven Grundsätzen** die Interessen der Arbeitgeberin so schwerwiegend verletzt, dass eine Fortsetzung des Arbeitsverhältnisses auch nur für kurze Zeit nicht mehr zugemutet werden kann.

16.16 Welche Entlassungsgründe kennt das Gesetz?

- die **Untreue** im Dienst
- die Arbeitnehmerin lässt sich im Dienst ohne Wissen und Willen der Arbeitgeberin Vorteile zuwenden **(Vorteilsannahme)**
- die Arbeitnehmerin begeht Handlungen, die sich vertrauensunwürdig auf die Arbeitgeberin auswirken **(Vertrauensunwürdigkeit)**

oder

- die kaufmännisch tätige Arbeitnehmerin betreibt ohne Wissen und Zustimmung der Arbeitgeberin ein selbstständiges kaufmännisches Unternehmen oder
- sie betreibt im Geschäftszweig der Arbeitgeberin auf fremde oder eigene Rechnung Handelsgeschäfte
- oder die Arbeitnehmerin verstößt gegen das Konkurrenzverbot (= insgesamt **konkurrierende Tätigkeiten**/Handlungen)

oder

- sie wird unfähig die versprochenen Dienste oder die den Umständen nach angemessenen Dienste zu leisten (verschuldensunabhängiger Entlassungsgrund/**dauernde Dienstverhinderung**)

oder

- die Arbeitnehmerin unterlässt ohne rechtmäßigen Hinderungsgrund für eine längere Zeit die Arbeitsleistung **(Arbeitsverweigerung)**
- sie verweigert ihre Arbeit beharrlich **(beharrliche Arbeitsverweigerung)**
- die Arbeitnehmerin befolgt gerechtfertigte Anweisungen der Arbeitgeberin nicht
- sie versucht andere Arbeitnehmerinnen zur Ungehorsamkeit gegenüber der Arbeitgeberin zu verleiten

oder

- sie verbüßt eine **längere Freiheitsstrafe**
- während einer den Umständen nach erheblichen Zeit (ausgenommen Krankheit oder Unglücksfall) abwesend ist

oder

- sie begeht Tätlichkeiten, Verletzungen der Sittlichkeit oder eine erhebliche Ehrverletzung gegenüber der Arbeitgeberin, deren Stellvertreterin, deren Angehörigen oder anderen Arbeitnehmerinnen im Betrieb **(Tätlichkeiten, Ehrverletzungen)**

Beispiel für Untreue im Dienst:
Eine Außendienstmitarbeiterin reicht gefälschte Spesenabrechnungen ein, um sich finanziell zu bereichern. Hier kann auch mit dem Entlassungsgrund der Vertrauensunwürdigkeit argumentiert werden.

Beispiel für Vorteilsannahme durch Dritte:
Eine Mitarbeiterin eines Unternehmens nimmt von einem Lieferanten und Geschäftspartner Geschenke, Geld oder andere Vergünstigungen an. Als Gegenleistung trifft sie geschäftliche Entscheidungen zu deren Gunsten.

Beispiel für ein vertrauensunwürdiges Verhalten:
Eine Mitarbeiterin in der Buchhaltungsabteilung eines Unternehmens manipuliert wiederholt die Finanzberichte, um die finanzielle Lage des Unternehmens besser darzustellen, als sie tatsächlich ist. Sie macht es deshalb, um sich persönliche Boni zu sichern. Untreue als Entlassungsgrund ist auch argumentierbar.

Beispiel für konkurrierende Tätigkeit der Angestellten:
Die Angestellte betreibt ohne Wissen und daher ohne Zustimmung neben ihrer Tätigkeit als Assistentin der Geschäftsführerin eines Handelsbetriebes eine Lkw-Spedition gemeinsam mit ihrer Schwester.

Oder die Angestellte ist als Versicherungsvermittlerin angestellt. Sie betreibt ohne Wissen ihrer Arbeitgeberin gemeinsam mit ihrer Partnerin eine Versicherungsagentur und vermittelt immer wieder Kundinnen an die von ihr betriebene Agentur, um Versicherungsprodukte zu verkaufen.

Beispiel für dauernde Dienstunfähigkeit/verschuldensunabhängiger Entlassungsgrund:
Eine Angestellte ist als Verkäuferin beschäftigt. Ihre Aufgaben sind das Kassieren, die Warenübernahme und das Nachschlichten von Regalen. Aufgrund eines Herzleidens und eines Bandscheibenvorfalles ist die Angestellte in den vergangenen vier Jahren immer wieder im Krankenstand gewesen. Bevor die Entlassung durch die Arbeitgeberin ausgesprochen wurde, war sie durchgehend für zwei Jahre im Krankenstand. Die Entlassung ist gerechtfertigt, da sie dauernd arbeitsunfähig ist, auch wenn sie teilweise noch Kassiertätigkeiten ausüben könnte. Insgesamt ist aber dennoch eine Weiterbeschäftigung, obwohl sie noch eine Teiltätigkeit, die Kassiertätigkeit, weiter ausüben könnte, nicht möglich, da ihre körperlichen Einschränkungen so schwerwiegend sind, dass es zu einer dauerhaften Überwälzung nicht unerheblicher Tätigkeiten auf ihre Kolleginnen kommen würde. Die Entlassung ist gerechtfertigt.

Beispiel für ein vertrauensunwürdiges Verhalten:
Im Dienstvertrag wurde vereinbart, dass die private Internet- und Handynutzung während der Arbeitszeit auf ein Mindestmaß zu reduzieren ist. Tatsächlich surfte die Angestellte täglich mehrere Stunden während der Arbeitszeit im Internet und verursachte innerhalb von zehn Tagen € .2.000,– an Kosten für Internet und Handy. Sie wurde berechtigt entlassen, gestützt wurde die Entlassung auf den Tatbestand der Vertrauensunwürdigkeit und auch auf die Untreue im Dienst.

Beispiel für eine beharrliche Pflichtverletzung:
Eine Arbeitnehmerin, welche in der Früh das Verkaufslokal allein verantwortlich aufzusperren hat, erscheint mehrfach über Wochen zu spät zum Dienst. Sie verspätet sich ohne Angabe von Gründen teilweise zwischen einer halben und einer ganzen Stunde. Die Arbeitgeberin verwarnt die Arbeitnehmerin mehrfach und droht ihr an, sie beim nächsten Zuspätkommen, zu entlassen. Tatsächlich verspätet sich die Arbeitnehmerin ohne triftigen Grund wiederum um eine Dreiviertelstunde. Die Arbeitgeberin spricht die gerechtfertigte Entlassung umgehend wegen beharrlicher Pflichtverletzung aus.

Beispiel für das längere unentschuldigte Fernbleiben vom Dienst:
Die Angestellte will eine Urlaubsvereinbarung von drei Wochen mit der Arbeitgeberin vereinbaren. Aus betrieblichen Gründen ist ein dreiwöchiger Urlaub nicht möglich, und die Arbeitgeberin erklärt zweifelsfrei, dass sie einem zweiwöchigen Urlaubsverbrauch zustimmt, aber ein Urlaubsausmaß von drei Wochen ablehnt. Die Arbeitnehmerin kehrt ungeachtet der zweiwöchigen Urlaubsvereinbarung, erst nach drei Wochen Urlaubskonsum in den Betrieb zurück – der Tatbestand des unentschuldigten längeren Fernbleibens vom Dienst ist erfüllt – die Entlassung gerechtfertigt.

Beispiel für eine Entlassung wegen Ehrverletzung:
Eine Angestellte ist seit 25 Jahren im Betrieb, sie wird versetzt und fühlt sich dadurch gekränkt. Zu Weihnachten gibt es ein Gewinnspiel im Betrieb und jede Angestellte darf in Form eines selbst geschriebenen Wunschzettels ihre Wünsche äußern. Die Angestellte schreibt auf den Wunschzettel, dass sie sich wünscht, dass die Personalleiterin gepfählt und die Vorstandsvorsitzende gehängt wird und dass sie aufhören sollen, zu lügen, zu betrügen und zu diskriminieren.

Diese Aussagen sind in einem erheblichen Maße ehrverletzend und auch nicht mehr entschuldbar. Der Ausspruch der Entlassung ist daher ohne Verwarnung unverzüglich gerechtfertigt.

Handelt es sich hingegen um eine Unmutsäußerung, in der sich die Arbeitnehmerin im Zuge einer Auseinandersetzung mit der Arbeitgeberin im Ton vergreift, ohne objektiv ehrverletzend zu sein, und herrscht insgesamt im Betrieb ein eher rauer Umgangston, rechtfertigt dies nicht zwingend eine Entlassung. Es bedarf immer einer Einzelfallprüfung.

16.17 Muss eine Entlassung sofort ausgesprochen werden?

Das Wesen einer Entlassung ist, dass der Vorfall, welcher von der Arbeitnehmerin gesetzt wurde, so schwerwiegend ist, dass eine Weiterbeschäftigung auch bloß für noch kurze Zeit nach objektiven Grundsätzen der Arbeitgeberin nicht mehr zugemutet werden kann.

Daher muss eine **Entlassung** nach Bekanntwerden des Entlassungsgrundes **unverzüglich durch die Arbeitgeberin ausgesprochen** werden. Wartet die Arbeitgeberin trotz eines klaren Sachverhaltes mit dem Entlassungsausspruch zu, kann darauf geschlossen werden, dass der gesetzte Entlassungsgrund für die Arbeitgeberin keine so große Tragweite hat und sie (konkludent) auf ihr Entlassungsrecht verzichtet hat. Ein späterer Entlassungsausspruch wäre daher unzulässig, weil der **Entlassungsgrund verfristet** ist. In solch klaren Sachverhalten wird der Arbeitgeberin lediglich eingeräumt, mit dem Entlassungsausspruch nur insoweit zuzuwarten, als dass sie sich noch eine Rechtsauskunft einholen kann. Aber auch die **Einholung der Rechtsauskunft muss unverzüglich** vorgenommen werden.

Beispiel

Eine Kassiererin entwendet aus der Kasse am Freitag in der Früh € 35,–, sie wird dabei von einer Mitarbeiterin beobachtet und die Videoüberwachung des Kassenplatzes hat den Vorgang ebenso aufgezeichnet. Die Arbeitgeberin wird unmittelbar zehn Minuten nach dem Diebstahl in Kenntnis gesetzt. Sie reagiert nicht, sondern lässt die Arbeitnehmerin sowohl freitags als auch samstags noch an der Kasse weiterarbeiten. Die Arbeitgeberin spricht die Entlassung erst Montagmittag aus. Die Entlassung ist nicht mehr gerechtfertigt, weil sie trotz klaren Sachverhaltes zu spät ausgesprochen wurde.

Ein Weiterarbeiten lassen der Arbeitnehmerin auch nur unter Setzung einer kurzen Frist, nachdem die Arbeitnehmerin tatsächlich einen Entlassungsgrund gesetzt hat und dieser auch der Arbeitgeberin zur Kenntnis gebracht wurde, kann rechtlich problematisch sein. Durch den Umstand, dass die Arbeitnehmerin weiterarbeiten darf, kann geschlossen werden, dass es für die Arbeitgeberin keine Unzumutbarkeit der Fortsetzung des Dienstverhältnisses darstellt und wiederum auf das Entlassungsrecht verzichtet wurde. Nur in Ausnahmefällen, bspw um einen erheblichen wirtschaftlichen Schaden zu verhindern, wird ein sehr kurzes Weiterarbeiten noch vertretbar sein.

Ist der Sachverhalt nicht klar und muss sich die Arbeitgeberin noch ein eigenes Bild über die Entlassungsvorwürfe machen oder auch die rechtliche Situation klären, ist ihr eine angemessene Frist einzuräumen, ohne dass dadurch das Entlassungsrecht unmittelbar untergeht. Sie hat, nachdem sie die notwendigen tatsächlichen oder rechtlichen Umstände geklärt hat, jedoch ohne weitere Verzögerung die Entlassung auszusprechen, anderenfalls die Entlassung wiederum als verfristet angesehen werden kann.

Eine Suspendierung der Arbeitnehmerin bis zur tatsächlichen Klärung des Sachverhaltes ist ebenso zulässig wie das Abwarten des Ausganges eines zwingend vorgesehenen Disziplinarverfahrens, ohne dass das Entlassungsrecht untergeht. Aber auch hier gilt, dass mit Klärung des Sachverhaltes bzw mit Ende des Disziplinarverfahrens unmittelbar anschließend die Entlassung ausgesprochen werden muss, anderenfalls wiederum die Verfristung droht.

16.18 Was tun, wenn die Angestellte mehrfache oder dauerhafte Entlassungsgründe setzt?

Von fortgesetztem entlassungswürdigem Verhalten durch die Arbeitnehmerin ist auszugehen, wenn beispielsweise eine Angestellte über mehrere Monate an ein Konkurrenzunternehmen wichtige Betriebsgeheimnisse verrät. Erhält die Arbeitgeberin nach einiger Zeit von einem Verrat Kenntnis, spricht aber dennoch die Entlassung nicht aus, ist für diesen Vorfall das Entlassungsrecht verwirkt. Setzt die Arbeitnehmerin ihr vertrauensunwürdiges Verhalten weiterhin fort, kann die Arbeitgeberin aber dennoch die **Entlassung für einen nächsten Vorfall aussprechen**. Sie hat zwar das Entlassungsrecht für die weiter zurückliegende Handlung verwirkt, nicht jedoch für zukünftiges entlassungsrelevantes Verhalten.

Liegt ein **Dauerzustand** vor, wie beispielsweise ein längerer Freiheitsentzug, dann kann die Arbeitgeberin während des gesamten Zeitraumes des entlassungswürdigen Verhaltens die Entlassung aussprechen oder unmittelbar nach der Beendigung des Entlassungstatbestandes.

16.19 Kann eine ausgesprochene Entlassung zurückgenommen werden?

Nein, eine bereits ausgesprochene Entlassung kann **ohne Zustimmung der Arbeitnehmerin nicht mehr zurückgenommen werden.**

16.20 Muss die Arbeitgeberin im Entlassungszeitpunkt den Entlassungsgrund nennen?

Nein, im Zeitpunkt der Entlassung gibt es keine Verpflichtung, den Entlassungsgrund zu nennen. Erhebt die Arbeitnehmerin jedoch gegen die Entlassung rechtliche Mittel, bspw eine gerichtliche Entlassungsanfechtung oder eine Klage auf Kündigungsentschädigung wegen ungerechtfertigter Entlassung, dann muss die Arbeitgeberin das Vorliegen von Entlassungsgründen nachweisen, es trifft sie die Beweislast. Gleichzeitig muss sie auch nachweisen können, dass der **Entlassungsgrund im Zeitpunkt des Entlassungsausspruches** bereits vorgelegen hat.

16.21 Kann eine Entlassung noch während der Kündigungsfrist ausgesprochen werden?

Ja, setzt die Arbeitnehmerin während der Kündigungsfrist, somit nachdem die Kündigung bereits ausgesprochen ist, einen Entlassungsgrund, ist eine **Entlassung durchaus noch möglich.** Ist die Kündigungsfrist bereits abgelaufen und das Dienstverhältnis de facto und de jure beendet und erlangt die Arbeitgeberin sodann von einem Entlassungsgrund Kenntnis, kann die Entlassung nicht rückwirkend ausgesprochen werden. Der im aufrechten Dienstverhältnis gesetzte Entlassungsgrund bleibt für die Arbeitnehmerin nach Beendigung des Dienstverhältnisses sanktionslos.

16.22 Welche Rolle spielt der Betriebsrat bei einer Entlassung?

Die Arbeitgeberin hat den **Betriebsrat** von der Entlassung **unverzüglich zu verständigen,** und sie muss **innerhalb von drei Arbeitstagen** nach der Verständigung des Betriebsrats auf dessen Verlangen über die Entlassung **beraten.** Es gibt **keine Formvorschrift** wie die Verständigung bzw die Stellungnahme des Betriebsrates ausgestaltet sein muss. Es kann somit die Verständigung, aber auch die Stellungnahme des Betriebsrates mündlich gemacht werden, was aus Beweiszwecken, vor allem in Hinblick auf den Beginn und das Ende des Fristenlaufs, nicht zu empfehlen ist.

Verständigt die Arbeitgeberin den Betriebsrat nicht oder verlangt das Betriebsratskollegium keine zeitgerechte Beratung, ist es für **die Rechtswirksamkeit der Entlassung ohne Bedeutung, sie ist dennoch rechtsgültig.** Unterbleibt die an keine Frist gebundene Verständigung durch die Arbeitgeberin an den Betriebsrat, kann die **Anfechtungsfrist** wie bei der Kündigungsanfechtung (vgl § 105 ArbvVG) von zwei bzw drei Wochen nicht zu laufen beginnen. In so einem Fall wird dringend geraten, sich umgehend rechtlich beraten zu lassen.

Wird der Betriebsrat ordnungsgemäß verständigt, kann das Betriebsratskollegium mit der Arbeitgeberin beraten und hat innerhalb von drei Arbeitstagen Stellung zu nehmen.

Die **Stellungnahme durch den Betriebsrat** kann entweder so abgegeben werden, dass **der Entlassung zugestimm**t wird. Dann ist eine Entlassungsanfechtung nur wegen eines verpönten Motivs, nicht aber wegen der Sozialwidrigkeit der Entlassung möglich (vgl § 105 Abs 3 Z 2 ArbVG).

Der **Betriebsrat kann der Entlassung widersprechen,** dann hat der Betriebsrat über Verlangen der betroffenen Arbeitnehmerin binnen einer Woche Zeit, die Entlassung selbst für die betroffene Arbeitnehmerin anzufechten. Die einwöchige Anfechtungsfrist des Betriebsrates endet eine Woche nachdem die Betriebsinhaberin den Betriebsrat verständigt hat. Die Stellungnahmefrist von bis zu drei Arbeitstagen des Betriebsrates wird in die Anfechtungsfrist von einer Woche nicht eingerechnet. Macht der Betriebsrat von der Berechtigung keinen Gebrauch oder fehlt die Aufforderung zur Anfechtung durch die betroffene Arbeitnehmerin, geht das Entlassungsanfechtungsrecht auf die Arbeitnehmerin über und sie kann binnen zwei Wochen nach Ablauf der Anfechtungsfrist für den Betriebsrat die Entlassungsanfechtungsklage selbst einbringen.

Nimmt der **Betriebsrat die Entlassung zur Kenntnis,** dh der Betriebsrat widerspricht nicht oder stimmt der Entlassung nicht ausdrücklich zu, dann hat die betroffene Arbeitnehmerin binnen zwei Wochen ab Zugang der Entlassung die Möglichkeit, die Entlassung selbst wegen des Vorliegens von Sozialwidrigkeit oder eines verpönten Motives anzufechten. Die Stellungnahmefrist von bis zu drei Arbeitstagen des Betriebsrates wird in die Anfechtungsfrist von zwei Wochen nicht eingerechnet.

Stimmt der Betriebsrat der Entlassung zu, dann gelten dieselben Anfechtungsfristen wie soeben ausgeführt, aber eine Entlassungsanfechtung wegen Sozialwidrigkeit ist ausgeschlossen. Eine Anfechtung wegen verpönten Motivs ist dennoch zulässig. Die **Entlassungsanfechtung** ist nur dann möglich, wenn kein Entlassungsgrund gesetzt wurde und in weiterer Folge die Auflösung entweder sozialwidrig ist oder aufgrund eines verpönten Motives ausgesprochen wurde. **Ziel** der Entlassungsanfechtung ist **die Weiterbeschäftigung im Betrieb**.

Will die betroffene Arbeitnehmerin, trotz des Umstandes, dass sie keinen Entlassungsgrund gesetzt hat, dennoch nicht im Betrieb weiterarbeiten, hat sie die Möglichkeit, eine **Klage auf Zuspruch einer Kündigungsentschädigung** bei Gericht einzubringen. Diese Klage ist bei sonstigem Verlust der Klagbarkeit binnen sechs Monaten ab Zugang der Entlassung bei Gericht einzubringen. Durch die Klage auf Kündigungsentschädigung ist die ungerechtfertigt entlassene Arbeitnehmerin monetär so zu stellen, wie wenn sie von der Arbeitgeberin gekündigt worden wäre, dh sie bekommt für die fiktive Kündigungsfrist ihr Gehalt noch zur Gänze inkl aliquoter Sonderzahlungen und aliquotem Urlaubsanspruch ausbezahlt.

16.23 Sind manche Dienstverhältnisse besonders vor einer Entlassung geschützt?

Wie bereits bei der Kündigung ausgeführt, gibt es bestimmte Arbeitnehmerinnen, die besonders vor einer vorschnellen Beendigung geschützt werden müssen. Die Gründe für den sogenannten **besonderen Bestandsschutz** sind vielfältig, es kann aufgrund der Gesundheit, des sozialen Status oder aufgrund ihrer Stellung im Betrieb begründet sein. Es gibt daher gesetzliche Bestimmungen, welche eine Entlassung an die Zustimmung von Gerichten oder Behörden knüpfen und ohne deren Zustimmung die Entlassung rechtsunwirksam machen. In diesem Punkt erfolgt nur eine beispielhafte Aufzählung von besonders bestandsgeschützten Dienstverhältnissen:

So normiert das **Mutterschutzgesetz**, dass Frauen während der Schwangerschaft und vier Monate nach der Entbindung nicht ohne Zustimmung des Gerichtes und nur bei Vorliegen von Entlassungsgründen entlassen werden können. Bei Inanspruchnahme einer gesetzlichen Karenz nach dem **Mutterschutzgesetz** oder für Väter nach dem **Väterkarenzgesetz** kann das Dienstverhältnis innerhalb von vier Wochen nach Ende der gesetzlichen Karenz nur bei Vorliegen von Gründen und nur über Zustimmung des Gerichtes durch Entlassung aufgelöst werden. Befindet sich der Vater oder die Mutter in einer gesetzlichen Eltern(teil)zeit, kann das Dienstverhältnis bis vier Wochen nach dem vierten Geburtstag des Kindes ebenso nur mit Zustimmung des Gerichtes und bei Vorliegen von Entlassungsgründen durch Entlassung beendet werden.

Ebenso können **aktive Betriebsräte** nur entlassen werden, wenn einerseits die in § 122 ArbVG aufgezählten Gründe vorliegen und andererseits, wenn die gerichtliche Zustimmung zur Entlassung vorliegt.

Arbeitnehmerinnen, welche eine Behinderung mit 50 Prozent aufweisen, sind nach dem Behinderteneinstellungsgesetz besonders kündigungsgeschützt, jedoch von einem besonderen Entlassungsschutz nicht umfasst. Das Behinderteneinstellungsgesetz kennt keinen besonderen Bestandschutz in Bezug auf Entlassungen.

16.24 Welche Ansprüche stehen einer Arbeitnehmerin zu, die begründet und berechtigt entlassen wurde?

Die Arbeitnehmerin hat Anspruch auf ihr **Gehalt** bis zum Zeitpunkt bzw **dem Tag, an dem die berechtigte Entlassung ausgesprochen wurde**, ebenso auf die **aliquoten Sonderzahlungen** und den **aliquoten Urlaubsanspruch** bis zu diesem Stichtag. Wurden ihr die Sonderzahlungen (Urlaubsbeihilfe und Weihnachtsremuneration) bereits für das ganze Jahr ausbezahlt, so sind hinsichtlich einer allenfalls bestehender **Rückzahlungsverpflichtung** des zu viel bezahlten Teils die diesbezüglichen Rechtsquellen, wie zB der Kollektivvertrag oder die dienstvertragliche Vereinbarung, zu beachten. Wird über die **Rückzahlungsverpflichtung** in den einschlägigen Rechtsquellen nicht geregelt, dann sind die über den Entlassungszeitpunkt hinaus bezahlten Sonderzahlungen der Arbeitgeberin zurückzuerstatten.

Ebenso hat die zu Recht entlassene Arbeitnehmerin **Anspruch auf eine Urlaubsersatzleistung** bis zum Zeitpunkt der Entlassung für den noch nicht verbrauchten Urlaub des aktuellen Jahres. Hat die entlassene Arbeitnehmerin bereits **mehr Urlaub verbraucht**, als ihr im Zeitpunkt der Entlassung zugestanden wäre, hat sie das **damals bezahlte fortlaufende Entgelt während des Urlaubes an die Arbeitgeberin zurückzuzahlen.** Die Rückzahlungsverpflichtung entsteht aber nur dann, wenn die Arbeitnehmerin **ein Verschulden an der Entlassung** trifft. In Fällen einer unverschuldeten Entlassung bswp wegen dauernder Dienstunfähigkeit aufgrund einer langen Krankheit, entsteht keine Verpflichtung, den zu viel verbrauchten Urlaub bzw das bezogene Urlaubsentgelt zurückzuerstatten. Für den in den **vergangenen Jahren noch nicht verbrauchten Urlaub** besteht die Urlaubsersatzleistung uneingeschränkt und **ohne Rückzahlungsverpflichtung**.

16.25 Besteht ein Schadenersatzanspruch der Arbeitgeberin gegenüber der Arbeitnehmerin, wenn diese das Dienstverhältnis grundlos vorzeitig löst?

§ 28 AngG

Ein Schadenersatzanspruch der Arbeitgeberin gegenüber der Arbeitnehmerin ist unter bestimmten Voraussetzungen möglich. Das Dienstverhältnis muss entweder durch eine berechtigte Entlassung aus dem **Verschulden** der Arbeitnehmerin, durch einen **unberechtigten vorzeitigen Austritt**, durch eine **zeitwidrige Kündigung** oder durch eine **unberechtigte Auflösung** eines befristeten Arbeitsverhältnisses durch die Arbeitnehmerin beendet worden sein. Im Falle einer einvernehmlichen Lösung, einer unverschuldeten Entlassung oder eines berechtigten vorzeitigen Austritts besteht daher kein Anspruch auf Schadenersatz nach dieser Gesetzesstelle. Rechtswidriges und schuldhaftes Verhalten der Arbeitnehmerin muss vorliegen.

16.26 Welchen Schaden kann die Arbeitgeberin geltend machen?

Durch die ungerechtfertigte vorzeitige Auflösung der Arbeitnehmerin muss der Arbeitgeberin ein entsprechender Schaden entstanden sein, und die Arbeitgeberin ist aus dem **Titel des Schadenersatzes** so zu stellen, als ob das Dienstverhältnis bis **zum Zeitpunkt der ordnungsgemäßen Auflösung fortbestanden hätte.** Im Falle einer unberechtigten vorzeitigen Auflösung des Arbeitsverhältnisses durch die Arbeitnehmerin kann daher nur jener tatsächlich nachweisbare Schaden geltend gemacht werden, der der Arbeitgeberin in diesem Zeitraum bei Einhaltung der vereinbarten Kündigungsfrist und des Kündigungstermins durch die Arbeitnehmerin oder bis zum Ablauf einer Befristung des Arbeitsverhältnisses durch die mangelnde Verfügbarkeit der Arbeitnehmerin tatsächlich entstanden ist. Daher sind Kosten für die Personalsuche, bspw durch ein Personalvermittlungsbüro, kein Schaden, der der Angestellten angelastet werden kann; sie wären auch bei nicht frist- oder termingerechter Auflösung der Angestellten ohnehin entstanden. Allerdings wird die Angestellte schadenersatzpflichtig, wenn sie vorzeitig unberechtigt auflöst, eine wichtige Aufgabe daher nicht termingerecht fertig wird und die Arbeitgeberin gezwungen ist, eine teure Aushilfskraft einzustellen. Gleichzeitig hat die Arbeitgeberin die sogenannte **Schadensminderungspflicht** zu beachten. Sie hat nur solche Ersatzmaßnahmen zu treffen, und somit sind nur jene Kosten im Rahmen des Schadenersatzes an die Arbeitnehmerin weiterzugeben, die eine durchschnittliche Arbeitgeberin in einer vergleichbaren Situation aufgewendet hätte. Bei der Geltendmachung des Schadensersatzes muss die Arbeitgeberin auch den Eintritt des tatsächlichen Schadens beweisen können. Zur Zulässigkeit von Konventionalstrafe siehe Punkt 16.27.

Ein **faktischer Erfüllungsanspruch** in dem Sinne, dass die **Arbeitnehmerin** noch bis zum Ablauf der vereinbarten oder gesetzlichen Kündigungsfrist die geschuldete Tätigkeit erbringt, kann jedoch **nicht geltend gemacht werden.**

16.27 Ist die Vereinbarung einer Konventionalstrafe in diesem Zusammenhang zulässig?

16

Die Vereinbarung einer Konventionalstrafe ist zulässig, es muss aber ganz klar vereinbart werden, dass die Konventionalstrafe bei einer **rechtswidrigen und schuldhaften vorzeitigen Beendigung durch die Arbeitgeberin** fällig wird. Eine unklare Formulierung geht zulasten der Arbeitgeberin und löst die „Strafe“ nicht aus. Ebenso darf die Höhe der Konventionalstrafe nicht existenzgefährdend sein, da dies als Verstoß gegen die guten Sitten gewertet werden kann und die Vereinbarung der Konventionalstrafe nichtig ist.

Wurde eine Konventionalstrafe zulässigerweise vereinbart, muss die Arbeitgeberin nicht die konkrete Schadenshöhe nachweisen, sondern nur die Verletzung des Dienstvertrages, zB einen unberechtigten vorzeitigen Austritt durch die Arbeitnehmerin, um die Konventionalstrafe geltend machen zu können. Die Konventionalstrafe unterliegt jedoch dem **richterlichen Mäßigungsrecht**, wobei wiederum unter anderem zu berücksichtigen ist, inwieweit überhaupt ein Schaden eingetreten ist und ob die Arbeitgeberin ein Mitverschulden trifft. Die Konventionalstrafe ist bei sonstigem Ausschluss binnen sechs Monaten ab Auflösung gerichtlich geltend zu machen.

16.28 Kann die Arbeitgeberin das Entgelt im Zuge einer rechtswidrigen, vorzeitigen und verschuldeten Auflösung durch die Arbeitnehmerin kürzen?

Grundsätzlich enthält diese Rechtsvorschrift (§ 28 Abs 2 AngG) eine **Kürzungsregel**. Ihr Anwendungsbereich ist in der Praxis jedoch begrenzt.

Nur wenn das Entgelt der Arbeitnehmerin noch nicht fällig ist und die vorzeitige, rechtswidrige und verschuldete Beendigung des Dienstverhältnisses zu einer tatsächlichen Wertminderung bei der Arbeitgeberin führt, können noch nicht fällige Zahlungen an die Arbeitnehmerin gekürzt werden. Bereits fällig gewordenes Entgelt kann nicht gekürzt werden, und bereits bezahlte Gehälter können aus dem Titel des Schadenersatzes nicht zurückgefordert werden.

Beispiel

Ein berühmtes Fotomodell ist das Gesicht einer bekannten Modemarke und wird von dieser im Rahmen eines befristeten Angestelltenverhältnisses beschäftigt. Eine auf sie zugeschnittene Herbstkollektion mit ihrem Namen und ihrem Gesicht wird geplant und teilweise bereits umgesetzt. Während der Dreharbeiten kündigt das Model vorzeitig und unberechtigt, da sie wegen eines noch lukrativeren Auftrags umgehend ins ferne Ausland zieht. Die geplante Herbstkollektion wird für potenzielle Kundinnen uninteressant, die Verkaufspreise müssen zwangsläufig gesenkt werden. Dieser Wertverlust kann mit den noch nicht fälligen Monatsgehältern der Angestellten verrechnet werden.

16.29 Welche Konsequenzen ergeben sich aus einer ungerechtfertigten Entlassung?

Auch wenn eine **Entlassung ungerechtfertigt erfolgt** – also ohne Vorliegen eines Entlassungsgrundes nach den Bestimmungen des AngG –, **endet das Arbeitsverhältnis zwischen Arbeitnehmerin und Arbeitgeberin mit sofortiger Wirkung.** Jedoch kommen den Arbeitnehmerinnen eine Reihe von Ansprüchen zu. Grundsätzlich sind unberechtigt entlassene Arbeitnehmerinnen so zu stellen, als wäre eine termin- und fristgerechte Kündigung durch die Arbeitgeberin erfolgt. Siehe Punkt 16.30.

§ 29 AngG

16.30 Welche Ansprüche kommen Arbeitnehmerinnen zu, wenn sie ungerechtfertigt entlassen werden oder die Arbeitgeberin einen Austritt aus dem Arbeitsverhältnis verschuldet?

Ungerechtfertigt – also ohne Vorliegen eines gesetzlichen Entlassungsgrundes – entlassenen Arbeitnehmerinnen kommen jene Ansprüche zu, die sie auch bei einer termin- und fristgerechten Kündigung durch die Arbeitgeberin geltend machen könnten. Dies sind das Entgelt für die (fiktive) Kündigungsfrist („**Kündigungsentschädigung**") samt anteiliger Sonderzahlungen (Urlaubs- und Weihnachtsremuneration) sowie die **Ersatzleistung** für jene **Urlaubsansprüche**, die noch nicht konsumiert worden sind, auch für jene Urlaubsansprüche, die während der Kündigungsfrist entstanden wären, wobei sich die Arbeitnehmerin anrechnen lassen muss, was sie sich infolge des Unterbleibens der Dienstleistung erspart oder durch anderweitige Verwendung erworben oder zu erwerben absichtlich versäumt hat. Bestehen darüber hinaus weitergehende Schadenersatzansprüche, können diese ebenfalls geltend gemacht werden. Soweit die Arbeitnehmerin der Abfertigung alt unterliegt, besteht auch darauf Anspruch bei ungerechtfertigter Entlassung. Selbiges gilt für den berechtigten Austritt der Arbeitnehmerin aufgrund eines Verschuldens der Arbeitgeberin.

§ 30 AngG

16.31 Was versteht man unter einem Rücktritt vom Arbeitsvertrag und wann ist ein solcher möglich?

Ein Rücktritt vom Arbeitsvertrag liegt vor, wenn Arbeitgeberin und Arbeitnehmerin zwar bereits einen Arbeitsvertrag abgeschlossen haben, jedoch noch **vor Antritt des Dienstes** und somit vor Beginn des Arbeitsverhältnisses vom Vertrag abgegangen wird. Das Gesetz sieht in diesem Zusammenhang bestimmte Rücktrittsgründe vor.

Aufseiten der **Arbeitgeberin** kommen dabei folgende Gründe infrage:

- „Fixgeschäft": Wurde der Arbeitsvertrag unter der Bedingung geschlossen, dass der Dienstantritt genau an einem bestimmten Tag zu erfolgen hat, kann die Arbeitgeberin zurücktreten, wenn die Arbeitnehmerin (aus welchem Grund auch immer) den Dienst an diesem Tag nicht angetreten hat.
- Ist kein Fixgeschäft vereinbart und tritt die Arbeitnehmerin den Dienst nicht zum vereinbarten Tag an und liegt kein unabwendbarer Hinderungsgrund für die Arbeitnehmerin vor (zB Krankheit), kann die Arbeitgeberin vom Arbeitsvertrag zurücktreten.
- Erscheint die Arbeitnehmerin zum vereinbarten Tag nicht zum Dienst und liegt zwar ein unabwendbarer Hinderungsgrund vor, verzögert sich der Dienstantritt aber um zumindest 14 Tage, so kann die Arbeitgeberin vom Arbeitsvertrag zurücktreten.

- Liegt ein Entlassungsgrund vor und ist bereits vor Antritt des Arbeitsverhältnisses klar, dass der Arbeitgeberin der Arbeitsantritt der Arbeitnehmerin unzumutbar ist, berechtigt dies zum Rücktritt.

Aufseiten der **Arbeitnehmerin** kommen folgende Gründe für einen Rücktritt infrage:

- Wenn ein Austrittsgrund im Sinne des Gesetzes vorliegt und bereits der Antritt des Arbeitsverhältnisses für die Arbeitnehmerin unzumutbar ist, ist die Arbeitnehmerin zum Rücktritt vom Arbeitsvertrag berechtigt.
- Wenn der Dienstantritt der Arbeitnehmerin sich aus Verschulden der Arbeitgeberin oder einem Zufall, den die Arbeitgeberin trifft, um mehr als 14 Tage verzögert, ist die Arbeitnehmerin zum Rücktritt vom Arbeitsvertrag berechtigt.

Daneben besteht ein **besonderes Rücktrittsrecht** für jenen Fall, dass über das Vermögen der Arbeitgeberin ein **Insolvenzverfahren** eröffnet wird. Diesfalls kann sowohl die Masseverwalterin, im Sanierungsverfahren mit Eigenverwaltung auch die Arbeitgeberin mit Zustimmung der Sanierungsverwalterin, als auch die Arbeitnehmerin vom Vertrag zurücktreten.

16.32 Welche Rechtsfolgen ergeben sich aus einem unberechtigten Rücktritt vom Arbeitsvertrag?

§ 31 AngG

Tritt die Arbeitgeberin unberechtigt vom Arbeitsvertrag zurück, so entsprechen die Konsequenzen jenen bei ungerechtfertigter Entlassung bzw ungerechtfertigtem Austritt: So hat die Arbeitgeberin eine **Kündigungsentschädigung**, also das Entgelt für die fiktive Kündigungsfrist (vom Datum des Dienstantritts angerechnet) samt anteiliger Sonderzahlungen sowie **Ersatzleistungen** für während der Kündigungsfrist entstehende Urlaubsansprüche zu leisten. Ist das Dienstverhältnis befristet, so ist die Kündigungsentschädigung auf das Entgelt von maximal drei Monaten beschränkt. Darüberhinausgehende **Schadenersatzansprüche** können ebenfalls geltend gemacht werden.

Tritt hingegen die Arbeitnehmerin unberechtigt vom Arbeitsvertrag zurück, so kann die Arbeitgeberin Schadenersatz verlangen.

16.33 Was passiert, wenn sowohl die Arbeitgeberin als auch die Arbeitnehmerin ein Verschulden an der vorzeitigen Auflösung des Dienstverhältnisses trifft?

§ 32 AngG

16

Grundsätzlich können Schadenersatzansprüche zwischen der Arbeitgeberin und der Arbeitnehmerin entstehen, dies insbesondere bei vorzeitiger Auflösung des Dienstverhältnisses (vgl die Ausführungen zu §§ 28, 29 und 31 AngG). Trifft jedoch beide Parteien ein Verschulden an der vorzeitigen Auflösung des Dienstverhältnisses, zB ein von der Arbeitnehmerin verschuldeter berechtigter vorzeitiger Austritt oder eine von der Arbeitgeberin verschuldete berechtigte Entlassung, so kommt die **Mitver-**

schuldensregelung und das damit verbundene **richterliche Mäßigungsrecht** zur Anwendung.

Inwieweit das Verschulden auf beiden Seiten vorliegen muss, ist in der Rechtsprechung umstritten. Vielfach wird judiziert, dass die Mitverschuldensregelung nur dann greift, wenn auf beiden Seiten jeweils ein Austritts- bzw Entlassungsgrund verwirklicht ist.

Beispiel
Eine Arbeitnehmerin fordert die Arbeitgeberin in äußerst provokanter Weise auf, ihre Weisung schriftlich auszuformulieren, woraufhin sich die Arbeitgeberin provoziert fühlt und die Arbeitnehmerin beschimpft. Die Arbeitnehmerin tritt wegen der erheblichen Ehrverletzung berechtigt aus, hat aber ein Mitverschulden an der vorzeitigen Auflösung des Arbeitsverhältnisses.

Im Rahmen des richterlichen Mäßigungsrechts hat das Gericht die Möglichkeit, nach eigenem Ermessen zu entscheiden, ob und in welcher Höhe ein Schadenersatzanspruch besteht. Die Frage, ob die Mitverschuldensregel auch auf Ansprüche wie Abfertigung alt und/oder Urlaubsersatzleistung durchschlägt und damit diese Ansprüche mindert, wird von der Judikatur bejaht und von der Lehre äußerst kritisch gesehen.

Frist zur Geltend- machung der Ansprüche

Kapitel 17

17.1 Wie lange können Arbeitnehmerinnen grundsätzlich Ansprüche aus dem Arbeitsverhältnis geltend machen?

§ 1486 Abs 5 ABGB

Grundsätzlich sieht das Allgemeine Bürgerliche Gesetzbuch (ABGB) in seinem § 1486 eine **allgemeine Verjährungsfrist von drei Jahren** vor. Diese gilt gem § 1486 Abs 5 ABGB auch für Dienstverträge, wobei im AngG – und an anderer Stelle, für Arbeiterinnen, auch im ABGB – Abweichungen von dieser Grundregel vorgesehen sind.

17.2 Was sieht das AngG im Unterschied zur Grundregel im ABGB vor?

§ 34 AngG; § 1162d ABGB

Im Unterschied zur in § 1486 ABGB geregelten allgemeinen Verjährungsfrist von drei Jahren sieht § 34 AngG eine **verkürzte Frist für bestimmte Ansprüche**, nämlich solche wegen vorzeitigen Austrittes oder vorzeitiger Entlassung aus dem Arbeitsverhältnis sowie Ersatzansprüche wegen Rücktritts vom Vertrag, vor: So wird gem § 34 AngG die Frist auf sechs Monate verkürzt. Außerdem handelt es sich nicht um eine Verjährungsfrist – wie bei § 1486 ABGB –, sondern um eine sog „Verfallsfrist“ oder „Präklusivfrist“ – zur Unterscheidung siehe die nachfolgende Frage. Eine mit § 34 AngG – der nur für Angestellte gilt – vergleichbare Bestimmung findet sich auch in § 1162d ABGB und betrifft Dienstverhältnisse außerhalb des Angestelltenkontextes.

17.3 Was ist der Unterschied zwischen Verjährung und Verfall?

Erlischt mit Ablauf einer bestimmten Frist das **Klagerecht**, handelt es sich um **„Verjährung“**. Das bedeutet, dass ein bestimmter Anspruch durchaus weiter besteht, allerdings nicht mehr gerichtlich geltend gemacht werden kann. Der Anspruch wird zur „Naturalobligation“. Wird also ein geschuldeter Betrag gezahlt, obwohl bereits Verjährung eingetreten ist, kann er nicht mehr zurückgefordert werden. Die allgemeine Verjährungsfrist für Ansprüche aus dem Arbeitsverhältnis beträgt **drei Jahre**.

„Verfall“ hingegen bedeutet, dass der **Anspruch** als solcher **erlischt**, also nicht nur die Klagbarkeit fehlt, sondern der Anspruch selbst. Im Zusammenhang mit Verfallsregelungen ist eine rasche Geltendmachung daher besonders wichtig!

17.4 Welche Ansprüche fallen unter die verkürzte Frist des AngG?

§ 34 AngG

17

Das AngG zielt in seinem § 34 auf „Ersatzansprüche wegen vorzeitigen Austrittes oder vorzeitiger Entlassung im Sinne der §§ 28 und 29, ferner Ersatzansprüche wegen Rücktrittes vom Vertrag im Sinne des § 31“, jedoch sind auch termin- oder fristwidrige Kündigungen bzw die sich daraus ergebenden Ansprüche erfasst. Unter die in § 34 AngG festgelegte Frist fallen Schadenersatzansprüche der Arbeitgeberin (gegen die Arbeitnehmerin) ebenso wie Ansprüche einer Arbeitnehmerin auf Kündigungsentschädigung bzw ebenfalls auf Schadenersatz (gegen die Arbeitgeberin). Wird das Arbeitsverhältnis auf andere Weise beendet, ist § 34 AngG jedoch nicht anzuwenden.

§ 34 Abs 2 AngG

17.5 Wann beginnt die im AngG vorgesehene verkürzte Frist zu laufen?

Die in § 34 AngG vorgesehene Verfallsfrist von sechs Monaten für Ersatzansprüche wegen vorzeitigen Austrittes oder Entlassung sowie für Ersatzansprüche wegen Rücktrittes vom Vertrag beginnt bei vorzeitiger Auflösung des Dienstverhältnisses **mit Ablauf jenes Tages, an dem der Austritt bzw die Entlassung erfolgt ist**, zu laufen. Beim Rücktritt vom Vertrag hingegen beginnt die Verfallsfrist mit Ablauf jenes Tages, an dem der Dienstantritt vereinbarungsgemäß hätte erfolgen sollen, zu laufen.

17.6 Kann die Frist zur Geltendmachung von Ansprüchen noch an anderer Stelle geregelt sein?

Viele Kollektivverträge enthalten Bestimmungen über die **Verkürzung von Fristen** bzw legen **Verfallsbestimmungen** fest, um eine rasche Geltendmachung von Ansprüchen aus dem Arbeitsverhältnis zu erreichen. Die festgelegten Fristen betragen dabei typischerweise zwischen drei und sechs Monaten. Die betreffende Arbeitnehmerin muss Ansprüche also binnen dieser Zeiträume bei der Arbeitgeberin geltend machen, um sie vor Gericht durchsetzen zu können. Die Fristen dürfen lediglich nicht sittenwidrig, also **unangemessen kurz**, ausgestaltet sein. Mitunter unterliegen in Kollektivverträgen auch nicht sämtliche Ansprüche Verfallsfristen in derselben Dauer, sondern es ist etwa eine Verfallsfrist von drei Monaten nur für Überstunden vorgesehen, während andere Ansprüche dieser Frist nicht unterliegen. In diesem Zusammenhang ist es besonders wichtig, den zur Anwendung kommenden Kollektivvertrag aufmerksam zu lesen und sich gegebenenfalls beraten zu lassen – die in den einzelnen Kollektivverträgen verankerten Bestimmungen variieren stark!

17.7 Kann die sechsmonatige Frist des § 34 AngG durch kollektivvertragliche Regelung weiter verkürzt werden?

Eine weitere Verkürzung der sechsmonatigen Frist des § 34 AngG durch kollektivvertragliche Regelung kommt nicht in Betracht, da § 34 AngG – ebenso wie § 1162d ABGB – **relativ zwingenden Charakter** aufweist. Das bedeutet, dass von der gesetzlichen Bestimmung nur zugunsten der Arbeitnehmerinnen abgegangen werden darf. Zu Ungunsten der Arbeitnehmerinnen ist eine Verkürzung der Fristen des § 34 AngG also nicht möglich – nur eine Verlängerung ist denkbar. Andere Ansprüche, wie etwa jene auf Überstundenvergütung oder Urlaubsersatzleistung unterliegen allerdings nicht der sechsmonatigen Frist des § 34 AngG. Hinsichtlich derartiger Ansprüche können also kollektivvertragliche Regelungen getroffen werden, die die Frist zur Geltendmachung gegenüber der gesetzlichen Lage durchaus verkürzen können.

Konkurrenz-klausel

Kapitel 18

18.1 Gilt die Konkurrenzklausel im aufrechten Dienstverhältnis?

Eine Konkurrenzklausel kann im Dienstvertrag vereinbart werden, sie gilt nicht automatisch kraft Gesetzes. Wird sie vereinbart, so gilt sie **erst nach Beendigung des Arbeitsverhältnisses** unter den gesetzlich zwingend vorgeschriebenen Voraussetzungen, wie Altersgrenze der Arbeitnehmerin, gewisse Beendigungsart, Einkommensgrenzen usw Die Konkurrenzklausel dient ausschließlich den **Interessen der Arbeitgeberin**, die damit ihre Betriebs- und Geschäftsgeheimnisse wie zB ihren Kundenstamm, ihre Produktionsweise, ihre Geschäftsbeziehungen zu Vertragspartnern usw für eine bestimmte Zeit nach Beendigung des Arbeitsverhältnisses schützen will. Eine Konkurrenzklausel kann auch während der Probezeit oder in einem befristeten Arbeitsverhältnis vereinbart werden. Als weitere Voraussetzung für die Gültigkeit einer Konkurrenzklausel gilt, dass sie **maximal** für die **Dauer** von bis zu **einem Jahr nach dem Ausscheiden aus dem Dienstverhältnis** vereinbart werden kann.

Konkurrenzklauseln finden sich in der Praxis auch bspw in Form von Kundinnenschutzklauseln oder Mandantinnenschutzklauseln.

18.2 Welche Tätigkeiten können mit einer Konkurrenzklausel unterbunden werden?

Grundsätzlich soll eine Konkurrenzklausel **Tätigkeiten** und Handlungen der ausscheidenden Arbeitnehmerin verbieten, die in einem **sachlichen Zusammenhang mit dem Betrieb** der ursprünglichen Arbeitgeberin stehen. Beispielsweise können durch eine Konkurrenzklausel geschäftliche Aktivitäten untersagt werden, die das Unternehmen Marktanteile kosten könnten. Es kann vereinbart werden, dass die ausscheidende Arbeitnehmerin innerhalb eines Jahres nicht bei namentlich genannten Konkurrenzunternehmen in ähnlicher Funktion anfangen darf, oder es kann untersagt werden, in einem örtlich definierten Verkaufsgebiet ähnliche Produkte zu vertreiben. Es kann auch vereinbart werden, dass bestehende Kundinnen innerhalb eines Jahres weder auf unselbstständiger noch auf selbstständiger Basis kontaktiert bzw abgeworben oder mit ihnen Geschäfte abgeschlossen werden dürfen.

Die **Grenze** der Zulässigkeit von Konkurrenzklauseln ist die **Sittenwidrigkeit**. Immer dann, wenn ein grobes Missverhältnis zwischen dem Schutz der geschützten Interessen der Arbeitgeberin an der unternehmerischen Freiheit und am Eigentum und den geschützten Rechten der Arbeitnehmerin, wie der Dienstleistungsfreiheit und der Freizügigkeit, zulasten der Arbeitnehmerin besteht, kann die Vereinbarung teilweise oder ganz nichtig sein. Dies ist immer eine Frage des Einzelfalls.

In jedem Fall sittenwidrig und damit nichtig sind Konkurrenzklauseln, die so restriktiv formuliert sind, dass sie faktisch zu einem Berufsverbot für die ausscheidende Arbeitnehmerin führen, indem die Berufserfahrung nicht verwertet werden kann, der ausgeübte Spezialberuf aufgegeben werden muss und damit ein Wechsel in einen tätigkeitsfremden Bereich mit geringeren Verdienstaussichten erforderlich wird.

Beispiel
Einer Cellistin eines der bekanntesten Orchester der Stadt wird mittels vereinbarter Konkurrenzklausel untersagt, in Wien, Niederösterreich, dem Burgenland und den angrenzenden Staaten als Cellistin aufzutreten. Das kommt einem Berufsverbot gleich. Sie wäre gezwungen, als Musiklehrerin mit geringerem Einkommen zu arbeiten.

Wenn eine Konkurrenzklausel in manchen Punkten zu eng gefasst ist, bedeutet das nicht in jedem Fall zwingend die gänzliche Sittenwidrigkeit der Klausel. Vielmehr greift auch bei Konkurrenzklauseln, die punktuell überschießend sind, das **richterliche Mäßigungsrecht**. Das bedeutet, die Richterin mildert die zu eng formulierte Konkurrenzklausel im Zuge eines Gerichtsverfahrens so ab, dass beide Parteien ohne zu großen Schaden weiter wirtschaften bzw arbeiten können.

18.3 Mit wem kann gültig eine Konkurrenzklausel vereinbart werden?

Die Konkurrenzklausel kann mit Angestellten vereinbart werden. Sie ist nur dann rechtswirksam, wenn die Angestellte im Zeitpunkt des Abschlusses der Konkurrenzklausel **nicht mehr minderjährig und somit bereits zumindest das 18. Lebensjahr vollendet hat.**

18.4 Ist das letzte Monatsentgelt vor dem Ausscheiden wichtig für die Anwendbarkeit der Konkurrenzklausel?

Für alle Konkurrenzklauseln, **die nach dem 29.12.2015 abgeschlossen wurden, gilt:**

- Sie können nur dann wirksam werden, wenn die Arbeitnehmerin im letzten Monat des Ausscheidens aus dem Arbeitsverhältnis Anspruch auf ein Entgelt hat, dass **€ 4.300,–brutto** (20-fache tägliche ASVG-Höchstbeitragsgrundlage 2025 € 215 x 20 =) **übersteigt.** Bei der Berechnung dieser Auslösegrenze werden die Sonderzahlungen nicht berücksichtigt.

Für Vereinbarungen über **Konkurrenzklauseln bis zum 28.12.2015 gilt:**

- Sie können nur dann wirksam werden, wenn die Arbeitnehmerin im letzten Monat des Ausscheidens aus dem Arbeitsverhältnis Anspruch auf ein Entgelt hat, das **€ 3.655,–brutto** (17-fachen täglichen ASVG-Höchstbeitragsgrundlage Wert für 2025: 17 x € 215 = € 3.655,–) **übersteigt.** Die Sonderzahlungen werden hier für die Berechnung der Auslösegrenze berücksichtigt.

Für alle Vereinbarungen von Konkurrenzklauseln, die mit Angestellten **vor dem 17.3.2006 bzw mit Arbeiterinnen vor dem 18.3.2006 abgeschlossen wurden, gilt:**

- Es kommt **keine Entgeltgrenze zur Anwendung**, die Konkurrenzklausel ist wirksam, unabhängig davon, was im Monat des Ausscheidens verdient wurde.

18.5 Ist die Art der Beendigung des Dienstverhältnisses für die Wirksamkeit der Konkurrenzklausel wichtig?

Hat die Arbeitgeberin das Arbeitsverhältnis mit **der Arbeitnehmerin gekündigt,** oder hat sie den **berechtigten vorzeitigen Austritt der Arbeitnehmerin verschuldet**, oder ist die Arbeitnehmerin **ungerechtfertigt entlassen worden**, so kann sich die **Arbeitgeberin nicht auf die Konkurrenzklausel berufen.** Hat das Arbeitsverhältnis durch **Kündigung der Arbeitnehmerin, einvernehmliche Auflösung oder Zeitablauf geendet, so bleiben die Wirkungen der Konkurrenzklausel bestehen.** Ebenso kann sich die Arbeitgeberin gegenüber der Arbeitnehmerin **auf die Konkurrenzklausel berufen, wenn die Arbeitgeberin ihrerseits das Arbeitsverhältnis gekündigt hat, weil die Arbeitnehmerin durch ihr schuldhaftes Verhalten dazu Anlass** gegeben hat. Im Falle einer Beendigung des Dienstverhältnisses durch die Arbeitgeberin, bspw durch eine **Dienstgeberinnenkündigung,** die an sich nicht die Wirksamkeit der Konkurrenzklausel auslösen kann, kann die Gültigkeit der Konkurrenzklausel dennoch ausgelöst werden**, wenn die Arbeitgeberin erklärt, dass sie der Arbeitnehmerin das Entgelt für die vereinbarte Dauer der Konkurrenzklausel weiterzahlt.** Im Gegenzug darf die Arbeitnehmerin keine Tätigkeit, wie in der Konkurrenzklausel vereinbart, ausüben.

Tipp

Ist im Dienstvertrag eine Konkurrenzklausel vereinbart, dann muss die Unwirksamkeit der Konkurrenzklausel im Zuge der einvernehmlichen Lösung explizit vereinbart und aus Beweiszwecken verschriftlicht werden. Eine wechselseitige Bereinigungsklausel im Zeitpunkt der einvernehmlichen Lösung hebt die Wirksamkeit der Konkurrenzklausel nicht auf.

18.6 Wie lange wirkt die Konkurrenzklausel nach Beendigung des Dienstverhältnisses?

Die Konkurrenzklausel kann längstens auf **ein Jahr nach Beendigung des Dienstverhältnisses** vereinbart werden. Die vereinbarte Frist beginnt mit dem Tag der Beendigung zu laufen. Eine Vereinbarung, die die Arbeitnehmerin länger als ein Jahr bindet, ist teilnichtig; sie ist bis zur Einjahresfrist gültig.

18.7 Was sind die Konsequenzen bei Verletzung einer gültigen Konkurrenzklausel?

Die **Arbeitgeberin ist berechtigt, Schadenersatzansprüche** gegen die vertragsbrüchige Arbeitnehmerin geltend zu machen, **oder sie kann auf Einhaltung der Konkurrenzklausel klagen,** was je nach Vereinbarung die **Unterlassung der konkurrenzierenden Tätigkeit** bedeutet.

Eine Schadenersatzklage ist nur dann erfolgreich, wenn neben der Rechtswidrigkeit, dem Verschulden und der Kausalität auch der Schadenseintritt bewiesen werden kann.

18.8 Kann eine Konventionalstrafe als Sanktion bei Verletzung der Konkurrenzklausel vereinbart werden?

Oft kann die Höhe und/oder der Eintritt des durch eine konkurrierende Tätigkeit erwarteten Schadens nicht genau beziffert werden, daher werden vielfach **pauschalierte Schadenersatzansprüche, sogenannte Konventionalstrafen, vereinbart**. Grundsätzlich unterliegen diese vereinbarten **Konventionalstrafen** der Höhe nach dem **richterlichen Mäßigungsrecht** und sind bis zum Sechsfachen des für den letzten Monat des Arbeitsverhältnisses gebührenden Nettomonatsentgeltes gesetzlich (vgl § 37 Abs 3 AngG) begrenzt. Sonderzahlungen sind dabei außer Acht zu lassen. **Diese wertmäßige Begrenzung der Konventionalstrafe gilt nur für Konkurrenzklauseln, die nach dem 28.12.2015 vereinbart wurden.** Ein tatsächlich höherer Schaden, als durch die Konventionalstrafe abgedeckt wird, kann nicht geltend gemacht werden. Ebenso wenig kann bei Vereinbarung einer Konventionalstrafe eine einstweilige Verfügung oder zusätzlich ein Unterlassungsanspruch gerichtlich durchgesetzt werden.

Konventio-nalstrafen

Kapitel 19

19.1 Was ist eine Konventionalstrafe?

Die Konventionalstrafe ist ein **pauschalierter Schadenersatzanspruch** der Arbeitgeberin gegenüber der Arbeitnehmerin. Die Konventionalstrafe kann bei einem wahrscheinlichen Schadenseintritt durch die Arbeitnehmerin geltend gemacht werden, jedoch nur, wenn die Konventionalstrafe im Arbeitsvertrag vereinbart wurde. Wird sie aufgrund eines **schadenersatzrechtlich relevanten Tatbestands** gegenüber der Arbeitnehmerin geltend gemacht, unterliegt sie zwingend dem **richterlichen Mäßigungsrecht**. Es handelt sich somit um einseitig zwingendes Recht, das nicht zu Ungunsten der Arbeitnehmerin abgeändert werden kann, sodass die geltend gemachte Konventionalstrafe von der Richterin im Rahmen des Gerichtsverfahrens gemildert und damit im Einzelfall herabgesetzt werden kann.

19.2 Wie können Konventionalstrafen ausgestaltet sein?

Eine Konventionalstrafe wird in der arbeitsrechtlichen Praxis unterschiedlich bezeichnet, so wird sie bspw auch Vertragsstrafe, Rückzahlungsvereinbarung, Prämienrückzahlungsvereinbarung genannt. Auch ihre Entstehung kann vielseitig sein. So ist bspw die Verletzung der vereinbarten Konkurrenzklausel ein Grund für die Geltendmachung der vereinbarten Konventionalstrafe oder auch die Verletzung einer Geheimnisschutzklausel.

Wesentlich für eine wie immer genannte Konventionalstrafe ist, dass es sich um einen Schadenersatzanspruch der Arbeitgeberin handeln muss. Daher ist es notwendig, dass der Schaden und damit der auslösende Moment für die **Zahlung der Konventionalstrafe aufgrund eines rechtswidrigen, schuldhaften Verhaltens, welches der Arbeitnehmerin zuordenbar ist, entstanden ist oder entstehen wird**. Die genaue Schadenshöhe muss nicht beziffert werden können, auch muss der Schaden noch nicht unmittelbar eingetreten sein, es reicht, dass der Arbeitsvertrag bzw die vereinbarten Nebenverpflichtungen, wie ein Konkurrenzverbot, nicht oder schlecht erfüllt wurden.

Es kann auch mit der Arbeitnehmerin zulässigerweise vereinbart werden, dass eine Konventionalstrafe zu zahlen ist, wenn die Arbeitnehmerin ihr Dienstverhältnis rechtswidrig löst. Derartige Vertragsklauseln beziehen in aller Regel neben dem unberechtigten Austritt auch die zeitwidrige Kündigung und die von der Arbeitnehmerin verschuldete Entlassung mit ein. Zulässige Konventionalstrafen im Zuge einer rechtswidrigen Beendigung durch die Arbeitnehmerin sind analog § 34 AngG binnen sechs Monaten ab Beendigung gerichtlich geltend zu machen, anderenfalls der Anspruch nicht mehr gerichtlich aufgegriffen werden kann.

Im Zuge einer Ausbildungskostenrückzahlungsvereinbarung bei Beendigung des Dienstverhältnisses geltend gemachter aliquoter Ausbildungskostenersatz ist keine Konventionalstrafe, da auch hier in der Regel die Rechtswidrigkeit der Beendigung durch die Arbeitnehmerin fehlt und § 2d AVRAG den Ausbildungskostenrückersatz abschließend regelt.

19.3 Welcher Schaden kann geltend gemacht werden?

Tatsächlich ist es für die Geltendmachung der Konventionalstrafe nicht erforderlich, dass der Schaden überhaupt eingetreten ist. Der Nichteintritt eines Schadens oder ein nur sehr geringer Schaden macht die Konventionalstrafe daher nicht unwirksam. Der Nichteintritt des Schadens oder die geringe Schadenshöhe findet aber im richterlichen Mäßigungsrecht Berücksichtigung und kann erheblich gemindert oder auf null reduziert werden. (vgl OGH 9 ObA 187/93)

Die Schadenshöhe ist allerdings mit der Höhe der vereinbarten Konventionalstrafe begrenzt, dh ein tatsächlich darüber hinausgehender Schaden kann nicht aus dem Titel der vereinbarten Konventionalstrafe geltend gemacht werden. Ob neben dieser Vertragsstrafe ein darüber hinausgehender Schaden aus einem anderen Titel geltend gemacht werden kann, ist umstritten.

Für den Bereich der Verletzung der Konkurrenzklausel besteht eine gesetzliche Klarstellung, dass ein über die Konventionalstrafe hinausgehender Schaden nicht mehr geltend gemacht werden kann. Wurde im Rahmen einer Konkurrenzklausel eine **Konventionalstrafe vereinbart**, so ist diese gesetzlich **zwingend** auf das **Sechsfache des Nettoeinkommens** des letzten Monats **begrenzt**. Wird dennoch unzulässigerweise mehr vereinbart, führt dies zur Teilnichtigkeit der Vereinbarung. Im Bereich der Konkurrenzklausel mit Konventionalstrafenvereinbarung besteht daher ein gesetzlich normiertes **Kumulierungsverbot** von Konventionalstrafe und sonstigen Erfüllungsansprüchen und eine Begrenzung mit dem Sechsfachen des Nettoeinkommens des letzten Monats!

19.4 Was passiert vor Gericht, wenn die Arbeitgeberin den Schaden einklagt?

Bei der Anwendung des richterlichen Mäßigungsrechts sind unter anderem die geltend gemachte Schadenshöhe und der tatsächliche Schadenseintritt der Arbeitgeberin und die wirtschaftlichen und sozialen Verhältnisse der Arbeitnehmerin vom Gericht zu berücksichtigen. In die Bemessung der Schadenshöhe fließen zB auch das Mitverschulden der Arbeitgeberin, aber auch die wirtschaftlichen und sozialen Verhältnisse der Arbeitnehmerin, hier insbesondere die Schuldensituation, Unterhaltspflichten, ein grob treuwidriges Verhalten, der Ausbildungsstand, die wirtschaftliche Unerfahrenheit der Arbeitnehmerin, ein.

Es ist eine Interessenabwägung zwischen den schutzwürdigen Interessen des Arbeitgebers und der Arbeitnehmerin vorzunehmen.

Die Geltendmachung einer Konventionalstrafe verjährt grundsätzlich in drei Jahren ab Kenntnis von Schaden und Schädiger. Bei der Verletzung von Pflichten aus einem Dauerschuldverhältnis, wie zB der Verletzung der Konkurrenzklausel, liegt eine fortgesetzte Verletzung eines Dauerschuldverhältnisses vor. Hier wird man den Beginn der Verjährung mit der Beendigung der Verletzungshandlung bzw mit der Beendigung der Verpflichtung annehmen müssen.

Zeugnis

Kapitel 20

20.1 Welche Arten von Dienstzeugnissen gibt es?

§ 39 AngG

Das AngG unterscheidet zwischen einem Zeugnis bei Beendigung des Arbeitsverhältnisses und einem Zeugnis während des laufenden Arbeitsverhältnisses. Wird das Zeugnis am Ende des Arbeitsverhältnisses ausgestellt, wird es **„Endzeugnis"** genannt, erfolgt die Ausstellung während des laufenden Arbeitsverhältnisses, spricht man vom **„Zwischenzeugnis"**. Beide Zeugnisse werden häufig auch schlicht als „Dienstzeugnis" (ohne Unterscheidung zwischen End- und Zwischenzeugnis) bezeichnet. Davon zu unterscheiden ist jedoch insbesondere der „Dienstzettel" gem § 2 AVRAG, der eine schriftliche Aufzeichnung über die wesentlichen Rechte und Pflichten aus dem Arbeitsvertrag darstellt und mit dem Dienstzeugnis nichts zu tun hat.

20.2 Welcher Zweck wird mit einem Dienstzeugnis verfolgt?

Oftmals wird das Dienstzeugnis im Zusammenhang mit einem Wechsel des Arbeitgebers benötigt, insbesondere soll das Zeugnis also der Arbeitnehmerin erleichtern, Auskunft über die bisherige Laufbahn zu geben. Mitunter werden Dienstzeugnisse von Arbeitnehmerinnen aber auch in anderen Zusammenhängen, zB für bestimmte Behördengänge, benötigt. Die Regelungen über die Ausstellung von Dienstzeugnissen sind daher als **Konkretisierung der Fürsorgepflicht** der Arbeitgeberin anzusehen.

20.3 Wann muss die Arbeitgeberin ein Dienstzeugnis ausstellen?

Verlangt die Arbeitnehmerin – sei es während des laufenden Arbeitsverhältnisses oder bei dessen Beendigung – ein Dienstzeugnis, so ist die Arbeitgeberin verpflichtet, ein solches unverzüglich, also ohne schuldhafte Verzögerung, auszustellen.

20.4 Zu welchem Zeitpunkt muss ein Endzeugnis ausgestellt werden?

Das Endzeugnis ist im Zuge der Auflösung des Arbeitsverhältnisses, das heißt in zeitlicher Nähe zur Beendigung des Arbeitsverhältnisses, auszustellen, wobei die Art der Auflösung des Arbeitsverhältnisses (Kündigung, Entlassung, Austritt) und die Dauer des vorangegangenen Arbeitsverhältnisses **keine Rolle** spielen.

20.5 Bis zu welchem Zeitpunkt kann ein Zwischenzeugnis von der Arbeitgeberin verlangt werden?

Arbeitnehmerinnen können während des laufenden Arbeitsverhältnisses zu jeder Zeit die Ausstellung eines Dienstzeugnisses (als Zwischenzeugnis) verlangen, also grundsätzlich auch **bis relativ knapp vor Ende des Arbeitsverhältnisses**. Lediglich schikanös darf das Verlangen nicht sein.

20.6 Muss die Arbeitgeberin das Dienstzeugnis ohne Aufforderung durch die Arbeitnehmerin ausstellen?

Arbeitnehmerinnen müssen die Ausstellung eines Dienstzeugnisses **verlangen**, die Arbeitgeberin muss also nicht von sich aus tätig werden. Das Verlangen der Arbeitnehmerin muss jedoch keiner bestimmten Form entsprechen. Ist strittig, wie lange das Arbeitsverhältnis gedauert hat oder welcher Arbeitsinhalt vereinbart war, muss die Arbeitnehmerin ihr Verlangen aber konkretisieren und darstellen, worüber sie ein Dienstzeugnis ausgestellt bekommen möchte. Ein Anspruch auf Übersendung des Dienstzeugnisses besteht jedoch nicht – gegebenenfalls muss die Arbeitnehmerin das Dienstzeugnis also bei der Arbeitgeberin abholen.

§ 1478 ABGB

20.7 Welche Möglichkeiten gibt es, wenn zu Ende des Arbeitsverhältnisses kein Dienstzeugnis ausgestellt worden ist?

Wird am Ende eines Arbeitsverhältnisses kein Dienstzeugnis ausgestellt, so hat die Arbeitnehmerin die Möglichkeit, **30 Jahre lang die Ausstellung eines Dienstzeugnisses nachzufordern**. Von diesem Grundsatz kann jedoch durch kollektiv- oder einzelvertragliche Vereinbarung abgegangen werden, daher kann auch eine kürzere Frist zur Anwendung kommen.

§ 39 Abs 1 AngG

20.8 Was muss Inhalt des Dienstzeugnisses sein?

Das Dienstzeugnis hat dem Gesetz zufolge Angaben über die (rechtliche, nicht bloß faktische!) **Dauer und die Art der Dienstleistung** zu enthalten. Die Darstellung der Art der Dienstleistung darf jedoch nicht nur aus einer oberflächlichen Berufsbezeichnung (oder gar der bloßen Bezeichnung als „Angestellte“ oder „Sekretärin“) bestehen, sondern muss das **tatsächliche Aufgabengebiet** der Arbeitnehmerin so konkret beschreiben, dass künftige Arbeitgeberinnen sich ein gutes Bild von der Tätigkeit der Arbeitnehmerin machen können. Auch akademische Grade sind jedenfalls anzugeben.

Demgegenüber dürfen jene Anmerkungen, die der Arbeitnehmerin die Erlangung einer neuen Arbeitsstelle erschweren, nicht Eingang in das Dienstzeugnis finden. Aus diesen Anordnungen wird abgeleitet, dass der Inhalt eines Dienstzeugnisses den Grundsätzen der Wahrheit, der **wohlwollenden Formulierung und dem Verbot nachteiliger Formulierungen** – welches auch als „**Erschwernisverbot**" bezeichnet wird – entsprechen muss. Konkret ist unter dem Prinzip der Wahrheit zu verstehen, dass die verrichtete Tätigkeit richtig dargestellt wird. Das Dienstzeugnis darf also einerseits nicht die Tätigkeit der Arbeitnehmerin „kleinreden" oder die erbrachten Aufgaben eingeschränkter darstellen, als dies tatsächlich der Fall war. Andererseits darf die Tätigkeit der Arbeitnehmerin auch nicht aus Gefälligkeit als einflussreicher oder umfangreicher dargestellt werden, als sie tatsächlich war. Aus dem Prinzip der Wahrheit ergibt sich auch, dass eine Vor- oder Rückdatierung des Dienstzeugnisses nicht zulässig ist.

Das Prinzip der wohlwollenden Formulierung und das Erschwernisverbot richten sich darauf, dass das Dienstzeugnis keine Angaben enthalten darf, die der Arbeitnehmerin **das Erlangen einer neuen Arbeitsstelle erschweren**. Es dürfen also keine Formulierungen enthalten sein, die auf eine schlechte Arbeitsleistung hindeuten, auch eine Gewerkschaftsmitgliedschaft der Arbeitnehmerin oder eine Tätigkeit als Betriebsratsmitglied darf nicht angesprochen werden. Auch Hinweise auf die Art der Vertragsauflösung (zB Kündigung durch die Arbeitnehmerin) dürfen nicht enthalten sein. Im Zweifel kommt dem Erschwernisverbot – insb im Verhältnis zum Prinzip der Wahrheit – überwiegende Bedeutung zu. Daher finden sich im Text von Dienstzeugnissen besonders häufig Superlative.

Beispiel

Die Arbeitnehmerin X erhält ein Dienstzeugnis, das folgende Formulierung aufweist: „Frau X war in der Abteilung Buchhaltung beschäftigt. Sie hat sich stets bemüht, den an sie gestellten Anforderungen gerecht zu werden, und hat im Laufe ihres Arbeitsverhältnisses viel dazugelernt."

Diese Formulierung im Dienstzeugnis entspricht nicht den gesetzlichen Vorgaben. Die Tätigkeit der Arbeitnehmerin wird nicht genau genug beschrieben (welche Rolle hatte Frau X in der Abteilung Buchhaltung inne, worin bestand ihre Tätigkeit?), außerdem wird gegen das Erschwernisverbot verstoßen, da aufgrund der Textierung des Dienstzeugnisses offenkundig ist, dass die Arbeitnehmerin X die Erwartungen der Arbeitgeberin nicht erfüllt hat – Frau X hat sich eben nur „bemüht" und dabei „viel dazugelernt" (was sie zuvor offenbar noch nicht wusste). Diese Information ist geeignet, die Arbeitnehmerin in ihrem weiteren beruflichen Fortkommen zu behindern.

20.9 In welcher Form muss das Dienstzeugnis ausgestellt werden?

Das Dienstzeugnis muss **in schriftlicher Form ausgestellt** und von einer in Personalfragen bevollmächtigten Person **unterfertigt** werden. Auch Ausstellungsort sowie Ausstellungsdatum sowie der vollständige Name der Arbeitnehmerin, ihr Geburtsdatum und ihre Wohnadresse müssen enthalten sein. Das Dienstzeugnis darf **keine äußeren Mängel** aufweisen, wie etwa unleserliche Schrift, beschädigtes Papier, nachträgliche Korrekturen, eine veraltete Firmenadresse oder krasse Rechtschreibfehler. Bloß geringfügige Fehler wie etwa ein leichter Grammatikfehler oder unterschiedliche Zeilenabstände sind nicht korrekturbedürftig.

Beispiel
Der Arbeitnehmerin Y wird am Ende ihres Arbeitsverhältnisses ein schriftliches Dienstzeugnis ausgestellt. In diesem werden ihre persönlichen Daten sowie die Tätigkeit von Y korrekt angegeben, und ihre Leistung im Unternehmen wird wortreich gelobt. Allerdings stellt eine Sachbearbeiterin der Personalabteilung unabsichtlich ihre Kaffeetasse auf dem Ausdruck des Dienstzeugnisses von Y ab, was unschöne Spuren hinterlässt. Anschließend wird das Dokument noch durch eine Unachtsamkeit in der Poststelle des Unternehmens mehrfach geknickt, sodass Y am Ende ein etwas zerknittert aussehendes Dienstzeugnis mit Kaffeefleck in Händen hält.

Zwar ist das Dienstzeugnis in inhaltlicher Hinsicht korrekt, allerdings weist das an Y gesandte Dienstzeugnis Mängel hinsichtlich der äußeren Form auf: Das Papier ist zerknittert, auf dem Dienstzeugnis ist ein Kaffeefleck zu sehen. Das lässt die Arbeitnehmerin Y bei potenziellen neuen Arbeitgeberinnen unordentlich wirken und ist daher geeignet, ihr Fortkommen zu behindern. Die bisherige Arbeitgeberin von Y hätte sorgfältiger mit dem Dokument umgehen müssen – das ausgestellte Dokument entspricht nicht den Anforderungen, die an ein korrektes Dienstzeugnis zu stellen sind.

20.10 Unterscheiden sich das End- und das Zwischenzeugnis in inhaltlicher Hinsicht voneinander?

Grundsätzlich gelten für das Zwischenzeugnis dieselben Anforderungen wie für ein Endzeugnis. Bloß bestätigt das Zwischenzeugnis den zeitlichen Beginn sowie das aufrechte Bestehen des Arbeitsverhältnisses (und natürlich nicht sein Ende), die bisher im Arbeitsverhältnis erbrachten Tätigkeiten sind im Zwischenzeugnis ebenfalls anzuführen.

20.11 Was ist der Unterschied zwischen einem einfachen und einem qualifizierten Dienstzeugnis?

In Deutschland besteht auch ein Anspruch auf ein sog „qualifiziertes Dienstzeugnis", deshalb hat dieser Begriff auch in Österreich eine gewisse Verbreitung gefunden. In Österreich besteht lediglich Anspruch auf ein sog **„einfaches Dienstzeugnis"**, also eine Bestätigung über Art und Dauer des Arbeitsverhältnisses. Das Dienstzeugnis nach österreichischem Recht enthält also nicht zwingend Angaben über die Arbeitsleistung der Arbeitnehmerin. Dabei muss aber beachtet werden, dass das Erschwernisverbot einzuhalten ist – enthält das Dienstzeugnis also gar keine Aussagen über positives Verhalten der Arbeitnehmerin im Rahmen des Arbeitsverhältnisses, könnte dies als „negatives" Dienstzeugnis aufgefasst werden.

20.12 Haben Arbeitnehmerinnen die Möglichkeit, ein qualifiziertes Dienstzeugnis zu verlangen und gegebenenfalls auch einzuklagen?

Das österreichische Recht kennt – im Unterschied zum deutschen Recht – kein „qualifiziertes Dienstzeugnis", es besteht lediglich Anspruch auf Ausstellung eines „einfachen Dienstzeugnisses", das Angaben über Art und Dauer des Arbeitsverhältnisses enthält, nicht zwingend auch über die Arbeitsleistung der Arbeitnehmerin. Solange also etwa aufgrund eines besonders reduzierten Inhalts des Dienstzeugnisses nicht gegen das Erschwernisverbot verstoßen wird, ist es **ausreichend**, wenn die Arbeitgeberin im Dienstzeugnis **nur Angaben auf der Grundlage des gesetzlichen Mindestmaßes** macht. Daher besteht kein Anspruch für Arbeitnehmerinnen, dass das Dienstzeugnis Angaben enthält, die über die Vorgaben des Gesetzes hinausgehen, und Arbeitnehmerinnen können daher auch kein „qualifiziertes Dienstzeugnis" einklagen.

20.13 Wer muss das Dienstzeugnis verfassen bzw den Text ausformulieren?

Grundsätzlich obliegt die konkrete Ausformulierung des Dienstzeugnisses der Arbeitgeberin, diese kann die Aufgabe des Verfassens des Textes jedoch auch an die betroffene Arbeitnehmerin selbst delegieren.

20.14 Muss das Dienstzeugnis immer auch als Dienstzeugnis bezeichnet werden?

Es ist nicht notwendig, dass das Dokument, das ein Dienstzeugnis darstellt, auch immer diese Bezeichnung trägt. Auch eine Bezeichnung als „Zeugnis", „Arbeitszeugnis“ oder Ähnliches ist zulässig, solange den Vorgaben des § 39 AngG entsprochen wird.

20.15 Wer trägt die Kosten für die Ausstellung eines Dienstzeugnisses?

Wird ein **Endzeugnis** ausgestellt, so hat die Kosten für die Ausfertigung die Arbeitgeberin zu tragen. Dies beinhaltet sowohl die Sachkosten (also zB Druckkosten) als auch den Personalaufwand. Die Kosten für die Ausstellung eines Endzeugnisses dürfen nicht auf die Arbeitnehmerin überwälzt werden. Anders ist es beim **Zwischenzeugnis**: Wünscht die Arbeitnehmerin die Ausstellung eines Zwischenzeugnisses, hat sie die Kosten selbst zu tragen. Auch die Kosten der Ausstellung eines Duplikats – bei Zwischen- und Endzeugnis – hat die Arbeitnehmerin zu tragen.

20.16 Haben alle Arbeitnehmerinnen Anspruch auf Ausstellung eines Dienstzeugnisses?

Zwar sind die Regelungen über das Dienstzeugnis im AngG enthalten (und gelten damit primär für Angestellte), für andere Arbeitnehmerinnengruppen, für die keine Spezialregelungen zum Thema Dienstzeugnis in anderen Gesetzen enthalten sind, gelten die Bestimmungen des AngG jedoch subsidiär. Wie der OGH entschieden hat, kommen die Bestimmungen über das Dienstzeugnis sogar für Ausländerinnen ohne Beschäftigungsbewilligung zur Anwendung. Für Arbeiterinnen gilt § 1163 ABGB, der dieselben Anordnungen wie die Bestimmung des § 39 AngG trifft.

§ 16 BAG

20.17 Haben auch Lehrlinge Anspruch auf Ausstellung eines Dienstzeugnisses?

Das Berufsausbildungsgesetz (BAG) sieht anstelle des Anspruchs auf ein Dienstzeugnis den Anspruch auf ein **Lehrzeugnis** vor, das neben einem Prüfungszeugnis über die Lehrabschlussprüfung auszustellen ist.

20.18 Haben auch Werkvertragsnehmerinnen und freie Dienstnehmerinnen Anspruch auf Ausstellung eines Dienstzeugnisses?

Grundsätzlich gelten die arbeitsrechtlichen Bestimmungen – so auch das AngG – nur für Arbeitnehmerinnen. Werkvertragsnehmerinnen und freie Dienstnehmerinnen sind in vertragsrechtlicher Hinsicht selbstständig tätig und daher keine Arbeitnehmerinnen. **Für sie gilt das Arbeitsrecht mit seinen Regelungen also nicht.** Dies betrifft auch die Bestimmungen über das Dienstzeugnis: Nur Arbeitnehmerinnen haben Anspruch auf Ausstellung eines Dienstzeugnisses, nicht aber Selbstständige.

20.19 Darf die bisherige Arbeitgeberin abseits des formalen Dienstzeugnisses künftigen Arbeitgeberinnen Auskunft über die Arbeitnehmerin erteilen?

Zunächst muss die bisherige Arbeitgeberin künftigen Arbeitgeberinnen der Arbeitnehmerin jedenfalls keine Auskunft erteilen und kann sich auf das ausgestellte Dienstzeugnis berufen. Dennoch wird eine **sachliche Auskunft** über die Arbeitnehmerin in der Regel **unbedenklich** sein, soweit das **Datenschutzrecht** berücksichtigt wird und die (vorherige) Arbeitgeberin ihrer Fürsorgepflicht nachkommt. Diese wirkt auch nach, die Arbeitnehmerin darf also über das bestehende Arbeitsverhältnis hinaus in ihrem Fortkommen nicht beeinträchtigt werden.

20.20 Kann durch vertragliche Vereinbarung von der Pflicht zur Ausstellung eines Dienstzeugnisses abgewichen werden?

Die Bestimmungen über das Dienstzeugnis sind **einseitig zwingend** ausgestaltet. Das bedeutet, dass von den gesetzlich vorgesehenen Regelungen **nur zugunsten der Arbeitnehmerin**, nicht aber zu ihren Lasten abgegangen werden kann. Eine Vereinbarung, wonach die Arbeitgeberin kein Dienstzeugnis ausstellen oder die Arbeitnehmerin die Kosten dafür tragen muss, ist dementsprechend nicht zulässig.

20.21 Welche Möglichkeiten haben Arbeitnehmerinnen, wenn die Arbeitgeberin trotz Verlangen kein Dienstzeugnis oder lediglich ein mangelhaftes Dienstzeugnis ausstellt?

§ 50 Abs 1 ASGG

Weigert sich die Arbeitgeberin, ein Dienstzeugnis auszustellen, oder ist das ausgestellte Dienstzeugnis mangelhaft, so können Arbeitnehmerinnen ihren Anspruch auf Ausstellung eines korrekten Dienstzeugnisses mittels **Klage vor dem Arbeits- und Sozialgericht** durchsetzen. Wird die Mangelhaftigkeit des ausgestellten Dienstzeugnisses von der Arbeitnehmerin behauptet, so muss sie die Mangelhaftigkeit auch vor Gericht beweisen. Sofern der Arbeitnehmerin durch die Nichtausstellung des Dienstzeugnisses bzw die Ausstellung eines mangelhaften Dienstzeugnisses ein Schaden entsteht, kann auch Schadenersatz von der Arbeitgeberin verlangt werden.

Anhang

Serviceteil

Das Angestelltengesetz (AngG) im Wortlaut

Der gesamte Text des AngG ist online und immer aktuell verfügbar unter:

https://digital.oegbverlag.at/recht

Angestelltengesetzgesetz

Gesamte Rechtsvorschrift für Angestelltengesetz, Fassung vom 12.03.2025

Beachte für folgende Bestimmung

[CELEX-Nr.: 32019L1158, 32021L1883, 32019L1152]

Langtitel

Bundesgesetz vom 11. Mai 1921 über den Dienstvertrag der Privatangestellten (Angestelltengesetz). StF: BGBl. Nr. 292/1921 (NR: GP I 19, 50 AB 322 S. 36.)

Änderung

BGBl. Nr. 229/1937 (StR: 124/Gu. BT: 168/Ge S. 42.) BGBl. Nr. 174/1946 (NR: GP V RV 155 AB 205 S. 29. BR: S. 11.) BGBl. Nr. 159/1947 (NR: GP V RV 422 AB 432 S. 58. BR: S. 22.) BGBl. Nr. 183/1947 (NR: GP V RV 403 AB 434 S. 59. BR: S. 22.) BGBl. Nr. 108/1958 (NR: GP VIII RV 441 AB 447 S. 58. BR: S. 134.) BGBl. Nr. 253/1959 (NR: GP IX RV 51 AB 81 S. 11. BR: S. 150.) BGBl. Nr. 292/1971 (NR: GP XII RV 134 AB 520 S. 49. BR: S. 303.) BGBl. Nr. 317/1971 idF BGBl. Nr. 411/1971 (DFB) (NR: GP XII IA 36/A u. RV 250 AB 540 S. 51. BR: S. 303.) BGBl. Nr. 418/1975 (NR: GP XIII IA 33/A AB 1636 S. 150 BR: S. 345.) BGBl. Nr. 390/1976 (NR: GP XIV RV 150 AB 276 S. 30. BR: S. 354.) BGBl. Nr. 107/1979 (NR: GP XIV IA 109/A u. 136/A AB 1215 S. 120. BR: S. 384.) BGBl. Nr. 144/1983 (NR: GP XV RV 1289 AB 1444 und Zu 1444 S. 145. BR: AB 2672 S. 432.) BGBl. Nr. 544/1983 (NR: GP XVI RV 46 AB 88 S. 16. BR: AB 2755 S. 438.) BGBl. Nr. 651/1989 (NR: GP XVII IA 298/A und 309/A AB 1166 S. 124. BR: AB 3781 S. 523.) BGBl. Nr. 299/1990 idF BGBl. Nr. 558/1990 (DFB), BGBl. I Nr. 27/2019 (VFB) (NR: GP XVII RV 1282 AB 1325 S. 143. BR: AB 3871 S. 530.) BGBl. Nr. 408/1990 (NR: GP XVII IA 428/A AB 1410 S. 148. BR: 3922 AB 3926 S. 532.) BGBl. Nr. 157/1991 (NR: GP XVIII IA 99/A AB 85 S. 19. BR: AB 4028 S. 539.) BGBl. Nr. 833/1992 (NR: GP XVIII RV 735 AB 838 S. 90. BR: 4382 AB 4385 S. 562.) BGBl. Nr. 335/1993 (NR: GP XVIII RV 932 AB 968 S. 114. BR: 4520 AB 4522 S. 569.) [CELEX-Nr.: 379L0007] BGBl. Nr. 459/1993 (NR: GP XVIII RV 1077 AB 1117 S. 126. BR: AB 4548 S. 572.) [CELEX-Nr.: 377L0187, 389L0391, 375L0129] BGBl. Nr. 502/1993 (NR: GP XVIII RV 1194 AB 1222 S. 130. BR: AB 4617 S. 573.) BGBl. Nr. 917/1993 (K über Idat) BGBl. Nr. 262/1996 (NR: GP XX RV 2 AB 87 S. 20. BR: AB 5168 S. 613.) BGBl. I Nr. 44/2000 (NR: GP XXI RV 91 AB 189 S. 30. BR: AB 6153 S. 666.) BGBl. I Nr. 98/2001 (NR: GP XXI RV 621 AB 704 S. 75. BR: 6398 AB 6424 S. 679.) BGBl.

I Nr. 100/2002 (NR: GP XXI RV 1131 AB 1176 S. 106. BR: 6665 AB 6678 S. 689.) BGBl. I Nr. 138/2003 (NR: GP XXII RV 311 AB 340 S. 41. BR: 6925 AB 6950 S. 704.) [CELEX-Nr.: 31991L0440, 32001L0012, 31995L0018, 32001L0013, 32001L0014] BGBl. I Nr. 64/2004 (NR: GP XXII RV 399 AB 483 S. 61. BR: AB 7056 S. 710.) BGBl. I Nr. 143/2004 (NR: GP XXII AB 695 S. 87. BR: AB 7155 S. 716.) BGBl. I Nr. 35/2006 (NR: GP XXII IA 605/A AB 1215 S. 129. Einspr. d. BR: 1282 AB 1311 S. 139. BR: S. 730.) BGBl. I Nr. 116/2009 (NR: GP XXIV RV 340 AB 362 S. 41. BR: AB 8191 S. 777.) BGBl. I Nr. 58/2010 (NR: GP XXIV RV 771 AB 840 S. 74. BR: 8354 AB 8380 S. 787.) BGBl. I Nr. 152/2015 (NR: GP XXV RV 903 AB 948 S. 109. BR: AB 9513 S. 849.) BGBl. I Nr. 153/2017 (NR: GP XXV IA 2306/A S. 199. BR: 9897 AB 9905 S. 873.) BGBl. I Nr. 100/2018 (NR: GP XXVI RV 329 AB 413 S. 57. BR: 10079 AB 10082 S. 888.) BGBl. I Nr. 74/2019 (NR: GP XXVI IA 274/A S. 84. BR: 10196 AB 10214 S. 896.) BGBl. I Nr. 115/2023 (NR: GP XXVII IA 3478/A AB 2181 S. 230. BR: 11296 AB 11301 S. 958.) [CELEX-Nr.: 32019L1158] BGBl. I Nr. 11/2024 (NR: GP XXVII IA 3871/A AB 2453 S. 252. BR: AB 11435 S. 964.) [CELEX Nr.: 32019L1152]

Präambel/Promulgationsklausel

Der Nationalrat hat beschlossen:

Text

Artikel I.

An dem Tage, an dem dieses Gesetz in Wirksamkeit tritt, erlischt die Wirksamkeit des Gesetzes vom 16. Jänner 1910, R. G. Bl. Nr. 20, über den Dienstvertrag der Handlungsgehilfen und anderer Dienstnehmer in ähnlicher Stellung (Handlungsgehilfengesetz) sowie die Wirksamkeit der Verordnung vom 22. März 1921, B. G. Bl. Nr. 187, über die Beschränkung der Kündigung bestimmter Dienstverhältnisse. Gleichzeitig treten die §§ 201, 202, 203, 205 und 208 des allgemeinen Berggesetzes vom 23. Mai 1854, R. G. Bl. Nr. 146, soweit sie sich auf Angestellte beziehen, außer Kraft.

Anwendungsgebiet des Gesetzes

§ 1. (1) Dieses Bundesgesetz gilt für das Dienstverhältnis von Personen, die im Geschäftsbetrieb eines Kaufmannes vorwiegend zur Leistung kaufmännischer (Handlungsgehilfen) oder höherer, nicht kaufmännischer Dienste oder zu Kanzleiarbeiten angestellt sind.

(2) Bei einem Kaufmann angestellte Personen, die nur ausnahmsweise zu kaufmännischen Diensten verwendet werden, sowie Personen, die vorwiegend untergeordnete Verrichtungen leisten, sind nicht als Handlungsgehilfen anzusehen.

§ 2. (1) Dieses Bundesgesetz findet ferner Anwendung auf das Dienstverhältnis von Personen, die vorwiegend zur Leistung kaufmännischer oder höherer, nicht kaufmännischer Dienste oder zu Kanzleiarbeiten im Geschäftsbetrieb von Unternehmungen, Anstalten oder sonstigen Dienstgebern der nachstehenden Art angestellt sind:

1. In Unternehmungen jeder Art, auf welche die Gewerbeordnung Anwendung findet, ferner in Vereinen und Stiftungen jeder Art;
2. in Kreditanstalten, Sparkassen, Vorschußkassen, Erwerbs- und Wirtschaftsgenossenschaften, Versatz-, Versorgungs- und Rentenanstalten, Krankenkassen, registrierten Hilfskassen, Versicherungsanstalten jeder Art, gleichviel, ob sie private Versicherungsgeschäfte betreiben oder den Zwecken der öffentlich-rechtlichen Versicherung dienen, sowie in Verbänden der genannten Anstalten;
3. in der Schriftleitung, Verwaltung oder dem Verschleiß einer periodischen Druckschrift;
4. in Kanzleien der Rechtsanwälte, Notare und Patentanwälte;
5. bei Zivilingenieuren, nicht autorisierten Architekten und Zivilgeometern;
6. in Tabaktrafiken und Lottokollekturen;
7. bei Handelsmaklern, Privatgeschäftsvermittlungen und Auskunftsbureaus;
8. bei Ärzten, Zahntechnikern, in Privatheil- und -pflegeanstalten und in privaten Unterrichtsanstalten;
9. im Bergbau auf vorbehaltene Mineralien einschließlich der auf Grund der Bergwerksverleihung (§ 131 des allgemeinen Berggesetzes vom 23. Mai 1854, R. G. Bl. Nr. 146) errichteten Werksanlagen.

(2) Nach Anhörung der Körperschaften, denen die Vertretung der in Betracht kommenden Interessen obliegt, kann mit Genehmigung des Hauptausschusses durch Verordnung die Anwendung dieses Gesetzes auch auf Angestellte bei andern Dienstgebern ausgedehnt werden.

§ 3. Wird eine Unternehmung der in den §§ 1 oder 2 bezeichneten Art von einem öffentlichen Fonds, von einem Lande, von einem Bezirk oder von einer Gemeinde betrieben, so unterliegen die in diesen Unternehmungen vorwiegend zu kaufmännischen oder zu höheren, nicht kaufmännischen Diensten oder zu Kanzleiarbeiten verwendeten Personen den Bestimmungen dieses Gesetzes nur dann, wenn ihr Dienstverhältnis auf einem privatrechtlichen Vertrage beruht.

§ 4. Das Dienstverhältnis der als Beamte oder Bedienstete des Bundes, einer Bundesanstalt oder eines vom Bund verwalteten Fonds angestellten Personen wird durch die Bestimmungen dieses Gesetzes nicht berührt.

§ 5. Die Bestimmungen dieses Gesetzes finden keine Anwendung auf Lehrlinge im Sinne der Gewerbeordnung, ferner auf Angestellte der Seeschiffahrt sowie auf Angestellte in land- und forstwirtschaftlichen Betrieben, sofern letztere nicht Handlungsgehilfen sind.

Inhalt des Dienstvertrages.

§ 6. (1) Art und Umfang der Dienstleistungen sowie das dafür gebührende Entgelt (Geld- und Naturalbezüge) werden mangels Vereinbarung durch den für die betreffende Art der Unternehmung bestehenden Ortsgebrauch bestimmt. In Ermanglung eines solchen sind die den Umständen nach angemessenen Dienste und ein ebensolches Entgelt zu leisten.

(2) Die Überlassung von Wohnräumen, die Beistellung von Beheizung und Beleuchtung an Angestellte sowie deren Verköstigung auf Rechnung des Entgeltes

kann von den beteiligten Bundesministerien nach Anhörung der Körperschaften, denen die Vertretung der in Betracht kommenden Interessen obliegt, durch Verordnung für Unternehmungen bestimmter Art oder für den Bereich bestimmter Orte verboten werden.

(3) Dem Angestellten ist bei Abschluß des Dienstvertrages vom Dienstgeber eine schriftliche Aufzeichnung über die wesentlichen Rechte und Pflichten aus dem Dienstvertrag auszuhändigen, auf die die Vorschriften des § 2 des Arbeitsvertragsrechts-Anpassungsgesetzes (AVRAG), BGBl. Nr. 459/1993, in der jeweils geltenden Fassung anzuwenden sind.

Konkurrenzverbot.

§ 7. (1) Unbeschadet des § 2i AVRAG dürfen die im § 1 bezeichneten Angestellten ohne Bewilligung des Dienstgebers weder ein selbständiges kaufmännisches Unternehmen betreiben noch im Geschäftszweig des Dienstgebers für eigene oder fremde Rechnung Handelsgeschäfte machen.

(2) Übertritt der Angestellte diese Vorschrift, so kann der Dienstgeber Ersatz des verursachten Schadens fordern oder statt dessen verlangen, daß die für Rechnung des Angestellten gemachten Geschäfte als für seine Rechnung geschlossen angesehen werden. Bezüglich der für fremde Rechnung geschlossenen Geschäfte kann er die Herausgabe der hiefür bezogenen Vergütung oder Abtretung des Anspruches auf Vergütung begehren.

(3) Die Ansprüche des Dienstgebers erlöschen in drei Monaten von dem Zeitpunkt an, in dem er Kenntnis von dem Abschlusse des Geschäftes erlangt hat, jedenfalls aber in fünf Jahren von dem Abschlusse des Geschäftes an.

(4) Angestellten, die bei den im § 2, Z. 5, bezeichneten Dienstgebern angestellt sind, ist untersagt, ohne Einwilligung des Dienstgebers Aufträge, die in das Gebiet der geschäftlichen Tätigkeit des Dienstgebers fallen, auf eigene oder fremde Rechnung zu übernehmen, sofern dadurch das geschäftliche Interesse des Dienstgebers beeinträchtigt wird; ferner ist ihnen untersagt, ohne Einwilligung des Dienstgebers gleichzeitig mit diesem an einem und demselben Wettbewerbe teilzunehmen. Übertritt der Angestellte diese Vorschrift, so kann der Dienstgeber Ersatz des verursachten Schadens fordern. Die Bestimmungen des vorhergehenden Absatzes sind sinngemäß anzuwenden.

Beachte für folgende Bestimmung

zum Bezugszeitraum vgl. Art. X Abs. 2 Z 14

Anspruch bei Dienstverhinderung

§ 8. (1) Ist ein Angestellter nach Antritt des Dienstverhältnisses durch Krankheit oder Unglücksfall an der Leistung seiner Dienste verhindert, ohne dass er die Verhinderung vorsätzlich oder durch grobe Fahrlässigkeit herbeigeführt hat, so behält er seinen Anspruch auf das Entgelt bis zur Dauer von sechs Wochen. Der Anspruch auf das Entgelt beträgt, wenn das Dienstverhältnis ein Jahr gedauert hat, jedenfalls acht Wochen; es erhöht sich auf die Dauer von zehn Wochen, wenn es fünfzehn Jahre, und auf zwölf Wochen, wenn es fünfundzwanzig Jahre ununterbrochen gedauert hat. Durch je weitere vier Wochen behält der Angestellte den Anspruch auf das halbe Entgelt.

(2) Bei wiederholter Dienstverhinderung durch Krankheit (Unglücksfall) innerhalb eines Arbeitsjahres besteht ein Anspruch auf Fortzahlung des Entgelts nur insoweit, als die Dauer des Anspruches gemäß Abs. 1 noch nicht erschöpft ist.

(2a) Wird ein Angestellter durch Arbeitsunfall oder Berufskrankheit im Sinne der Vorschriften über die gesetzliche Unfallversicherung an der Leistung seiner Arbeit verhindert, ohne dass er die Verhinderung vorsätzlich oder durch grobe Fahrlässigkeit herbeigeführt hat, so behält er seinen Anspruch auf das Entgelt ohne Rücksicht auf andere Zeiten einer Dienstverhinderung bis zur Dauer von acht Wochen. Der Anspruch auf das Entgelt erhöht sich auf die Dauer von zehn Wochen, wenn das Dienstverhältnis 15 Jahre ununterbrochen gedauert hat. Bei wiederholten Dienstverhinderungen, die im unmittelbaren ursächlichen Zusammenhang mit einem Arbeitsunfall oder einer Berufskrankheit stehen, besteht ein Anspruch auf Fortzahlung des Entgelts innerhalb eines Arbeitsjahres nur insoweit, als die Dauer des Anspruches nach dem ersten oder zweiten Satz noch nicht erschöpft ist. Ist ein Angestellter gleichzeitig bei mehreren Dienstgebern beschäftigt, so entsteht ein Anspruch nach diesem Absatz nur gegenüber jenem Dienstgeber, bei dem die Dienstverhinderung im Sinne dieses Absatzes eingetreten ist; gegenüber den anderen Dienstgebern entstehen Ansprüche nach Abs. 1.

(3) Der Angestellte behält ferner den Anspruch auf das Entgelt, wenn er durch andere wichtige, seine Person betreffende Gründe ohne sein Verschulden während einer verhältnismäßig kurzen Zeit an der Leistung seiner Dienste verhindert wird.

(3a) Ist ein Angestellter nach Antritt des Dienstverhältnisses wegen eines Einsatzes als freiwilliges Mitglied einer Katastrophenhilfsorganisation, eines Rettungsdienstes oder einer freiwilligen Feuerwehr bei einem Großschadensereignis nach § 3 Z 2 lit. b des Katastrophenfondsgesetzes, BGBl. Nr. 201/1996 oder als Mitglied eines Bergrettungsdienstes an der Dienstleistung verhindert, so hat er unbeschadet seiner Ansprüche nach Abs. 3 einen Anspruch auf Fortzahlung des Entgelts, wenn das Ausmaß und die Lage der Dienstfreistellung mit dem Dienstgeber vereinbart wird.

(4) Weibliche Angestellte behalten den Anspruch auf das Entgelt während sechs Wochen nach ihrer Niederkunft. Erkranken sie, so gelten vom Zeitpunkt der Niederkunft die Bestimmungen des Abs. 1. Die Ansprüche nach dem ersten und zweiten Satz bestehen nicht für Zeiten, während derer ein Anspruch auf Wochengeld oder Krankengeld nach dem Allgemeinen Sozialversicherungsgesetz, BGBl. Nr. 189/1955 besteht. Ebenso bestehen diese Ansprüche nicht, wenn sich die Angestellte vor dem Beschäftigungsverbot nach § 3 Abs. 1 oder Abs. 3 des Mutterschutzgesetzes 1979 (MSchG), BGBl. Nr. 221/1979, in einer Karenz nach dem MSchG oder einer mit dem Dienstgeber zur Kinderbetreuung vereinbarten Karenz befindet. Ein Anspruch auf einen Zuschuss des Dienstgebers zum Krankengeld wird hierdurch nicht berührt.

(5) Gegen Vorweisung eines ärztlichen Zeugnisses, daß ihre Niederkunft voraussichtlich innerhalb sechs Wochen stattfinden wird, können weibliche Angestellte die

Arbeit einstellen. Erkrankt die Angestellte während dieser Frist, so gelten vom Tage der Erkrankung die Bestimmungen des Absatzes 1.

(6) Nach der Niederkunft haben sie, wenn sie ihre Kinder selbst stillen, während der Arbeitszeit Anspruch auf zwei halbstündige Stillpausen täglich.

(7) Beträge, die der Angestellte für die Zeit der Verhinderung auf Grund einer öffentlich-rechtlichen Versicherung bezieht, dürfen auf die Geldbezüge nicht angerechnet werden.

(8) Der Angestellte ist verpflichtet, ohne Verzug die Dienstverhinderung dem Dienstgeber anzuzeigen und auf Verlangen des Dienstgebers, das nach angemessener Zeit wiederholt werden kann, eine Bestätigung der zuständigen Krankenkasse oder eines Amts- oder Gemeindearztes über Ursache und Dauer der Arbeitsunfähigkeit vorzulegen. Kommt der Angestellte diesen Verpflichtungen nicht nach, so verliert er für die Dauer der Säumnis den Anspruch auf das Entgelt.

(9) Durch Kollektivvertrag oder durch Betriebsvereinbarung im Sinne des § 97 Abs. 1 Z 21 Arbeitsverfassungsgesetz (ArbVG) kann vereinbart werden, dass sich der Anspruch auf Entgeltfortzahlung nicht nach dem Arbeitsjahr, sondern nach dem Kalenderjahr richtet. Solche Vereinbarungen können vorsehen, dass

a) Dienstnehmer, die während des Kalenderjahres eintreten, Anspruch auf Entgeltfortzahlung nur bis zur Hälfte der in Abs. 1 und 2a genannten Dauer haben, sofern die Dauer des Arbeitsverhältnisses im Kalenderjahr des Eintritts weniger als sechs Monate beträgt;
b) der jeweils höhere Anspruch nach Abs. 1 zweiter Satz und Abs. 2a zweiter Satz erstmals in jenem Kalenderjahr gebührt, in das der überwiegende Teil des Arbeitsjahres fällt;
c) die Ansprüche der im Zeitpunkt der Umstellung im Betrieb beschäftigten Dienstnehmer für den Umstellungszeitraum (Beginn des Arbeitsjahres bis Ende des folgenden Kalenderjahres) gesondert berechnet werden. Jedenfalls muss für den Umstellungszeitraum dem Dienstnehmer ein voller Anspruch und ein zusätzlicher aliquoter Anspruch entsprechend der Dauer des Arbeitsjahres im Kalenderjahr vor der Umstellung abzüglich jener Zeiten, für die bereits Entgeltfortzahlung wegen Arbeitsverhinderung wegen Krankheit (Unglücksfall) gewährt wurde, zustehen.

§ 9. (1) Wird der Angestellte während einer Dienstverhinderung gemäß § 8 Abs. 1 bis 2a gekündigt, ohne wichtigen Grund vorzeitig entlassen oder trifft den Dienstgeber ein Verschulden an dem vorzeitigen Austritt des Angestellten, so bleibt der Anspruch auf Fortzahlung des Entgelts für die nach diesem Bundesgesetz vorgesehene Dauer bestehen, wenngleich das Dienstverhältnis früher endet. Der Anspruch auf Entgeltfortzahlung bleibt auch bestehen, wenn das Dienstverhältnis während einer Dienstverhinderung gemäß § 8 Abs. 1 bis 2a oder im Hinblick auf eine Dienstverhinderung gemäß § 8 Abs. 1 bis 2a einvernehmlich beendet wird.

(2) Weibliche Angestellte dürfen wegen der durch ihre Schwangerschaft (§ 8, Absatz 5) oder ihre Niederkunft verursachten Dienstverhinderung nicht entlassen werden. Wird das Dienstverhältnis vom Dienstgeber innerhalb sechs Wochen vor oder

innerhalb sechs Wochen nach der Niederkunft gekündigt, so endigt es in keinem Falle vor Ablauf von acht Wochen nach der Niederkunft.

(3) Die Ansprüche des Angestellten auf Fortbezug des Entgeltes (§ 8) erlöschen mit der Beendigung des Dienstverhältnisses, wenn dieses infolge Ablaufes der Zeit, für die es eingegangen wurde, oder infolge einer früheren Kündigung aufgelöst wird. Das gleiche gilt, wenn der Angestellte aus einem anderen Grunde als wegen der durch Erkrankung oder Unglücksfall verursachten Dienstverhinderung entlassen wird.

Ablaufhemmung von Verjährungs- und Verfallsfristen bei Dienstverhinderung

§ 9a. Der Ablauf von laufenden gesetzlichen, kollektivvertraglichen und vertraglichen Verjährungs- und Verfallsfristen betreffend Ansprüche aus dem Dienstverhältnis, die der Angestellte zu Beginn einer Dienstverhinderung nach § 8 Abs. 3 wegen Krankheit oder Unfall eines nahen Angehörigen bereits erworben hat, bleibt bis zum Ablauf von zwei Wochen nach Ende dieser Dienstverhinderung gehemmt.

Provision.

§ 10. (1) Ist bedungen, daß der Angestellte für Geschäfte, die von ihm geschlossen oder vermittelt werden, Provision erhalten soll, so gebührt ihm mangels Vereinbarung die für den betreffenden Geschäftszweig am Orte der Niederlassung, für die er tätig ist, übliche Provision.

(2) Hat ein Angestellter, der nur mit der Vermittlung von Geschäften betraut ist, ein Geschäft im Namen des Dienstgebers mit dem Dritten abgeschlossen, so gilt es als vom Dienstgeber genehmigt, wenn dieser nicht ohne Verzug, nachdem er vom Abschluß des Geschäftes Kenntnis erhalten hat, dem Dritten erklärt, daß er das Geschäft ablehne.

(3) Bei Verkaufsgeschäften gilt mangels Vereinbarung der Anspruch des Angestellten auf Provision als erworben, wenn eine Zahlung eingeht, und zwar nur nach dem Verhältnis des eingegangenen Betrages, bei anderen Geschäften mit dem Abschlusse des Geschäftes.

(4) Die Abrechnung über die zu zahlenden Provisionen findet mangels Vereinbarung mit Ende jedes Kalendervierteljahres, wenn aber das Dienstverhältnis vor Ablauf eines Kalendervierteljahres gelöst wird, mit dem Dienstaustritte statt.

(5) Der Angestellte kann, unbeschadet des nach anderen gesetzlichen Vorschriften bestehenden Rechtes auf Vorlegung der Bücher, die Mitteilung eines Buchauszuges über die durch seine Tätigkeit zustande gekommenen Geschäfte verlangen.

§ 11. (1) Dem Angestellten gebührt im Zweifel die Provision auch für solche Geschäfte, die ohne seine unmittelbare Mitwirkung während der Dauer des Dienstverhältnisses zwischen der ihm zugewiesenen oder von ihm zugeführten Kundschaft und dem Dienstgeber zustande gekommen sind.

(2) Ist der Angestellte ausdrücklich für einen bestimmten Bezirk als alleiniger Vertreter des Dienstgebers bestellt, so gebührt ihm mangels Vereinbarung die Provision auch für solche Geschäfte, die ohne seine Mitwirkung während der Dauer des

Dienstverhältnisses durch den Dienstgeber oder für diesen in dem Bezirke abgeschlossen worden sind.

(3) Ist die Ausführung eines vom Angestellten oder durch dessen Vermittlung abgeschlossenen Geschäftes oder die Gegenleistung des Dritten, mit dem das Geschäft abgeschlossen worden ist, infolge Verhaltens des Dienstgebers ganz oder teilweise unterblieben, ohne daß hiefür wichtige Gründe in der Person des Dritten vorlagen, so kann der Angestellte die volle Provision verlangen.

(4) Nachlässe, die der Dienstgeber dem Dritten gewährt hat, dürfen mangels Vereinbarung oder mangels eines abweichenden für den betreffenden Geschäftszweig bestehenden Gebrauches bei Berechnung der Provision nur dann abgezogen werden, wenn sie bei Abschluß des Geschäftes vereinbart worden sind.

§ 12. Wenn der Angestellte vom Dienstgeber vertragswidrig verhindert wird, Provisionen oder Taggelder (Diäten) in dem vereinbarten oder in dem nach den getroffenen Vereinbarungen zu erwartenden Umfange zu verdienen, so gebührt ihm eine angemessene Entschädigung.

§ 13. (1) Ein mit dem Abschlusse oder der Vermittlung von Geschäften betrauter Angestellter darf vom Tage des Dienstantrittes ohne Einwilligung des Dienstgebers von dem Dritten, mit dem er für den Dienstgeber Geschäfte abschließt oder vermittelt, eine Provision oder eine sonstige Belohnung nicht annehmen.

(2) Der Dienstgeber kann, unbeschadet allfälliger weiterer Schadenersatzansprüche, vom Angestellten die Herausgabe der unrechtmäßig empfangenen Provision oder Belohnung verlangen.

(3) Dieser Anspruch des Dienstgebers erlischt innerhalb dreier Monate nach Kenntnis des pflichtwidrigen Verhaltens, jedenfalls aber in drei Jahren vom Entstehen des Anspruches an.

Gewinnbeteiligung.

§ 14. (1) Ist bedungen, daß das Entgelt ganz oder zum Teil in einem Anteil an dem Gewinn aus allen oder aus bestimmten Geschäften besteht oder daß der Gewinn in anderer Art für die Höhe des Entgeltes maßgebend sein soll, so findet mangels Vereinbarung die Abrechnung für das abgelaufene Geschäftsjahr auf Grund der Bilanz statt.

(2) Der Angestellte kann die Einsicht der Bücher verlangen, soweit dies zur Prüfung der Richtigkeit der Abrechnung erforderlich ist.

Zahlungsfrist.

§ 15. Die Zahlung des dem Angestellten zukommenden fortlaufenden Gehaltes hat spätestens am Fünfzehnten und am Letzten eines jeden Monats in zwei annähernd gleichen Beträgen zu erfolgen. Die Zahlung für den Schluß eines jeden Kalendermonats kann vereinbart werden.

Remuneration.

§ 16. Falls der Angestellte Anspruch auf eine periodische Remuneration oder auf eine andere besondere Entlohnung hat, gebührt sie ihm, wenngleich das Dienstverhältnis vor Fälligkeit des Anspruches gelöst wird, in dem Betrage, der dem Verhältnisse zwischen der Dienstperiode, für die die Entlohnung gewährt wird, und der zurückgelegten Dienstzeit entspricht.

Urlaub

§ 17. Dem Angestellten gebührt in jedem Dienstjahr ein ununterbrochener Urlaub, auf den die Vorschriften des Art. I Abschnitt 1 des Bundesgesetzes vom 7. Juli 1976 betreffend die Vereinheitlichung des Urlaubsrechtes und die Einführung einer Pflegefreistellung, BGBl. Nr. 390, anzuwenden sind.

Fürsorgepflicht.

§ 18. (1) Der Dienstgeber ist verpflichtet, auf seine Kosten alle Einrichtungen bezüglich der Arbeitsräume und Gerätschaften herzustellen und zu erhalten, die mit Rücksicht auf die Beschaffenheit der Dienstleistung zum Schutze des Lebens und der Gesundheit der Angestellten erforderlich sind.

(2) Wenn dem Angestellten vom Dienstgeber Wohnräume überlassen werden, dürfen zu diesem Zwecke keine gesundheitsschädlichen Räumlichkeiten verwendet werden.

(3) Der Dienstgeber hat dafür zu sorgen, daß, soweit es die Art der Beschäftigung zuläßt, die Arbeitsräume während der Arbeitszeit licht, rein und staubfrei gehalten werden, daß sie im Winter geheizt und ausreichende Sitzplätze zur Benutzung für die Angestellten in den Arbeitspausen vorhanden sind.

(4) Der Dienstgeber hat jene Maßnahmen zur Wahrung der Sittlichkeit zu treffen, die durch das Alter und Geschlecht der Angestellten geboten sind.

Endigung des Dienstverhältnisses durch Ablauf der Zeit.

§ 19. (1) Das Dienstverhältnis endet mit dem Ablaufe der Zeit, für die es eingegangen wurde.

(2) Ein Dienstverhältnis auf Probe kann nur für die Höchstdauer eines Monats vereinbart und während dieser Zeit von jedem Vertragsteil jederzeit gelöst werden.

Kündigung.

§ 20. (1) Ist das Dienstverhältnis ohne Zeitbestimmung eingegangen oder fortgesetzt worden, so kann es durch Kündigung nach folgenden Bestimmungen gelöst werden.

(2) Mangels einer für den Angestellten günstigeren Vereinbarung kann der Dienstgeber das Dienstverhältnis mit Ablauf eines jeden Kalendervierteljahres durch vorgängige Kündigung lösen. Die Kündigungsfrist beträgt sechs Wochen und erhöht sich nach dem vollendeten zweiten Dienstjahr auf zwei Monate, nach dem vollende-

ten fünften Dienstjahr auf drei, nach dem vollendeten fünfzehnten Dienstjahr auf vier und nach dem vollendeten fünfundzwanzigsten Dienstjahr auf fünf Monate.

(3) Die Kündigungsfrist kann durch Vereinbarung nicht unter die im Absatz 2 bestimmte Dauer herabgesetzt werden; jedoch kann vereinbart werden, daß die Kündigungsfrist am Fünfzehnten oder am Letzten eines Kalendermonats endigt.

(4) Mangels einer für ihn günstigeren Vereinbarung kann der Angestellte das Dienstverhältnis mit dem letzten Tage eines Kalendermonats unter Einhaltung einer einmonatigen Kündigungsfrist lösen. Diese Kündigungsfrist kann durch Vereinbarung bis zu einem halben Jahr ausgedehnt werden; doch darf die vom Dienstgeber einzuhaltende Frist nicht kürzer sein als die mit dem Angestellten vereinbarte Kündigungsfrist.

(5) Ist das Dienstverhältnis nur für die Zeit eines vorübergehenden Bedarfes vereinbart, so kann es während des ersten Monats von beiden Teilen jederzeit unter Einhaltung einer einwöchigen Kündigungsfrist gelöst werden.

§ 21. Ein für die Lebenszeit einer Person oder für länger als fünf Jahre vereinbartes Dienstverhältnis kann von dem Angestellten nach Ablauf von fünf Jahren unter Einhaltung einer Kündigungsfrist von sechs Monaten gekündigt werden.

Freizeit während der Kündigungsfrist

§ 22. (1) Bei Kündigung durch den Dienstgeber ist dem Angestellten während der Kündigungsfrist auf sein Verlangen wöchentlich mindestens ein Fünftel der regelmäßigen wöchentlichen Arbeitszeit ohne Schmälerung des Entgelts freizugeben.

(2) Ansprüche nach Abs. 1 bestehen nicht, wenn der Angestellte einen Anspruch auf eine Pension aus der gesetzlichen Pensionsversicherung hat, sofern eine Bescheinigung über die vorläufige Krankenversicherung vom Pensionsversicherungsträger ausgestellt wurde.

(3) Durch Kollektivvertrag können abweichende Regelungen getroffen werden.

Abfertigung.

§ 23. (1) Hat das Dienstverhältnis ununterbrochen drei Jahre gedauert, so gebührt dem Angestellten bei Auflösung des Dienstverhältnisses eine Abfertigung. Diese beträgt das Zweifache des dem Angestellten für den letzten Monat des Dienstverhältnisses gebührenden Entgeltes und erhöht sich nach fünf Dienstjahren auf das Dreifache, nach zehn Dienstjahren auf das Vierfache, nach fünfzehn Dienstjahren auf das Sechsfache, nach zwanzig Dienstjahren auf das Neunfache und nach fünfundzwanzig Dienstjahren auf das Zwölffache des monatlichen Entgeltes. Alle Zeiten, die der Angestellte in unmittelbar vorausgegangenen Dienstverhältnissen als Arbeiter oder Lehrling zum selben Dienstgeber zurückgelegt hat, sind für die Abfertigung zu berücksichtigen; Zeiten eines Lehrverhältnisses jedoch nur dann, wenn das Dienstverhältnis einschließlich der Lehrzeit mindestens sieben Jahre ununterbrochen gedauert hat. Zeiten eines Lehrverhältnisses allein begründen keinen Abfertigungsanspruch.

(1a) Bei der Berechnung der Abfertigung ist eine geringfügige Beschäftigung nach § 7b Abs. 1 Väter-Karenzgesetz (VKG), BGBl. Nr. 651/1989, § 15e Abs. 1 Mutterschutzgesetz 1989, BGBl. Nr. 221 (MSchG), oder gleichartigen österreichischen Rechtsvorschriften nicht zu berücksichtigen.

(2) Im Falle der Auflösung eines Unternehmens entfällt die Verpflichtung zur Gewährung einer Abfertigung ganz oder teilweise dann, wenn sich die persönliche Wirtschaftslage des Dienstgebers derart verschlechtert hat, daß ihm die Erfüllung dieser Verpflichtung zum Teil oder zur Gänze billigerweise nicht zugemutet werden kann.

(3) Wird ein Unternehmen an einen anderen übertragen, so besteht ein Anspruch auf Abfertigung nicht, wenn der Angestellte die Fortsetzung des Dienstverhältnisses ablehnt, obwohl ihm der Erwerber die Fortsetzung des Dienstverhältnisses unter den bisherigen Bedingungen angeboten und sich verpflichtet hat, die bei seinem Vorgänger geleistete Dienstzeit als bei ihm selbst verbracht zu betrachten.

(4) Die Abfertigung wird, soweit sie den Betrag des Dreifachen des Monatsentgeltes nicht übersteigt, mit der Auflösung des Dienstverhältnisses fällig; der Rest kann vom vierten Monat an in monatlichen im voraus zahlbaren Teilbeträgen abgestattet werden.

(5) Beträge, die der Dienstnehmer auf Grund einer öffentlich-rechtlichen Versicherung bezieht, dürfen in die Abfertigung nur insoweit eingerechnet werden, als sie die gesetzlichen Mindestleistungen übersteigen.

(6) Wird das Dienstverhältnis durch den Tod des Angestellten aufgelöst, so beträgt die Abfertigung nur die Hälfte des im Absatz 1 bezeichneten Betrages und gebührt nur den gesetzlichen Erben, zu deren Erhaltung der Erblasser gesetzlich verpflichtet war.

(7) Der Anspruch auf Abfertigung besteht, vorbehaltlich des § 23a, nicht, wenn der Angestellte kündigt, wenn er ohne wichtigen Grund vorzeitig austritt oder wenn ihn ein Verschulden an der vorzeitigen Entlassung trifft.

(8) Wird das Dienstverhältnis während einer Teilzeitbeschäftigung nach MSchG oder VKG infolge Kündigung durch den Arbeitgeber, unverschuldete Entlassung, begründeten Austritt oder einvernehmlich beendet, so ist bei Ermittlung des Entgelts (Abs. 1) die frühere Normalarbeitszeit des Angestellten zugrunde zu legen.

§ 23a. (1) Der Anspruch auf Abfertigung besteht auch dann, wenn das Dienstverhältnis

1. mindestens zehn Jahre ununterbrochen gedauert hat und
   a) bei Männern nach Vollendung des 65. Lebensjahres, bei Frauen nach Vollendung des 60. Lebensjahres oder
   b) wegen Inanspruchnahme der vorzeitigen Alterspension bei langer Versicherungsdauer aus einer gesetzlichen Pensionsversicherung oder
   c) wegen Inanspruchnahme einer Alterspension aus der gesetzlichen Pensionsversicherung nach § 4 Abs. 2 Allgemeines Pensionsgesetz (APG), BGBl. I Nr. 143/2004, oder
   d) wegen Inanspruchnahme einer Alterspension nach § 4 Abs. 3 APG oder

2. wegen Inanspruchnahme einer Pension aus einem Versicherungsfall der geminderten Arbeitsfähigkeit aus einer gesetzlichen Pensionsversicherung oder
3. wegen Feststellung einer voraussichtlich mindestens sechs Monate andauernden Berufsunfähigkeit oder Invalidität durch den Versicherungsträger gemäß § 367 Abs. 4 ASVG
4. im Fall der Arbeitsverhinderung gemäß § 8 Abs. 1, 2 und 2a oder § 2 EFZG nach Ende des Anspruchs auf Entgeltfortzahlung und nach Beendigung des Krankengeldanspruches gemäß § 138 ASVG während eines anhängigen Leistungsstreitverfahrens gemäß § 354 ASVG über Berufsunfähigkeit (§ 273 ASVG) oder Invalidität (§ 255 ASVG)

durch Kündigung seitens des Dienstnehmers endet.

(Anm.: Abs. 1a aufgehoben durch Art. 36 Z 4, BGBl. I Nr. 100/2018)

(2) Eine nach Abs. 1 gebührende Abfertigung kann in gleichen monatlichen Teilbeträgen gezahlt werden. Die Zahlung beginnt mit dem auf das Ende des Dienstverhältnisses folgenden Monatsersten. Eine Rate darf die Hälfte des der Bemessung der Abfertigung zugrundeliegenden Monatsentgeltes nicht unterschreiten.

(3) Weiblichen Angestellten gebührt – sofern das Dienstverhältnis ununterbrochen fünf Jahre gedauert hat – die Hälfte der nach § 23 Abs. 1 zustehenden Abfertigung, höchstens jedoch das Dreifache des monatlichen Entgelts, wenn sie

1. nach der Geburt eines lebenden Kindes innerhalb der Schutzfrist (§ 5 Abs. 1 des Mutterschutzgesetzes 1979, BGBl. Nr. 221) oder
2. nach der Annahme eines Kindes, welches das zweite Lebensjahr noch nicht vollendet hat, an Kindes Statt (§ 15c Abs. 1 Z 1 MSchG) oder nach Übernahme eines solchen Kindes in unentgeltliche Pflege (§ 15c Abs. 1 Z 2 MSchG) innerhalb von acht Wochen

ihren vorzeitigen Austritt aus dem Arbeitsverhältnis erklären. Bei Inanspruchnahme einer Karenz nach dem MSchG ist der Austritt spätestens drei Monate vor Ende der Karenz zu erklären; bei Inanspruchnahme einer Karenz von weniger als drei Monaten ist der Austritt spätestens zwei Monate vor Ende der Karenz zu erklären. Zeiten geringfügiger Beschäftigungen nach § 15e Abs. 1 MSchG bleiben für den Abfertigungsanspruch außer Betracht.

(4) Abs. 3 gilt auch für männliche Angestellte, sofern sie eine Karenz nach dem VKG oder gleichartigen österreichischen Rechtsvorschriften in Anspruch nehmen und ihren vorzeitigen Austritt aus dem Arbeitsverhältnis spätestens drei Monate vor Ende der Karenz erklären. Wird jedoch eine Karenz von weniger als drei Monaten in Anspruch genommen, ist der Austritt spätestens zwei Monate vor Ende der Karenz zu erklären.

(4a) Eine Abfertigung nach Abs. 3 und 4 gebührt auch dann, wenn das Dienstverhältnis während einer Teilzeitbeschäftigung gemäß MSchG oder VKG durch Kündigung seitens des Dienstnehmers endet. Bei Berechnung des für die Höhe der Abfertigung maßgeblichen Monatsentgeltes ist vom Durchschnitt der in den letzten fünf Jahren geleisteten Arbeitszeit unter Außerachtlassung der Zeiten einer Karenz gemäß VKG oder MSchG auszugehen.

(5) Ein Abfertigungsanspruch gebührt nicht, wenn der männliche Arbeitnehmer seinen Austritt im Sinne des Abs. 4 erklärt, nachdem der gemeinsame Haushalt mit dem Kind aufgehoben oder die überwiegende Betreuung des Kindes beendet wurde.

(6) Im Sinne des § 23 zulässige Vereinbarungen, die eine Anrechnung der Versorgungsleistungen auf Abfertigungsansprüche oder bei Zahlung einer Versorgungsleistung den gänzlichen oder teilweisen Wegfall der Abfertigung vorsehen, gelten auch für Abfertigungsansprüche nach den Abs. 1, 3 und 4. Bei Anwendung des Abs. 2 ruhen jedoch solche Versorgungsleistungen nur für die Monate, für die die Abfertigung gebührt.

(7) Im übrigen gilt der § 23 sinngemäß.

Tod des Angestellten.

§ 24. (1) Stirbt ein Angestellter, dem vom Dienstgeber auf Grund des Dienstvertrages Wohnräume überlassen werden, so ist die Wohnung, wenn der Angestellte einen eigenen Haushalt führte, binnen einem Monat, sonst binnen vierzehn Tagen nach dessen Tode zu räumen.

(2) Sind die Angehörigen des verstorbenen Angestellten, die mit ihm im gemeinsamen Haushalte gelebt haben, durch die Räumung binnen der Frist des Absatzes 1 der Gefahr der Obdachlosigkeit ausgesetzt, so kann das Bezirksgericht, in dessen Sprengel die Wohnung liegt, eine Verlängerung der Räumungsfrist um höchstens zwei Monate bewilligen. Nur unter besonders berücksichtigungswerten Umständen darf eine weitere Verlängerung um höchstens einen Monat bewilligt werden.

(3) Der Dienstgeber kann jedoch die sofortige Räumung eines Teiles der Wohnung verlangen, soweit dies zur Unterbringung des Nachfolgers und seiner Einrichtung erforderlich ist.

Vorzeitige Auflösung.

§ 25. Das Dienstverhältnis kann, wenn es für bestimmte Zeit eingegangen wurde, vor Ablauf dieser Zeit, sonst aber ohne Einhaltung einer Kündigungsfrist von jedem Teile aus wichtigen Gründen gelöst werden.

§ 26. Als ein wichtiger Grund, der den Angestellten zum vorzeitigen Austritte berechtigt, ist insbesondere anzusehen:

1. Wenn der Angestellte zur Fortsetzung seiner Dienstleistung unfähig wird oder diese ohne Schaden für seine Gesundheit oder Sittlichkeit nicht fortsetzen kann;
2. wenn der Dienstgeber das dem Angestellten zukommende Entgelt ungebührlich schmälert oder vorenthält, ihn bei Naturalbezügen durch Gewährung ungesunder oder unzureichender Kost oder ungesunder Wohnung benachteiligt oder andere wesentliche Vertragsbestimmungen verletzt;
3. wenn der Dienstgeber den ihm zum Schutze des Lebens, der Gesundheit oder der Sittlichkeit des Angestellten gesetzlich obliegenden Verpflichtungen nachzukommen verweigert;
4. wenn der Dienstgeber sich Tätlichkeiten, Verletzungen der Sittlichkeit oder erhebliche Ehrverletzungen gegen den Angestellten oder dessen Angehörige zu-

schulden kommen läßt oder es verweigert, den Angestellten gegen solche Handlungen eines Mitbediensteten oder eines Angehörigen des Dienstgebers zu schützen.

§ 27.

Als ein wichtiger Grund, der den Dienstgeber zur vorzeitigen Entlassung berechtigt, ist insbesondere anzusehen:

1. Wenn der Angestellte im Dienste untreu ist, sich in seiner Tätigkeit ohne Wissen oder Willen des Dienstgebers von dritten Personen unberechtigte Vorteile zuwenden läßt, insbesondere entgegen der Bestimmung des § 13 eine Provision oder eine sonstige Belohnung annimmt, oder wenn er sich einer Handlung schuldig macht, die ihn des Vertrauens des Dienstgebers unwürdig erscheinen läßt;
2. wenn der Angestellte unfähig ist, die versprochenen oder die den Umständen nach angemessenen Dienste (§ 6) zu leisten;
3. wenn einer der im § 1 bezeichneten Angestellten ohne Einwilligung des Dienstgebers ein selbständiges kaufmännisches Unternehmen betreibt oder im Geschäftszweige des Dienstgebers für eigene oder fremde Rechnung Handelsgeschäfte macht oder wenn ein Angestellter den in § 7, Absatz 4, bezeichneten Verboten zuwiderhandelt;
4. wenn der Angestellte ohne einen rechtmäßigen Hinderungsgrund während einer den Umständen nach erheblichen Zeit die Dienstleistung unterläßt oder sich beharrlich weigert, seine Dienste zu leisten oder sich den durch den Gegenstand der Dienstleistung gerechtfertigten Anordnungen des Dienstgebers zu fügen, oder wenn er andere Bedienstete zum Ungehorsam gegen den Dienstgeber zu verleiten sucht;
5. wenn der Angestellte durch eine längere Freiheitsstrafe oder durch Abwesenheit während einer den Umständen nach erheblichen Zeit, ausgenommen wegen Krankheit oder Unglücksfalls, an der Verrichtung seiner Dienste gehindert ist;
6. wenn der Angestellte sich Tätlichkeiten, Verletzungen der Sittlichkeit oder erhebliche Ehrverletzungen gegen den Dienstgeber, dessen Stellvertreter, deren Angehörige oder gegen Mitbedienstete zuschulden kommen läßt.

§ 28. (1) Wenn der Angestellte ohne wichtigen Grund vorzeitig austritt oder wenn ihn ein Verschulden an der vorzeitigen Entlassung trifft, steht dem Dienstgeber der Anspruch auf Ersatz des ihm verursachten Schadens zu.

(2) Für die schon bewirkten Leistungen, deren Entgelt noch nicht fällig ist, steht dem Angestellten ein Anspruch auf den entsprechenden Teil des Entgeltes nur insoweit zu, als sie nicht durch die vorzeitige Auflösung des Dienstverhältnisses für den Dienstgeber ihren Wert ganz oder zum größten Teil eingebüßt haben.

§ 29. (1) Wenn der Dienstgeber den Angestellten ohne wichtigen Grund vorzeitig entläßt oder wenn ihn ein Verschulden an dem vorzeitigen Austritte des Angestellten trifft, behält dieser, unbeschadet weitergehenden Schadenersatzes, seine vertragsmäßigen Ansprüche auf das Entgelt für den Zeitraum, der bis zur Beendigung des Dienstverhältnisses durch Ablauf der bestimmten Vertragszeit oder durch ordnungsmäßige Kündigung durch den Dienstgeber hätte verstreichen müssen, unter Einrechnung dessen, was er infolge des Unterbleibens der Dienstleistung erspart oder durch anderweitige Verwendung erworben oder zu erwerben absichtlich versäumt hat.

(2) Soweit der im Absatz 1 genannte Zeitraum drei Monate nicht übersteigt, kann der Angestellte das ganze für diese Zeit gebührende Entgelt ohne Abzug sofort, den Rest zur vereinbarten oder gesetzlichen (§ 15) Zeit fordern. Der Anspruch auf die dem Angestellten gebührende Abfertigung (§§ 23 und 23a) bleibt unberührt.

§ 30. (1) Ist der Angestellte unter der ausdrücklichen Bedingung aufgenommen, daß er den Dienst genau an einem festbestimmten Tage anzutreten hat, so kann der Dienstgeber vom Vertrage zurücktreten, wenn der Angestellte, aus welchem Grund immer, den Dienst an dem bestimmten Tage nicht antritt.

(2) Außer diesem Falle kann der Dienstgeber vor Antritt des Dienstes vom Vertrage zurücktreten, wenn der Angestellte, ohne durch ein unabwendbares Hindernis gehindert zu sein, den Dienst an dem vereinbarten Tage nicht antritt oder wenn sich infolge eines unabwendbaren Hindernisses der Dienstantritt um mehr als vierzehn Tage verzögert. Das gleiche gilt, wenn ein Grund vorliegt, der den Dienstgeber zur vorzeitigen Entlassung des Angestellten berechtigt.

(3) Der Angestellte kann vor Antritt des Dienstes vom Vertrage zurücktreten, wenn ein Grund vorliegt, der ihn zum vorzeitigen Austritt aus dem Dienstverhältnisse berechtigt. Das gleiche gilt, wenn sich der Dienstantritt infolge Verschuldens des Dienstgebers oder infolge eines diesen treffenden Zufalles um mehr als vierzehn Tage verzögert. Tritt der Angestellte im letzteren Fall ungeachtet der Verzögerung den Dienst an, so gebührt ihm das Entgelt von dem Tage, an dem der Dienst hätte angetreten werden sollen.

(4) Wird vor Antritt des Dienstes über das Vermögen des Dienstgebers das Insolvenzverfahren eröffnet, so kann sowohl der Masseverwalter, im Sanierungsverfahren mit Eigenverwaltung der Dienstgeber mit Zustimmung des Sanierungsverwalters, als auch der Angestellte vom Vertrag zurücktreten.

§ 31. (1) Ist der Dienstgeber ohne wichtigen Grund vom Vertrage zurückgetreten oder hat er durch sein schuldbares Verhalten dem Angestellten zum Rücktritte begründeten Anlaß gegeben, so hat er dem Angestellten das Entgelt zu ersetzen, das diesem für den Zeitraum gebührt, der bei ordnungsmäßiger Kündigung durch den Dienstgeber vom Tage des Dienstantrittes bis zur Beendigung des Dienstverhältnisses hätte verstreichen müssen. Wenn das Dienstverhältnis auf bestimmte Zeit eingegangen wurde, hat der Dienstgeber dem Angestellten, falls die vereinbarte Dienstdauer drei Monate nicht übersteigt, das für die ganze Dauer entfallende Entgelt, falls die vereinbarte Dienstdauer dagegen drei Monate übersteigt, den für drei Monate entfallenden Teilbetrag des Entgeltes zu ersetzen. Allfällige weitere Schadenersatzansprüche werden durch die vorstehenden Bestimmungen nicht berührt.

(2) Die gleichen Ansprüche stehen dem Angestellten zu, wenn der Masseverwalter oder der Dienstgeber mit Zustimmung des Sanierungsverwalters vom Vertrag zurückgetreten ist.

(3) Ist der Angestellte ohne wichtigen Grund vom Vertrage zurückgetreten oder hat er durch sein schuldbares Verhalten dem Dienstgeber zum Rücktritte begründeten Anlaß gegeben, so kann der Dienstgeber Schadenersatz verlangen.

§ 32. Trifft beide Teile ein Verschulden an dem Rücktritt oder der vorzeitigen Lösung des Dienstverhältnisses, so hat der Richter nach freiem Ermessen zu entscheiden, ob und in welcher Höhe ein Ersatz gebührt.

Frist zur Geltendmachung der Ansprüche.

§ 34. (1) Ersatzansprüche wegen vorzeitigen Austrittes oder vorzeitiger Entlassung im Sinne der §§ 28 und 29, ferner Ersatzansprüche wegen Rücktrittes vom Vertrage im Sinne des § 31 müssen bei sonstigem Ausschlusse binnen sechs Monaten gerichtlich geltend gemacht werden.

(2) Die Frist beginnt bei Ansprüchen der erstgenannten Art mit dem Ablaufe des Tages, an dem der Austritt oder die Entlassung stattfand, bei Ansprüchen der letztgenannten Art mit dem Ablaufe des Tages, an dem der Dienstantritt hätte erfolgen sollen.

Konkurrenzklausel.

§ 36. (1) Eine Vereinbarung, durch die der Angestellte für die Zeit nach der Beendigung des Dienstverhältnisses in seiner Erwerbstätigkeit beschränkt wird (Konkurrenzklausel), ist nur insoweit wirksam, als:

1. der Angestellte im Zeitpunkt des Abschlusses der Vereinbarung nicht minderjährig ist;
2. sich die Beschränkung auf die Tätigkeit des Angestellten in dem Geschäftszweig des Dienstgebers bezieht und den Zeitraum eines Jahres nicht übersteigt; und
3. die Beschränkung nicht nach Gegenstand, Zeit oder Ort und im Verhältnis zu dem geschäftlichen Interesse, das der Dienstgeber an ihrer Einhaltung hat, eine unbillige Erschwerung des Fortkommens des Angestellten enthält.

(2) Eine Vereinbarung nach Abs. 1 ist unwirksam, wenn sie im Rahmen eines Dienstverhältnisses getroffen wird, bei dem das für den letzten Monat des Dienstverhältnisses gebührende Entgelt das Zwanzigfache der Höchstbeitragsgrundlage nach § 45 ASVG nicht übersteigt. Allfällige Sonderzahlungen sind bei der Ermittlung des Entgelts im Sinne des ersten Satzes außer Acht zu lassen.

§ 37. (1) Hat der Dienstgeber durch schuldbares Verhalten dem Angestellten begründeten Anlaß zum vorzeitigen Austritt oder zur Kündigung des Dienstverhältnisses gegeben, so kann er die durch die Konkurrenzklausel begründeten Rechte gegen den Angestellten nicht geltend machen.

(2) Das gleiche gilt, wenn der Dienstgeber das Dienstverhältnis löst, es sei denn, daß der Angestellte durch schuldbares Verhalten hiezu begründeten Anlaß gegeben oder daß der Dienstgeber bei der Auflösung des Dienstverhältnisses erklärt hat, während der Dauer der Beschränkung dem Angestellten das ihm zuletzt zukommende Entgelt zu leisten.

(3) Eine für den Fall des Zuwiderhandelns gegen die Konkurrenzklausel vereinbarte Konventionalstrafe ist nur insoweit wirksam, als diese das Sechsfache des für den letzten Monat des Dienstverhältnisses gebührenden Nettomonatsentgelts nicht übersteigt. Allfällige Sonderzahlungen sind bei der Berechnung des Nettoentgelts im Sinne des ersten Satzes außer Acht zu lassen. Hat der/die Angestellte für den Fall des Zuwiderhandelns gegen die Konkurrenzklausel eine Konventionalstrafe versprochen, so kann der/die Dienstgeber/in nur die verwirkte Konventionalstrafe verlangen. Der Anspruch auf Erfüllung oder auf Ersatz eines weiteren Schadens ist ausgeschlossen.

Konventionalstrafen.

§ 38. Konventionalstrafen unterliegen dem richterlichen Mäßigungsrechte.

Zeugnis.

§ 39. (1) Der Dienstgeber ist verpflichtet, bei Beendigung des Dienstverhältnisses dem Angestellten auf Verlangen ein schriftliches Zeugnis über die Dauer und die Art der Dienstleistung auszustellen. Eintragungen und Anmerkungen im Zeugnisse, durch die dem Angestellten die Erlangung einer neuen Stelle erschwert wird, sind unzulässig.

(2) Verlangt der Angestellte während der Dauer des Dienstverhältnisses ein Zeugnis, so ist ihm ein solches auf seine Kosten auszustellen.

(3) Zeugnisse des Angestellten, die sich in der Verwahrung des Dienstgebers befinden, sind ihm auf Verlangen jederzeit auszufolgen.

§ 40. Die Rechte, die dem Angestellten auf Grund der Bestimmungen der §§ 6 Abs. 3, 8, 9, 10 letzter Absatz, 12, 14 Abs. 2, 15, 16, 17, 17a, 18, 19 Abs. 2, 20 Abs. 2 bis 5, 21 bis 24, 29, 30 Abs. 2 bis 4, 31 Abs. 1, 34, 35, 37 bis 39 zustehen, können durch den Dienstvertrag weder aufgehoben noch beschränkt werden.

§ 41. Für Streitigkeiten aus den in diesem Gesetze geregelten Dienstverhältnissen sind die Gewerbegerichte zuständig.

§ 42. (1) Insoweit dieses Gesetz nichts anderes bestimmt, finden die Vorschriften des allgemeinen bürgerlichen Rechtes über den Dienstvertrag auf die in diesem Gesetze geregelten Dienstverhältnisse Anwendung.

(2) Desgleichen bleiben, insoweit dieses Gesetz nicht etwas anderes bestimmt, die Vorschriften der Gewerbeordnung, mit Ausnahme der §§ 72, 77 und 84, für die in diesem Gesetze geregelten Dienstverhältnisse, auf welche die Gewerbeordnung Anwendung findet, aufrecht.

(3) Die §§ 23 und 23a sind auf Dienstverhältnisse, deren vertraglich vereinbarter Beginn nach dem 31. Dezember 2002 liegt, nicht mehr anzuwenden, soweit nicht durch Verordnung gemäß § 46 Abs. 1 letzter Satz des Betrieblichen Mitarbeitervorsorgegesetzes (BMVG), BGBl. I Nr. 100/2002, etwas anderes angeordnet wird. Sie sind jedoch weiterhin auf Dienstverhältnisse anzuwenden, deren vertraglich vereinbarter Beginn vor dem 1. Jänner 2003 oder dem durch Verordnung festgelegten Zeit-

punkt liegt. Soweit eine Vereinbarung gemäß § 47 Abs. 1 und 3 BMVG erfolgt, sind diese Bestimmungen bis zum In-Kraft-Treten dieser Vereinbarung anzuwenden.

(4) § 5 in der Fassung des Bundesgesetzes BGBl. I Nr. 138/2003 tritt mit 1. Jänner 2004 in Kraft und gilt für Arbeitsverhältnisse, deren vertraglich vereinbarter Beginn nach dem 31. Dezember 2003 liegt.

Artikel II

(1) Dieses Bundesgesetz findet auch auf das Dienstverhältnis von Personen Anwendung, die vorwiegend zur Leistung kaufmännischer oder höherer, nicht kaufmännischer Dienste oder zu Kanzleiarbeiten bei Wirtschaftstreuhändern angestellt sind. § 7 Abs. 4 mit Ausnahme der Bestimmungen über die Teilnahme an einem Wettbewerb ist auf diese Dienstverhältnisse sinngemäß anzuwenden.

(2) Dieses Bundesgesetz findet ferner auf die auf einem privatrechtlichen Vertrag beruhenden Dienstverhältnisse von Personen Anwendung, die zur Leistung kaufmännischer oder höherer, nicht kaufmännischer Dienste oder zu Kanzleiarbeiten bei einem durch Bundesgesetz errichteten Fonds mit Rechtspersönlichkeit angestellt sind. Ausgenommen sind Dienstverhältnisse, auf die das Vertragsbedienstetengesetz gemäß § 1 Abs. 2 VBG sinngemäß anzuwenden ist.

Artikel III.

Die auf Grund dieses Gesetzes gebührende Abfertigung ist in die Abfertigung auf Grund der Vollzugsanweisungen vom 2. Juni 1919, St. G. Bl. Nr. 301, und vom 11. Juni 1920, St. G. Bl. Nr. 269, über den Schutz von Dienstnehmern bei Verlegung von Unternehmungen und bei Veräußerung von Betriebsmitteln ins Ausland einzurechnen.

Artikel IV.

Für Privatlehranstalten kann eine von den Bestimmungen des § 20 abweichende Regelung nach Anhörung der Körperschaften, denen die Vertretung der in Betracht kommenden Interessen obliegt, durch Verordnung getroffen werden.

Artikel V.

Auf Handlungslehrlinge im Sinne der Gewerbeordnung finden hinsichtlich des Urlaubes die Bestimmungen des Arbeiterurlaubsgesetzes vom 30. Juli 1919, St. G. Bl. Nr. 395, Anwendung.

Artikel VII.

Unberührt bleiben:

1. Die Bestimmungen des Journalistengesetzes vom 11. Februar 1920, St. G. Bl. Nr. 88, sofern sie für die Redakteure (Schriftleiter) günstiger sind als die Bestimmungen dieses Gesetzes.

2. Die Bestimmungen des Gesetzes vom 30. Juli 1919, St. G. Bl. Nr. 410, betreffend die Schaffung einer Gehaltskasse zur Sicherung von Dienstaltersbezügen der in den öffentlichen und Anstaltsapotheken angestellten Pharmazeuten.

Artikel X.

(1) Dieses Gesetz tritt am 1. Juli 1921 in Wirksamkeit. Es findet auf die an diesem Tage bestehenden Dienstverhältnisse auch dann Anwendung, wenn die Kündigung nach Kundmachung des Gesetzes erfolgt ist.

(2)

1. § 1 Abs. 1, § 2 Abs. 1, § 20 Abs. 1 und Art. II dieses Bundesgesetzes in der Fassung des Bundesgesetzes BGBl. Nr. 833/1992 treten mit 1. Jänner 1993 in Kraft.
2. § 16 und § 23a Abs. 1, 1a und 2 in der Fassung des Bundesgesetzes BGBl. Nr. 335/1993 treten mit 1. Juli 1993 in Kraft.
3. § 6 Abs. 3 und § 40 dieses Bundesgesetzes in der Fassung des Bundesgesetzes BGBl. Nr. 459/1993 treten gleichzeitig mit dem Abkommen über den Europäischen Wirtschaftsraum *) in Kraft.
4. § 22 dieses Bundesgesetzes in der Fassung des Bundesgesetzes BGBl. Nr. 502/1993 tritt mit 1. August 1993 in Kraft.
5. § 22 in der Fassung des Bundesgesetzes BGBl. I Nr. 44/2000 tritt mit 1. Jänner 2001 in Kraft.
6. § 36 in der Fassung des Bundesgesetzes BGBl. I Nr. 98/2001 tritt mit 1. Jänner 2002 in Kraft.
7. § 42 Abs. 3 in der Fassung des Bundesgesetzes BGBl. I Nr. 100/2002 tritt mit 1. Juli 2002 in Kraft.
8. § 23 Abs. 1a und 8 und § 23a Abs. 3, 4 und 4a in der Fassung des Bundesgesetzes BGBl. I Nr. 64/2004 treten mit 1. Juli 2004 in Kraft.
9. § 23a Abs. 1 in der Fassung des Bundesgesetzes BGBl. I Nr. 143/2004 tritt mit 1. Jänner 2005 in Kraft.
10. § 36 samt Überschrift in der Fassung des Bundesgesetzes BGBl. I Nr. 35/2006 tritt mit dem der Kundmachung folgenden Tag in Kraft und gilt für nach dem In-Kraft-Treten dieses Bundesgesetzes neu abgeschlossene Vereinbarungen über eine Konkurrenzklausel.
11. Die §§ 30 Abs. 4 und 31 Abs. 2 in der Fassung des Bundesgesetzes BGBl. I Nr. 58/2010 treten mit 1. August 2010 in Kraft.
12. Die §§ 8 Abs. 4 und 23a Abs. 1 Z 3 und 4 in der Fassung des Bundesgesetzes BGBl. I Nr. 152/2015 treten mit 1. Jänner 2016 in Kraft.
13. Die §§ 36 Abs. 2 und 37 Abs. 3 der Fassung des Bundesgesetzes BGBl. I Nr. 152/2015 treten mit dem der Kundmachung dieses Bundesgesetzes folgenden Tag in Kraft und gelten für nach dem Inkrafttreten neu abgeschlossene Vereinbarungen über eine Konkurrenzklausel.
14. § 8 Abs. 1 bis 2a und 9 in der Fassung des Bundesgesetzes BGBl. I Nr. 153/2017, treten mit 1. Juli 2018 in Kraft und sind auf Dienstverhinderungen anzuwenden, die in nach dem 30. Juni 2018 begonnenen Arbeitsjahren eingetreten sind. Für zu diesem Zeitpunkt laufende Dienstverhinderungen gilt § 8 Abs. 1 bis 2a in der

Fassung des Bundesgesetzes BGBl. I Nr. 153/2017 ab Beginn dieses Arbeitsjahres.

15. § 9 Abs. 1 in der Fassung des Bundesgesetzes, BGBl. I Nr. 153/2017, tritt mit 1. Juli 2018 in Kraft und ist auf einvernehmliche Beendigungen von Dienstverhältnissen während einer Dienstverhinderung gemäß § 8 Abs. 1 bis 2a oder im Hinblick auf eine Dienstverhinderung gemäß § 8 Abs. 1 bis 2a anzuwenden, die eine Auflösung des Dienstverhältnisses nach dem 30. Juni 2018 bewirken.
16. § 20 Abs. 1 in der Fassung des Bundesgesetzes, BGBl. I Nr. 153/2017, tritt mit 1. Jänner 2018 in Kraft und ist auf Beendigungen anzuwenden, die nach dem 31. Dezember 2017 ausgesprochen werden.
17. Normen der kollektiven Rechtsgestaltung, die für Dienstnehmer günstigere Regelungen auf Entgeltfortzahlung als nach § 8 Abs. 1 in der Fassung des Bundesgesetzes BGBl. I Nr. 153/2017 vorsehen, bleiben aufrecht.
18. Sehen Normen der kollektiven Rechtsgestaltung für Dienstnehmer günstigere Regelungen zur Entgeltfortzahlung als nach § 8 Abs. 2 in der Fassung vor den Änderungen durch das BGBl. I Nr. 153/2017 vor, gilt für die erfassten Dienstnehmer § 8 Abs. 2 bis zu einer Neuregelung weiterhin in der Fassung vor den Änderungen durch das BGBl. I Nr. 153/2017.
19. § 8 Abs. 3a in der Fassung des Bundesgesetzes BGBl. I Nr. 74/2019 tritt mit 1. September 2019 in Kraft.
20. § 9a samt Überschrift in der Fassung des Bundesgesetzes BGBl. I Nr. 115/2023 tritt mit 1. November 2023 in Kraft und findet auf Dienstverhinderungen Anwendung, die ab diesem Inkrafttreten erfolgen.
21. § 7 Abs. 1 in der Fassung des Bundesgesetzes BGBl. I Nr. 11/2024 tritt mit dem auf die Kundmachung folgenden Tag in Kraft.

*) Die Kundmachung des Abkommens und seines Inkrafttretens wird zu einem späteren Zeitpunkt erfolgen.

Artikel XI

Mit der Vollziehung dieses Bundesgesetzes ist der Bundesminister für Wirtschaft und Arbeit betraut.

Stichwortverzeichnis

A

Abfertigung 121–125, 127, 144
– Abfertigung alt 127, 144
– Abfertigung neu/MV-Kasse 127
abgeschlossenes Kauf- oder Vermittlungsgeschäft 70
Aliquotierungsgebot 81
Änderungskündigung 110, 118
Anfechtung 100, 112
Angestellte ex contractu 31
Arbeitsjahr 50, 58
Arbeitskräfteüberlassung 98
Arbeitsunfähigkeit 47, 53, 57
Arbeitsunfall 45, 56–58
auflösende Bedingung 97
Auflösung 141
Ausbildungskostenrückzahlungsvereinbarung 159
Ausfallsprinzip 67
Aussetzungsvereinbarung 121
Austritt 52, 95, 100, 105, 129, 131–133, 141, 150
Auszahlungszeitpunkt 77

B

Barzahlung 77
bedingt abgeschlossene Arbeitsverträge 101
Bedingung 101, 110
befristetes Dienstverhältnis 97
Befristung 97, 99
Berufskrankheit 45, 58
besonderer Bestandsschutz 140
besonderer Kündigungsschutz 102, 110
Betriebsrat 139
bewegliches System 25
Buchauszug 66, 74
Bucheinsicht 74

C

Co-Working-Space 57

D

Dauerschuldverhältnis 24
Dienstunfähigkeit 55, 130
Dienstverhältnis auf Lebenszeit 114
Dienstverhinderung 45–46, 48, 54, 58–61, 109
– aus wichtigem Grund . 59–60, 62–63
Dienstvertrag 35
Dienstzeiten 123
Dienstzettel 35–39
Dienstzeugnis .. 94, 163–164, 166–169
dispositiv 69

E

einseitig zwingend 50, 81, 93, 119
einseitig zwingende Wirkung .. 50, 81, 93, 119
einseitig zwingendes Recht 50, 81, 93, 119
einstweilige Verfügung 156
einvernehmliche Auflösung . 101–103, 105, 119
Entgelt 45–46, 48–52, 55, 58, 60, 62–63, 78, 82, 109
– Entgeltbestandteile 78
– Entgeltfortzahlung 45–46, 48–52, 55, 58, 60, 62–63, 82, 109
Entlassung . 42, 49, 52, 100, 105, 129, 133, 136, 138–139, 141, 143–144, 150
– Entlassungsgrund 42, 47, 138
– Entlassungstatbestand 71
Entsendung 35–36
Ersatztätigkeiten 131
Erschwernisverbot 165

F

Fälligkeit 77–78
– des Entgelts 66
Fälligkeitstag 77
Folgeprovisionen 69
Fortzahlung des Entgelts 45–46
freie Dienstnehmer:innen 24, 38
freier Dienstvertrag 24, 38
frühere Arbeitszeit 124
Fürsorgepflicht .. 91–94, 130, 163, 169

G

Gehaltsabrechnung 67
Gewalt 103
Gewinnbeteiligung 65, 73–74, 81
grobe Fahrlässigkeit 53–54, 60
Grundgehalt 38

H

Handelsgeschäfte 42
höchstpersönliche Leistungserbringung 23
Höhe der Abfertigung 124–125

I

Irrtum 103

K

Kalenderjahr 50
Kanzleiarbeiten 30
Kaufmann 31, 41
Kettendienstvertrag 67, 98

Klage auf Zuspruch einer Kündigungsentschädigung 140
kollektivvertragliches Mindestgehalt 66
Konkurrenzklausel . 101, 153–155, 160
Konkurrenzverbot 41–42
Kontrollunterworfenheit 26
Konventionalstrafe 42, 142, 156, 159–160
Krankengeld 48, 50
Krankenstand 54–55, 82, 109
Krankheit 45–48, 51, 55, 58, 130
Kündigung 98, 105, 107–109, 111–114, 117–119, 133, 141
- Kündigungsentschädigung 138, 144
- Kündigungsfrist ... 98, 105–106, 109, 114, 118–119, 133, 138
- Kündigungstermin 106, 109
Kuraufenthalt 49

L

Lehrzeugnis 168
leichte Fahrlässigkeit 60
List 103
Lohnersatzfunktion 45–46

M

Melde- und Nachweispflichten . 54, 60
Mischberechnung 83
Mischtätigkeiten 31
mutterschaftsbedingte Zeiten der Dienstverhinderung 63

N

Naturalbezug 28

P

persönliche Abhängigkeit 23, 25
Postensuchtage 117–119
Probearbeitsverhältnis 99–100, 114
Probedienstverhältnis 99–100, 114
Probemonat 99–100, 114
Probezeit 99–100, 114
Provision 65–70, 73–74, 81
- Provisionsanspruch 68–69
- Provisionsvereinbarung 68, 73

R

Remuneration 82–83
richterliches Mäßigungsrecht 143, 154, 160
Rücktritt 129, 144–145, 150
Rückzahlungsverpflichtung 141

S

sachlich gerechtfertigt 99
Schadenersatzansprüche 42
Schadensminderungspflicht 142
Schreibarbeit 30
Sonderzahlungen 50, 81, 83, 141
Stellungnahme durch den Betriebsrat 139

T

Teilkündigung 110
Treuepflicht 94, 108

U

überlassene Arbeitskräfte 92
Überlassung von Wohnräumen 35, 91
Überstundenpauschale 78
Unfall 45, 47, 51, 53, 57–58
Unglücksfall 45, 47, 51
Unterbleiben der Arbeitsleistung ... 45
Urlaub 87–88
Urlaubsersatzleistung 141
Urlaubszuschuss 81

V

Verfall 63, 149–150
- Verfallsfristen 75
Verjährung 63, 149
- Verjährungsfrist 75
Verkaufs- oder Vermittlungsleistung 69
Verkaufsgeschäfte 69, 73, 82
Verkehrssitte 35
verminderter Entgeltanspruch 124
Vermittlungsgeschäfte 69, 73, 82
Verschulden 60, 141, 146
Vorsatz 53–54, 60
vorvertragliche Schutzpflichten 94
vorzeitige Auflösung 129
vorzeitiger Austritt 78

W

Wegeunfälle 56
Weihnachtsremuneration 81
Weisungsrecht 26
Werkvertrag 24, 28
wiederkehrende Zahlungen 81
Willenserklärung 38, 105, 107
wirtschaftliche Abhängigkeit 23, 25, 28
wirtschaftliche Unselbstständigkeit 23, 25, 28
Wissenserklärung 38

Z

Zielschuldverhältnis 28

Zeitfracht Medien GmbH
Ferdinand-Jühlke-Straße 7,
99095 - DE, Erfurt
produktsicherheit@zeitfracht.de

FSC
www.fsc.org
MIX
Papier | Fördert
gute Waldnutzung
FSC® C083411

Druck:
CPI Druckdienstleistungen GmbH
im Auftrag der
Zeitfracht Medien GmbH
Ein Unternehmen der Zeitfracht - Gruppe
Ferdinand-Jühlke-Str. 7
99095 Erfurt